A nova esquerda na América Latina

Partidos e movimentos em luta contra o neoliberalismo

AUTONOMIA LITERÁRIA

Coordenação editorial:
Cauê Seignemartin Ameni, Hugo Albuquerque, Manuela Beloni
Revisão e preparação: Márcia Ohlson
Capa: Rodrigo Côrrea/cismastudio
Diagramação: Manuela Beloni
Fotografias miolo: Kauê Scarim
Fotografia de capa: BBC

Dados Internacionais de Catalogação na Publicação (CIP)
(eDOC BRASIL, Belo Horizonte/MG)

M488n Medeiros, Juliano.
A nova esquerda na América Latina: partidos e movimentos em luta contra o neoliberalismo / Juliano Medeiros. – São Paulo, SP: Autonomia Literária, 2022.
368 p. : 14 x 21 cm

ISBN 978-65-87233-78-9

1. Direita e esquerda (Ciência política) – América Latina. 2.América Latina – Política e governo. 3. Conflito social. I. Título.
CDD 320.98

Elaborado por Maurício Amormino Júnior – CRB6/2422

Autonomia Literária
Rua Conselheiro Ramalho, 945
CEP: 01325-001 São Paulo - SP
autonomialiteraria.com.br

Juliano Medeiros

A nova esquerda na América Latina

Partidos e movimentos em luta contra o neoliberalismo

2022

Autonomia Literária

Sumário

PENSAR FORA DA CAIXA (E DENTRO DO ESTADO)

Pablo Iglesias

O livro que o leitor tem nas mãos não é apenas a versão simplificada da tese de doutorado de um professor de Ciência Política. É também uma contribuição teórica crucial para os debates mais atuais da esquerda, escrita por ninguém menos que o presidente do Partido Socialismo e Liberdade (PSOL). Acreditem, caros leitores, não é pouca coisa que um profissional de Ciência Política também seja um líder político.

Os colegas cientistas políticos que ensinam e pesquisam sem nunca terem praticado política terão que me perdoar, mas acho que o valor da reflexão da ciência política de quem tem responsabilidades militantes merece outra relevância. Talvez aqui eu esteja levando em consideração a identificação com o autor, por compartilhar com ele a condição de cientista político que teve tarefas e compromissos políticos. Seja como for, vocês concordarão comigo que não é o mesmo escrever e refletir a partir do conforto e da liberdade que a distância universitária dá, do que ser obrigado a estabelecer uma correlação permanente entre suas reflexões teóricas e suas decisões políticas. Não é o mesmo defender o rigor intelectual e analítico em um seminário acadêmico ou apresentação em um congresso do que fazer o mesmo quando se fala em uma tribuna parlamentar, em uma assembleia, em uma reunião partidária ou em um debate na televisão.

Acho que vocês já perceberam que não posso esconder que tenho um respeito especial e uma empatia inevitável pelos cientistas políticos que também atuam politicamente. Isso responde, sem dúvida, à identificação que lhes indiquei, mas também à convicção intelectual de que a experiência política enriquece a reflexão teórica. Este é, sem dúvida, o caso de Juliano Medeiros que nos mostra, neste livro, que ele não é apenas um profissional competente nas ciências sociais, mas também um líder com uma inteligência afiada capaz de apontar, com a precisão de um cirurgião, os principais desafios políticos da esquerda antineoliberal, começando pelo fundamental: sua relação com a economia de mercado e com os sistemas políticos demoliberais.

Medeiros conhece bem as esquerdas europeias e americanas. Conhece a experiência do Syriza na Grécia, do Podemos na Espanha, da França Insubmissa, do Bloco de Esquerda em Portugal e também o que significou o surgimento de lideranças políticas não convencionais dentro das velhas forças social-liberais nos EUA e no Reino Unido, como Bernie Sanders e Jeremy Corbyn. Mas sua preocupação política e teórica está localizada na América Latina. Essa preocupação é sintetizada em uma questão de pesquisa muito clara: quais são as dificuldades da esquerda latino-americana para colocar em pauta um projeto de superação do neoliberalismo. Medeiros também levanta, como cientista político (mas acho que também como líder político), a seguinte hipótese, a saber, que existe hoje uma janela histórica de oportunidade para a construção de uma alternativa ao modelo neoliberal.

Juliano Medeiros defende que o esgotamento do modelo político e econômico neoliberal na região latino-americana produziu movimentos sociais politicamente à esquerda do social-liberalismo, que tiveram trajetórias muito diferentes em termos de institucionalização e definição ou não de projetos políticos de transformação do Estado. Dessa forma, ele analisa e compara três movimentos políticos. Por um lado, o movimento estudantil chileno de 10 anos atrás que acabaria se cristalizando politicamente na nova geração de jovens líderes políticos chilenos da Frente Ampla que governam o Chile hoje. Por outro lado, o movimento mexicano #YoSoy132, que não desenvolveu uma experiência de institucionalização política. E, por fim, a experiência do Movimento dos Trabalhadores Sem Teto (MTST) no Brasil que teria construído alianças para intervenção e transformação eleitoral a partir do Estado. E que agora enfrenta uma campanha eleitoral muito especial com Lula.

Para Medeiros é possível falar novamente de uma "nova esquerda" (no sentido radical e diferente do social-liberalismo), fruto da crise da globalização neoliberal, que teria trazido uma nova geração de ativistas críticos das instituições tradicionais dos sistemas demoliberais. Para o líder do PSOL, essa nova esquerda tem diante de si o desafio de propor um novo modelo social a partir do momento em que a combinação das crises econômica e política colocasse em questão a estratégia de simples administração progressista do sistema, desenvolvida pelas forças hegemônicas de esquerda nas últimas décadas. Para Medeiros, outra esquerda é possível, não apenas no discurso e na identidade, mas também no que se refere à liderança do Estado.

Nesse ponto, permitam-me dialogar com o autor para encerrar este prólogo. O que Medeiros descreve em seu livro como institucionalização são basicamente estratégias de transformação do Estado. O presidente do PSOL aponta, com autoridade de líder político, que a esquerda deve pensar "fora da caixa", ou seja, fora dos esquemas mentais do neoliberalismo. Mas, ao mesmo tempo, Medeiros reconhece (pelo menos implicitamente) que isso implica o desenho de uma estratégia de gestão do Estado.

O Chile, um dos casos analisados pelo autor, é provavelmente o exemplo mais claro nos dias de hoje. A tradução institucional da eclosão social de 2019 em processo constituinte e a vitória de Gabriel Boric são basicamente o maior desafio, em termos de liderança do Estado, para uma esquerda chilena historicamente excluída do Estado desde o golpe militar de Pinochet. Essa nova esquerda chilena e seus líderes nascidos no final da década de 1980 devem administrar um movimento constituinte antineoliberal que se institucionalizou em duas vitórias fundamentais: a formação da convenção constitucional e a vitória eleitoral contra a extrema direita. Mas essa nova esquerda *frenteamplista* que governa hoje (aliada com a velha social-democracia) enfrenta agora uma reação virulenta da poderosa direita chilena (econômica, midiática, política...) que pode, simultaneamente, derrubar a Assembleia Constituinte e encurralar o jovem Presidente, paradoxalmente forçados a buscar apoio no mundo cultural da velha social-democracia da Concertação.

Não pode faltar aos partidos e seus dirigentes um projeto de sociedade e uma estratégia estatal para realizá-lo. Essa consciência está no livro de Medeiros. Mas, ao mesmo tempo, a vontade política está sempre sujeita à violência da contingência reacionária, à correlação de forças e à ação política e cultural do inimigo. Estamos vendo isso no Chile e vamos ver nos próximos meses no Brasil.

Leiam este livro. Isso os ajudará a entender o lugar exato (fascinante e ao mesmo tempo extremamente difícil) em que se encontra boa parte da esquerda latino-americana.

La Navata, Madrid, Maio de 2022

INTRODUÇÃO

Este é um trabalho de ciência política. Embora, como toda produção intelectual, também traga minhas visões de mundo e meus compromissos políticos com a renovação das esquerdas, minha proposta aqui é utilizar os recursos deste campo do conhecimento para reforçar certas teses em debate nas ciências sociais e demonstrar, a partir de um extenso trabalho de pesquisa, os fatores que contribuem ou dificultam o processo de formação de novos partidos políticos oriundos de movimentos sociais da nova esquerda. Mas nosso propósito vai além: também queremos contribuir para estimular nas esquerdas o debate sobre suas dificuldades em colocar na ordem do dia um projeto de superação do neoliberalismo.

Não se trata, portanto, de uma simples crítica endereçada aos partidos e movimentos que limitaram sua perspectiva estratégica à mera "reforma" do capitalismo. A proposta deste livro é fortalecer as abordagens que veem na combinação entre a crise da globalização neoliberal – expressão da crise estrutural do sistema do capital – e a crise da democracia liberal uma janela histórica para a construção de uma alterativa a esse modelo. Aqueles que querem conduzir todo o mal-estar do nosso tempo para as urnas não compreenderam o potencial extraordinário que está diante de nós. É possível vencer, se não tivermos medo de ousar.

Algo sempre é "novo" em relação a algo que é ou está ficando "velho". Esse novo traz consigo uma carga semântica positiva, que aponta para o futuro ou, pelo menos, para a superação dos limites do passado e do presente. Mas o termo "nova esquerda" não é, nem ele mesmo, novo. O conceito foi introduzido nas ciências sociais para descrever uma série de lutas sociais travadas a partir dos anos 1960 que buscavam abarcar processos de resistência que transcendiam a perspectiva das reivindicações classistas. Essas lutas envolviam a defesa dos direitos civis, o feminismo, a luta anticolonial, o combate ao racismo e a denúncia das guerras imperialistas. Numa espécie de reação aos limites das respostas oferecidas pelo movimento comunista internacional para as transformações em curso, a nova esquerda dos anos 1960 abraçou uma perspectiva essencialmente cultural da luta política, enriquecendo processos de resistência, mas oferecendo poucas alternativas.

Nos "trinta anos dourados" do capitalismo pós-Guerra, quem ocupou o papel de força hegemônica nas esquerdas, antes exercido pelos comunistas, foram os paridos social-democratas. Mas essa hegemonia, fundamentada na promessa de reforma do capitalismo, mostra hoje limites evidentes. O sistema do capital é menos "reformável" do que jamais foi e a confiança das classes trabalhadoras nos partidos da centro-esquerda desabou após a crise de 2008. Por isso, é possível falarmos outra vez de uma "nova esquerda", produto da crise da globalização neoliberal e que traz consigo uma geração de lutadores e lutadoras que já não confia cegamente nas instituições da democracia liberal e exige uma saída que inclua os 99% excluídos das decisões. Essa geração reúne repertórios, práticas e demandas novas ou negligenciadas pelas forças hegemônicas, incluindo as reivindicações por mais democracia, mais direitos, mais segurança econômica e menos privilégios, ecoando as principais demandas das classes trabalhadoras.

O que este livro pretende demonstrar, portanto, é que a combinação entre crise econômica e crise política colocou em xeque a estratégia de simples "administração do sistema" desenvolvida pelas forças de esquerda hegemônicas nas últimas décadas. Isso porque a mera gestão do neoliberalismo tornou-se inviável e está muito aquém das demandas que ganharam preponderância desde a crise de 2008. Nesse contexto, o aprofundamento do conflito social ensejou o surgimento ou o fortalecimento de movimentos sociais antineoliberais que, em determinadas circunstâncias, aceitaram o desafio de levar suas ideias, práticas e reivindicações à arena eleitoral. Esses movimentos podem representar um passo à frente em relação à geração de partidos e movimentos que hegemonizou o ciclo democrático aberto na América Latina nos anos 1990. Mas, para isso, devem ser compreendidos à luz da crise do neoliberalismo, e não combatidos como "ameaça" às verdades sagradas dos velhos partidos de esquerda e suas lideranças.

A recente vitória de Gabriel Boric nas eleições presidenciais no Chile talvez seja o caso mais visível de "ultrapassagem" dessa nova esquerda em relação aos partidos progressistas tradicionais. Mas outros processos, como o que levou o Syriza à vitória na Grécia em 2015 e ao surgimento do Podemos na Espanha em 2014, também representam diferentes caminhos para a institucionalização de movimentos de contestação ao neoliberalismo.

Mas o que seria essa nova esquerda? Quais suas diferenças fundamentais em relação à esquerda social-democrata (na Europa) ou ao progressismo (na América Latina)? Que novidades ela traz ao debate das esquerdas? Em que sua estratégia difere da simples mobilização de forças sociais para a disputa eleitoral? Essas são as perguntas que buscaremos responder com esse trabalho.

Nosso foco aqui são os movimentos sociais da nova esquerda na América Latina e as trajetórias de institucionalização que alguns deles trilharam a partir de 2011, ano que marca um novo ciclo de protestos sociais em todo o mundo. Deste lado do Atlântico, esses movimentos ganharam projeção através de protestos em defesa dos serviços públicos, contra a corrupção ou a fraude eleitoral, contra os impactos de grandes projetos de infraestrutura ou na luta pela ampliação de direitos sexuais e reprodutivos. Graças a um destacado protagonismo no ciclo de conflitos aberto em 2011, esses movimentos passaram a interagir fortemente com o sistema político, gerando novas perspectivas.

Neste livro analisamos três casos em particular: o movimento estudantil do Chile; o movimento sem-teto do Brasil e o movimento de contestação à fraude eleitoral #YoSoy132 do México. Cada um trilhou um caminho particular de interação com o sistema partidário; da institucionalização completa com a criação de novos partidos político (Chile), passando pela construção de alianças entre partidos já existentes e movimentos (Brasil); chegando à rejeição ao processo de institucionalização (México). Ao analisar estas trajetórias, este livro apresenta um modelo teórico que pretende apontar as condições que favorecem ou dificultam o processo de criação de partidos da nova esquerda, tais como a autonomia em relação aos sistemas políticos, a confiança nas instituições da democracia representativa, o impacto das experiências progressistas no poder, a acessibilidade dos sistemas partidários de cada país e o nível de coesão interna dos movimentos sociais aqui analisados.

***

Em uma conferência realizada em 2015, na Bolívia, o sociólogo português Boaventura de Sousa Santos analisava a onda de protestos que teve início em 2011 a partir dos impactos da crise econômica em diferentes países. Um estudo publicado pouco antes analisando os protestos sociais entre 2006 e 2013 em 87 países, abrangendo 90% da população mundial, constatara a escalada dos protestos sociais neste período.[1] Essa onda de contestação foi definida por Boaventura na referida conferência como "revoltas de indignação". O termo remete aos protestos dos "indignados" do sul da Europa (Espanha, Portugal e Grécia), região fortemente afetada pela crise econômica que eclodiu em 2008. Ele destaca que a predominância de um sentido de rejeição à ordem era característica comum na maioria dos protestos registrados a partir de então no norte da África, Europa, Estados Unidos e América Latina. Mais do que afirmar um projeto (o socialismo, o comunismo, a revolução etc.) como fizeram muitos movimentos sociais do século passado, essas revoltas tinham como centro a denúncia e a rejeição de algo que não lhes parecia correto.[2]

E contra o que esses protestos se voltavam? Primeiro, contra os impactos da globalização neoliberal sobre a vida da maioria das pessoas. Quando o sistema do capital demonstrou sinais de disfunção, com aumento do desemprego e da precarização dos serviços públicos, o conflito distributivo entre capital e trabalho voltou à ordem do dia. Milhões de pessoas viram suas condições de vida se deteriorar à luz do dia, enquanto o sistema se reinventava para manter sua dinâmica de acumulação e concentração. Tudo feito com o apoio das instituições do Estado, que atuaram para salvar bancos, especuladores, controladores de fundos, enfim, os super ricos que estavam diretamente envolvidos com as causas da crise.

---

[1] Ortiz, I.; Burke, S.; Berrada, M.; Cortes, H. World Protests 2010-2013. Nova York: Friedrich Ebert Foundation, 2013.

[2] Santos, B. S. *Revueltas de Indignación y outras conversas*. La Paz: Stigma, 2015.

Por isso, a indignação também se dirigiu ao sistema político, incluindo partidos e detentores de cargos públicos. Incapazes de assimilar as demandas populares por saídas que protegessem os mais pobres, as instituições da democracia liberal foram colocadas contra a parede. Onde ela não existia – como Egito e Tunísia – a pressão tomou a forma de revoluções populares que destituíram regimes autoritários e buscaram refundar o sistema político. Em outros casos, gerou conflitos de grandes proporções, como no caso das guerras civis na Líbia e na Síria. Na Europa Ocidental, América e alguns países do Oriente Médio, a indignação tomou as praças contra o "1% mais rico" reivindicando transformações na política, na economia e na sociedade.

Mas as revoltas de indignação nem sempre identificaram sua crítica à globalização neoliberal com posições à esquerda. Muitas vezes, como atestam estudos recentes, a indignação foi capturada pelo nacionalismo, a xenofobia e o populismo de direita.[3] Como afirma Boaventura de Souza Santos, essas revoltas foram decididamente *antineoliberais*, mas nem sempre foram *anticapitalistas*. Recentemente, aliás, vimos surgir no Brasil uma pitoresca combinação entre retórica nacionalista e autoritária com um programa ultra-neoliberal. Por isso, este trabalho tem um recorte preciso: analisamos movimentos sociais que se identificam claramente como sendo de esquerda, isto é, que afirmam sua identidade anticapitalista em oposição às posições que limitam seu horizonte estratégico a uma melhor administração do sistema do capital nos marcos da democracia liberal.

Até a eclosão das revoltas de indignação, o quadro político na maioria dos países democráticos encontrava-se relativamente estável. Na Europa, predominava a polarização entre social-de-

---

[3] Castells, M. *Ruptura: a crise da democracia liberal.* Rio de Janeiro: Zahar, 2018.

mocratas e liberais; nos Estados Unidos, o controle dos agentes do capital sobre o sistema partidário não dava margem para o surgimento de alternativas em nenhum dos partidos existentes; na África, as ditaduras do norte avançavam em seu processo de integração autoritária com os mercados da Europa; na América Latina, a democracia liberal parecia finalmente estável sob a liderança de forças progressistas após uma década de intensos conflitos políticos.

No campo das esquerdas, predominava uma incontestável hegemonia de posições social-democratas, cuja perspectiva se resumia à administração do Estado com limitados questionamentos sobre as disfunções do sistema econômico e os impactos da desigualdade estrutural. Quando a globalização neoliberal entra em crise, porém, a social-democracia é arrastada para o olho do furacão. Implementando em muitos países a agenda de ajustes exigida pelo mercado, as forças hegemônicas da esquerda se comprometeram até o limite do possível com a salvação de um sistema fortemente questionado. Nesse "vácuo" surgem ou ganham protagonismo, a partir de então, novas forças políticas que assentam seu discurso sobre dois pontos fundamentais: crítica radical ao sistema econômico controlado por uma minoria de super ricos e denúncia dos limites da democracia do 1% e da "casta" política.

Na Europa, esse fenômeno encontra seu arquétipo no fim do bipartidarismo espanhol, com a criação de dois novos partidos (Podemos e Ciudadanos) e, na Grécia, com o potente movimento que surge da luta contra as políticas de austeridade e deságua num pequeno partido de esquerda radical, o Syriza. Numa ascensão meteórica, o partido acaba chegando ao poder em janeiro de 2015 – frustrando o movimento que lhe deu origem poucos meses depois. Na França, o surgimento do movimento França Insubmissa pode ser considerado parte do mesmo processo de crise da social-democracia francesa, assim como o crescimento de partidos da esquerda radical, como o Bloco de Esquerda, em Portugal, e o Die Linke, na Alemanha, ou mesmo a ascensão de Jeremy Corbyn na liderança do New Labour inglês, derrotando os partidários da chamada "terceira via".

Cruzando o Atlântico, esse processo abalou as estruturas do Partido Democrata, que viu a pré-candidatura de Bernie Sanders à presidência dos Estados Unidos angariar maciço apoio entre democratas jovens, mulheres e negros e negras. Amparado numa crítica implacável ao sistema financeiro, Sanders se conectou à indignação presente no movimento Occupy Wall Street. No México, o movimento #YoSoy132 foi impulsionado pela juventude e se converteu num poderoso levante de massas contra as fraudes eleitorais e em defesa da democracia, denunciando a manipulação do debate público por parte dos grandes monopólios da imprensa.

Na América do Sul, quando da eclosão da crise econômica, o continente vivia a experiência da chamada "onda rosa" com vários governos de esquerda e centro-esquerda. Precedido por duas décadas de intensos conflitos sociais, o novo ciclo de protestos encontrou as posições de esquerda sob forte hegemonia do chamado "progressismo", uma versão latino-americana das tentativas de reforma do capitalismo. Além do progressismo, também havia processos de enfrentamento abertamente antineoliberais em países como Venezuela, Bolívia e Equador. Por isso a crise do neoliberalismo se manifestou de maneiras distintas em cada país. No Brasil, Chile e Colômbia, por exemplo, surgiram movimentos massivos contra a precariedade dos serviços públicos, a corrupção ou acordos de livre comércio. Em outros, como Equador, Bolívia e Venezuela, onde os movimentos sociais foram parte do processo de ascensão de governos antineoliberais, essa crise se manifestou numa espécie de desaceleração do processo de mudanças e na piora das condições de vida de setores sociais antes beneficiados com o crescimento econômico experimentado pelo contexto de expansão capitalista do início do século.

Não é mera coincidência que a América Latina tenha vivido um crescimento mais ou menos simultâneo dos protestos em diferentes países a partir de 2011. Mas o que nos interessa atestar, no entanto, não é a existência de um ciclo de conflitos sociais que tem como eixo a denúncia da globalização neoliberal; queremos entender quais condições incidem sobre diferentes trajetórias de institucionalização de movimentos sociais de esquerda que surgiram ou se fortaleceram a partir da onda de protestos iniciada nesse período. Com isso, queremos contribuir com os debates em curso sobre o papel dos movimentos no século XXI e das esquerdas ante os evidentes limites da estratégia progressista de simples "administração do sistema".

Analisando os casos da Europa Ocidental e Estados Unidos, encontramos três formas particulares de integração de movimentos sociais ao sistema partidário. A primeira é através da criação de novos partidos políticos, normalmente na forma de "partidos-movimento". A segunda é através da assimilação, por parte de um partido já existente, das bandeiras levantadas por um movimento social, assumindo a condição de representante de suas aspirações. E a terceira se dá através da integração a uma forma partidária tradicional, com vistas à disputa de rumos dessa organização, como aconteceu nos Estados Unidos com a pré-candidatura de Bernie Sanders e na Inglaterra com o movimento que levou Jeremy Corbyn à liderança do Partido Trabalhista.

Evidentemente, a simples "transplantação" da realidade europeia para a América Latina representaria um erro político e metodológico imperdoável. Nosso continente tem realidades muitos distintas e os movimentos sociais cumprem aqui um papel muito diferente daquele desenvolvido em sociedades cujas necessidades materiais fundamentais estão relativamente asseguradas para a maioria da população ou onde a herança do colonialismo se manifesta apenas em sua perspectiva dominante. Por isso buscamos analisar movimentos reais, a partir de sua história e suas vivências, ainda que numa perspectiva comparada.

Por *processo de institucionalização* entendemos a dinâmica na qual um movimento social reconhece a validade da disputa política das instituições do Estado e constitui seus próprios instrumentos partidários com vistas a integrar, influenciar a disputar os rumos dessas instituições. Isso significa, na maioria dos casos, assumir uma personalidade jurídica junto ao Estado e seu sistema de partidos, alterando sua identidade política. O que analisamos neste trabalho é quais condições incidem sobre os movimentos sociais, impactando suas trajetórias de institucionalização no contexto de crise da esquerda progressista e de restauração conservadora,[4] dando origem a forças partidárias da "nova esquerda". Para isso, construímos um modelo teórico que analisa cinco condições independentes: a) autonomia em relação ao sistema político; b) acessibilidade do sistema partidário em cada país, c) experiência com a social-democracia no poder, d) coesão interna dos movimentos sociais, e) confiança no sistema democrático representativo. Como condição, entendemos toda característica que apresenta variação de um indivíduo ou grupo de indivíduos para outro. Em termos de hipótese, essas condições se apresentam assim:

---

[4] Linera, A. G. "Cinco debilidades de los gobiernos progresistas latinoamericanos" em Sader, E.; Rinesi, E; Linera, A. G. *Restauración conservadora y las nuevas resistencias en latinoamerica*. Buenos Aires: Fundación Germán Abdala, 2016.

❧ Hipótese 1: *quanto mais autônomo, maiores as chances de institucionalização de um movimento social da nova esquerda.*

A autonomia se revela um componente-chave na análise dos movimentos sociais da nova esquerda. Sem ela, os movimentos reproduzem padrões de relacionamento com o sistema político que reforçam o papel dos antigos partidos de esquerda, inibindo o surgimento de novas forças políticas. Por isso, analisamos as formas de interação entre partidos e movimentos e o peso da autonomia nos processos de institucionalização de movimentos sociais a partir de um modelo teórico oferecido nos estudos de Michael Hanagan[5] sobre a relação partidos/movimentos.

❧ Hipótese 2: *quanto maior a confiança de uma sociedade na democracia representativa, maiores as chances de institucionalização de um movimento social da nova esquerda.*

Analisando dados de pesquisas de opinião pública sobre a percepção da democracia e do sistema partidário na América Latina, veremos que existe uma relação direta entre a percepção das sociedades em relação às instituições democráticas e o surgimento de novos partidos políticos oriundos de movimentos sociais. Essa condição se mostra particularmente relevante quando percebemos que é justamente nos países onde os indicadores de confiança na democracia se mostraram mais elevados que encontramos trajetórias de institucionalização que levaram ao surgimento de novos partidos de esquerda.

---

[5] Hanagan, M. "Social Movements. Incorporation, Disengagement, and Opportunities - A Long View" em Giugni, M. G.; McAdam, D.; Tilly, C. *From Contention to Democracy*. Lanham: Rowman & Littlefield Publishers, 1998, p. 4-30.

Hipótese 3: *a existência de governos de centro-esquerda aumenta as chances de institucionalização de um movimento social da nova esquerda.*

Como veremos, os governos progressistas da região no período analisado podem ser divididos em dois grandes blocos, um de perfil mais social-democrata e outro claramente anti-imperialista. Nos países que foram governados por forças políticas da esquerda anti-imperialista (Venezuela, Bolívia e Equador) os registros de conflitos sociais com protagonismo dos novos movimentos populares é baixo. Os conflitos, nesses países, se expressam pela polarização entre as forças políticas no poder e a oposição política e empresarial representada pelas forças de direita, comprimindo o espaço para o surgimento de novos atores sociais. Nos casos em que predominaram governos de corte mais moderado, o surgimento de movimentos sociais da nova esquerda é mais visível, como se nota na Argentina, Uruguai, Brasil e, principalmente, Chile.

Hipótese 4: *quanto mais acessível for o sistema partidário de um país, maiores as chances de institucionalização de um movimento social da nova esquerda.*

O surgimento de novos movimentos sociais não guarda relação direta com a estrutura dos sistemas partidários de cada país. Mas o processo de institucionalização daqueles que optaram por esse caminho é influenciado, invariavelmente, pelas leis que definem as regras de acesso ao sistema partidário. Elas facilitam ou dificultam o acesso desses atores sociais e influenciam suas estratégias de interação. Nossa hipótese é que um sistema partidário mais acessível estimula a criação de instrumentos próprios por parte dos movimentos sociais da nova esquerda. Ao contrário, onde as regras para a criação de novos partidos são mais duras, predomina a estratégia de interação com organizações partidárias já existentes ou mesmo a rejeição de integração ao sistema político. Para testar essa hipótese, realizamos uma análise dos sistemas partidários nos países selecionados, determinando níveis de acessibilidade em cada um deles.

- Hipótese 5: *quanto mais coeso for um movimento social, maiores as chances de institucionalização.*

Sendo o processo de institucionalização de movimentos sociais da nova esquerda um fenômeno complexo, que altera a própria natureza dos atores políticos, a coesão política, ideológica e organizativa do movimento pode revelar-se uma variável decisiva diante da decisão de institucionalizar-se. A coesão interna, se elevada, pode ajudar a administrar tensões internas que o processo de ingresso no sistema político pode ocasionar, enquanto uma baixa coesão pode colaborar para estimular divergências e, com isso, dificultar o processo de institucionalização. Para medir essa variável, realizamos entrevistas com lideranças de movimentos sociais questionando sobre o nível de coesão interna, as tensões internas geradas pelo processo de institucionalização e a ocorrência de dissidências internas.

Esse livro analisa e compara trajetórias distintas de institucionalização em três países latino-americanos: Brasil, Chile e México. Os casos escolhidos representam trajetórias de institucionalização diferentes e, portanto, nos permitem compreender o impacto das condições analisadas. No Chile encontramos um caso no qual ativistas de movimentos sociais de esquerda criaram partidos políticos; no Brasil encontramos um caso no qual a institucionalização se deu por meio de uma aliança entre movimentos sociais e um partido político já existente; finalmente, no México analisamos um caso no qual os ativistas dos movimentos sociais rejeitaram, em sua maioria, a possibilidade de institucionalização. Entre os casos escolhidos para esse trabalho estão movimentos sociais que se destacam pelo elevado grau de autonomia em relação ao sistema político, mas que vivem realidades distintas em relação à coesão interna, relação com as forças da esquerda tradicional, confiança nas instituições democráticas e oportunidades oferecidas pelo sistema partidário. São movimentos sociais urbanos, que se relacionam diretamente com os problemas gerados pelo acelerado processo de urbanização do capitalismo em seus países, mas que assumem trajetórias de institucionalização distintas entre si.

Escolhemos, para ilustrar o processo de surgimento dessa nova esquerda na América Latina três movimentos. O primeiro é o MTST (Movimento dos Trabalhadores Sem Teto), que luta pelo direito à moradia organizando trabalhadores e trabalhadoras nas periferias dos grandes centros urbanos brasileiros. Surgido no fim dos anos 1990 no campo de movimentos sociais liderados pela Via Campesina, o MTST se autonomizou e buscou ocupar espaço próprio como movimento em defesa da reforma urbana. A partir de 2013, com os protestos que tomaram o país e a tímida resposta do governo petista às demandas por mais direitos, o MTST viu sua influência política aumentar exponencialmente. Vinculando-se às correntes da nova esquerda, passou a interagir crescentemente com o sistema político, apresentando sua principal liderança, Guilherme Boulos, como candidato à Presidência da República pelo PSOL (Partido Socialismo e Liberdade) em 2018.

O segundo caso remete ao Chile, que se tornou o principal modelo de institucionalização de movimentos da nova esquerda na América Latina. O movimento estudantil foi na última década o principal ator nos conflitos entre a sociedade chilena e as forças do Estado. Ao longo de quase uma década os estudantes assumiram o protagonismo em defesa da educação e denunciaram as políticas que levaram ao endividamento das famílias e à deterioração das condições de vida no país. Ampliando sua audiência no debate público, o movimento estudantil chileno passou a interagir cada vez mais com o sistema político, até que importantes lideranças decidissem formar seus próprios partidos, abrigados no interior da Frente Ampla, coalizão de esquerda surgida em 2017 e que saiu vitoriosa nas eleições presidenciais de 2021 com Gabriel Boric numa aliança com o Partido Comunista.

O terceiro caso é o dos jovens que organizaram o movimento #YoSoy132 no México. O movimento, formado inicialmente por estudantes da Cidade do México, tomou dimensões multitudinárias no contexto de polarização política que antecedeu as eleições presidenciais no país em 2012. Questionando a cobertura tendenciosa da imprensa monopolista – francamente favorável ao candidato do PRI, Enrique Peña Nieto – os estudantes mobilizaram atrás de si todos os setores progressistas que não suportavam mais a manipulação midiática e as recorrentes ameaças de fraude eleitoral. Diferente do MTST e do movimento estudantil chileno, porém, o movimento #YoSoy132 não gerou uma trajetória linear de integração ao sistema partidário mexicano. Ainda que com algumas exceções – como daquelas lideranças que se vincularam à construção do MORENA (Movimento de Renovação Nacional), novo partido de Andrés Manuel López Obrador – #YoSoy132 não integrou de forma orgânica o sistema político-partidário.

Esses três casos mostram distintas trajetórias de institucionalização de movimentos sociais. Existe, evidentemente, inúmeros outros movimentos sociais que poderiam ser objeto desse trabalho, como o movimento feminista, o movimento indígena, o movimento camponês, dentre outros, que desenvolvem suas próprias trajetórias em relação aos sistemas partidários de cada país. No entanto, considerando o escopo de nossa pesquisa os casos selecionados respondem bem aos questionamentos propostos. Com isso, nosso modelo teórico expande outros disponíveis para a compreensão dos movimentos sociais da América Latina.

Para operacionalizar nossa pesquisa, utilizamos diferentes técnicas de coleta de dados. A principal delas foi a entrevista com ativistas de movimentos sociais que participaram da onda de protestos nesses países entre 2011 e 2013. Além das entrevistas, utilizamos dados do Latinobarômetro sobre a percepção da democracia e do sistema partidário na América Latina, analisamos a legislação referente ao funcionamento do sistema partidário e eleitoral de cada um dos países, além de documentos internos dos movimentos sociais e partidos políticos.

A coleta de dados foi feita em pesquisa de campo realizada junto a ativistas que participam ou participaram dos três movimentos sociais analisados. As entrevistas foram estruturadas em três blocos de questões. O primeiro bloco teve como foco a relação dos ativistas com o movimento social ao qual são ou foram vinculados; o segundo bloco buscou compreender como os ativistas constroem seus discursos sobre o lugar desses movimentos no contexto político de cada país, a relação de dependência/autonomia com outros atores políticos e como compreendem o lugar dos movimentos sociais em relação às demais forças de esquerda; e o terceiro bloco reuniu questões sobre o processo de institucionalização dos movimentos sociais e suas consequências. A seleção dos ativistas entrevistados levou em conta sua posição em espaços-chave de decisão sobre o processo de institucionalização. No caso chileno, por exemplo, entrevistamos dirigentes dos novos partidos surgidos a partir do levante estudantil de 2011. Já no caso brasileiro, foram entrevistados membros da Coordenação Nacional do MTST, instância máxima de decisão do movimento. No caso mexicano, por sua vez, foram entrevistados ativistas com continuada atuação política, mesmo após o fim do movimento #YoSoy132.

Não é difícil perceber que a América Latina continua sendo uma região onde o conflito político está fortemente presente. Os golpes no Brasil (2016) e Bolívia (2019), o uso de medidas de força contra adversários políticos no Equador e Nicarágua, as tentativas de desestabilização na Venezuela, as recorrentes ameaças ao processo de paz na Colômbia, o questionamento à legitimidade do novo governo no Peru e a explosão social que redundou no processo constituinte no Chile são apenas alguns exemplos. Se é verdade que esses embates envolvem muitas vezes as tradicionais forças de centro-esquerda e a sempre presente "mão do imperialismo", também podemos afirmar que essa conflituosidade é marcada por novos atores, novas agendas e novas formas de agir, que em muitos aspectos, aproximam esses processos daqueles vistos a partir de 2011 no sul da Europa, norte da África, Oriente Médio e Estados Unidos. Eles têm como pano de fundo uma crescente desconfiança com os sistemas políticos e os partidos tradicionais. Não por acaso, os países que detinham os níveis mais baixos de confiança em relação aos partidos quando teve início o novo ciclo de protestos na América Latina, em 2011, foram também os que experimentaram as principais mobilizações sociais. Nesse sentido, a onda de protestos no Chile (2011), Colômbia (2011-2012), México (2012) e Brasil (2013) parecem ter canalizado novamente o conflito para as ruas.[6]

---

6 Albala, A. Vieira, S. M. "¿Crisis de los partidos en América latina? El papel de los partidos políticos latinoamericanos en el escenario reciente" em *Política*. Volume 52, nº 1, Santiago, 2014.

***

Este livro é resultado de uma pesquisa realizada durante o curso de doutorado no Programa de Pós-Graduação em Ciência Política da Universidade de Brasília, concluído em 2020, no início da pandemia do novo coronavírus. Mas é também produto de inquietações pessoais. Como dirigente do PSOL, tenho buscado estimular o debate sobre o papel das esquerdas no século XXI e a necessidade de uma atualização programática. Uma esquerda que se queira socialista e democrática e que deixe de incluir no centro de sua agenda temas como os direitos humanos, o feminismo, o combate à crise climática, a defesa de uma nova democracia, a luta contra o racismo, a mudança do modelo econômico e a transformação desde a mobilização de massas, estará fadada a repetir as velhas fórmulas que podem, no máximo, promover mudanças cosméticas no capitalismo.

Para além de uma agenda de inclusão social e diminuição das desigualdades – mais urgente do que nunca – é preciso compreender que a nova etapa do capitalismo aberta com a crise de 2008 exige saídas radicais, isto é, que cheguem à raiz dos problemas do nosso tempo. O "choque de capitalismo" dos últimos anos levará a uma catástrofe humanitária e ambiental sem precedentes se não for detida. Portanto, já não deveria ser possível pensar apenas em termos de uma reforma do sistema. É preciso pensar "fora da caixa", o que significa retomar uma agenda anticapitalista e, acima de tudo, antineoliberal. Se há algo que a história recente do Brasil deveria nos ensinar é que as elites não estão dispostas a concessões. Mesmo que para isso tenham que viabilizar a eleição de um populista de extrema-direita e a prisão do maior líder popular do país. Torço para que a esquerda que nasce das lutas dos últimos anos saiba extrair as lições da tragédia que vivemos.

Por fim, quero agradecer a todas as pessoas que têm estimulado diálogos sobre os rumos da esquerda brasileira. Em particular minhas companheiras e companheiros de PSOL, que suportaram nos últimos anos os inconvenientes da divisão entre as tarefas partidárias e acadêmicas. Agradeço também aos amigos que facilitaram o contato com os ativistas entrevistados neste trabalho ou colaboraram de alguma outra maneira. Meu agradecimento também aos professores Adrián Albala (UnB), André Singer (USP), Edson Miagusko (UFRRJ) e à minha orientadora, professora Marisa Von Büllow, pelas observações preciosas sobre o trabalho e pelo incentivo para a publicação desta pesquisa. Aos companheiros do MTST, da Frente Ampla do Chile, e aos ativistas que participaram do movimento #YoSoy132, meus mais sinceros agradecimentos pela colaboração e boa vontade neste esforço de reflexão sobre os rumos da esquerda e dos movimentos sociais na América Latina. Os limites e insuficiências deste trabalho são, evidentemente, de minha total responsabilidade. Por fim, agradeço aos trabalhadores e trabalhadoras da UnB e das demais instituições de ensino por onde passei. Filho de um operário e uma dona de casa, frequentei instituições públicas toda a vida, da pré-escola ao doutorado. Isso só foi possível porque o Estado brasileiro, apesar de suas enormes fragilidades e limitações, ofereceu condições mínimas para que eu pudesse concluir esse ciclo de aprendizado. Num momento de tantos ataques à educação pública, este trabalho busca entender as formas de resistência de nosso tempo e como fazer frente à ofensiva reacionária que se abate sobre o Brasil.

AFRONTE
RESPEITO AO POVO INDÍ

FAIXA
DE
GAZA

I. UM SISTEMA EM CRISE

Houve história porque existiram instituições feudais e porque, nelas, encontram-se relações de produção inteiramente diferentes das sociedades burguesas, que os economistas querem fazer passar por naturais, logo, eternas.

Karl Marx

É impossível compreender as origens da nova esquerda sem observar ao menos três condições que precederam seu surgimento: a crise da globalização neoliberal; o esgotamento da democracia representativa como instrumento de regulação do conflito social, a incapacidade das forças de esquerda hegemônicas de responderem adequadamente às reivindicações por mais direitos e inclusão. Como afirma o sociólogo alemão Wolfgan Streeck, ninguém pode – depois de 2008 – compreender a política e as instituições políticas sem as colocar numa estreita relação com os mercados e os interesses econômicos, assim como as estruturas de classe e os conflitos resultantes.[1]

Estamos diante de uma enorme "crise de legitimidade"[2] do neoliberalismo, resultado da combinação entre aumento da desigualdade nos países da periferia e semiperiferia do sistema, baixo crescimento dos países do capitalismo central e aumen-

[1] Streeck, W. *Tempo comprado: a crise adiada do capitalismo democrático*. São Paulo: Boitempo, 2018.

[2] Ibidem; Castells, op. cit.; Fraser, N. *O velho está morrendo e o novo não pode nascer*. São Paulo: Autonomia Literária, 2019.

to do endividamento estatal. A "revolução neoliberal"[3] tem seu início nos anos 1970, quando o capitalismo democrático do pós-guerra começa a ser substituído por um sistema que tem na sua base a financeirização da economia, a concentração de renda e riqueza e o endividamento. A teoria econômica heterodoxa tem destacado a alteração nos padrões de acumulação do capital em nível mundial desde meados da década de 1970. Analisando o "sociometabolismo" do sistema, Mészáros[4] destrincha a natureza estrutural da crise de acumulação, que tem na queda do chamado "socialismo real" apenas a expressão de uma crise geral do modo de produção de mercadorias (2009).

A partir de um novo polo hegemônico (o capital financeiro) o capitalismo pôs abaixo os mais desenvolvidos sistemas de controle do capital, a saber – o *Welfare State* keynesiano e o socialismo soviético – tornando-se incontrolável e profundamente destrutivo. Ao contrário do que afirma a teoria dos ciclos de expansão/recessão do capital, nas últimas cinco décadas o sistema enfrenta uma ininterrupta depressão dos padrões de acumulação. Estratégias como a expansão da valorização especulativa através do mercado de ativos financeiro ou a ampliação da tendência decrescente do valor de uso das mercadorias, constituiriam nada mais que tentativas de responder à crise da reprodução industrial. Essa crise estrutural impacta profundamente a organização social da produção e, por conseguinte, toda a vida em sociedade.[5]

---

3 Streeck, W., op. cit.

4 Mézáros, I. *A crise estrutural do capital.* São Paulo: Boitempo, 2009.

5 Ibid.

Crise econômica e crise democrática

Com o processo global de desregulamentação do trabalho, aprofundado nas últimas décadas do século passado, o emprego precário sob a forma de cooperativas de trabalho, contratos comerciais e terceirizações tornou-se parte indispensável do regime de acumulação pós-fordista e financeirizado, com vistas a reduzir o valor-trabalho e ampliar a valorização marginal do capital.[6]

Essa situação se agravou drasticamente após a crise econômica de 2008. Entre o fim da Segunda Guerra Mundial e a crise econômica que eclodiu no início dos anos 1970, o desenvolvimento capitalista em sintonia com a democracia liberal produziu uma verdadeira "Idade do Ouro" nos países do capitalismo central. Enquanto a África e a Ásia mergulhavam em sangrentas guerras de libertação e a América Latina sofria entre golpes militares e líderes autoritários, a Europa se reconstruía sob a proteção dos Estados Unidos e seu Plano Marshall, a mais importante estratégia de exportação de capitais excedentes nos tempos modernos. Durante a "Guerra Fria", que criou uma nova ordem global e manteve o mundo sob a tensão do conflito nuclear entre Estados Unidos e União Soviética, a democracia liberal se consolidou como sistema político na Europa Ocidental na forma de um invejável Estado de Bem-Estar Social.

Porém, o sonho de prosperidade estava ameaçado. Enquanto as tensões militares eram transferidas para a periferia do sistema (Vietnã, Afeganistão, República Dominicana, América do Sul) uma mudança radical estava em curso. O rompimento unilateral dos acordos de Bretton Woods e a consequente desvaloriza-

[6] Braga, R. "Terra em transe: o fim do lulismo e o retorno à luta de classes" em Singer, A; Loureiro, I. (Orgs.) *As Contradições do Lulismo*. São Paulo: Boitempo, 2016.

ção do dólar obrigou os Estados Unidos a uma mudança geral na gestão dos mecanismos globais de reciclagem de excedentes. Ao invés de utilizar seus superávits na forma de empréstimos concedidos aos países em reconstrução no pós-guerra, os Estados Unidos passaram a financiar seus déficits através de sua dívida pública. Para isso, foi necessário aumentar a competitividade das empresas e elevar a taxa de juros dos títulos estadunidenses.[7] Essas duas medidas foram alcançadas com a redução dos custos do trabalho e com a crise do petróleo (1973), que impactou países que competiam diretamente com os EUA, como Japão e Alemanha. Já os juros foram paulatinamente elevados, criando uma porta de entrada de capitais capazes de alimentar o mercado financeiro estadunidense.

De acordo com Yanis Varoufakis, ex-ministro da economia da Grécia, os sistemáticos déficits comerciais dos EUA induziram a produção em outras partes do mundo, enquanto os déficits orçamentários foram transformando os superávits comerciais em títulos estadunidenses que o mundo – e a China, em particular – foram acumulando. Essa liquidez estimulou Wall Street a usar os volumosos excedentes de capital em operações que geraram uma quantidade imensa de valor fictício, incluindo as concessões de hipotecas e crédito para as classes média e trabalhadora, permitindo o acesso a montanhas de recursos privados com base em operações totalmente insustentáveis.[8] Quando a

---

[7] Paulani, L. M. "Desenvolvimentismo, planejamento e investimento públicos nos cinco mil dias do lulismo" em Maringoni, G.; Medeiros, J. *Cinco Mil Dias: o Brasil na era do lulismo*. São Paulo: Boitempo/Fundação Lauro Campos, 2017.

[8] Varoufakis, Y. *O Minotauro global: a verdadeira origem da crise financeira e o futuro da economia global*. São Paulo: Autonomia Literária, 2016.

bolha imobiliária estourou, em 2008, mais de 40 trilhões de dólares do patrimônio global desapareceram, junto com 700 mil empregos, só nos Estados Unidos.

Na África, a crise produziu a partir de 2010 uma sequência espantosa de turbulências econômicas seguidas por levantes populares que derrubaram governos ou evoluíram para sangrentas guerras civis. Na América Latina, a crise foi combatida com medidas anticíclicas, eficientes num primeiro momento, mas pouco sustentáveis. Num inédito processo de *desdemocratização do capitalismo*, as tecnocracias impuseram duras medidas de austeridade para salvaguardar os interesses do capital, enquanto os instrumentos de legitimação da democracia liberal passaram a sofrer crescente questionamento, não só do mundo do trabalho, mas do próprio capital. Como afirma Streeck:

> Uma crise de legitimação também pode resultar de um desconforto do capital em relação à democracia e às obrigações que lhe foram impostas, isto é, sem que haja uma evolução progressiva "que transcende o sistema", das reivindicações sociais, como muitos previam nos anos 1970. A teoria da crise de legitimação, visto do lado do capital, considera as empresas e os empresários como maximizadores de vantagens e lucros, não máquinas de bem-estar nem funcionários obedientes da política econômica e conjuntural do Estado.[9]

No início do século o Brasil ainda sentia os impactos das transformações promovidas pelo neoliberalismo. Durante os anos que se seguiram ao estabelecimento do Plano Real, em 1994, podem ser identificadas, segundo Márcio Pochmann, duas tendências francamente opostas em relação ao comportamento das

[9] Streeck, W., op. cit, p. 69.

rendas do trabalho e da propriedade no país. Durante quase uma década, houve uma trajetória de queda da participação salarial na renda nacional, acompanhada simultaneamente pela expansão das rendas oriundas da propriedade, ou seja, lucros, juros, renda da terra e aluguéis. Entre 1995 e 2004, a renda do trabalho perdeu 9% de seu peso relativo na renda nacional, enquanto a renda da propriedade cresceu 12,3%.[10] Esse contexto demonstra um forte processo de financeirização do capital, uma vez que as atividades consideradas "produtivas" não demonstravam o mesmo rendimento.

O ciclo mundial de expansão econômica, que no Brasil coincidiu com os governos Lula (2003-2010) e o primeiro governo Dilma (2011-2014), foi fortemente marcado por esse contexto internacional. Com o enfraquecimento dos setores produtivos durante a metamorfose financeira da economia brasileira, que impactou especialmente a indústria, a aceleração econômica da primeira década dos anos 2000 gerou um "boom" de vagas no setor de serviços, que foi responsável por nove em cada dez empregos gerados com salário de até 1,5 salários-mínimos.[11] Esse setor aumentou sua participação no Produto Interno Bruto em 30,6%, respondendo por dois terços de toda a produção nacional. Enquanto isso, a diminuição dos postos de trabalho na indústria na primeira década dos anos 2000 chegou a ser nove vezes maior do que o verificado na década de 1970, quando surgiu o chamado "novo sindicalismo".[12] Segundo Ruy Braga, esse processo gerou condições de trabalho mais precárias, com o aumento da taxa de rotatividade e de flexibilização do emprego,

---

[10] Pochmann, M. Nova Classe Média? O trabalho na base da pirâmide social brasileira. São Paulo: Boitempo Editorial, 2012.

[11] Ibid.

[12] Ibid, p. 17.

impactando as formas tradicionais de organização política dos trabalhadores e trabalhadoras.[13] O resultado é evidente: se até meados dos anos 1990 a dinâmica de acumulação capitalista no Brasil concentrava a criação de empregos na faixa de três a cinco salários-mínimos, com a indústria respondendo por 40% das novas vagas, entre 1994 e 2008 a geração de empregos deslocou-se para o setor de serviços (70%). O impacto dessas transformações oriundas da reestruturação produz efeitos drásticos sobre a queda das taxas de crescimento da economia mundial: entre 1950 e 1973 o crescimento foi de 4,9%; entre 1973 e 1990, 3,3%; e entre 1991 e 2009, 2,8%.[14] E a queda seria muito maior sem o crescimento chinês.

Além disso, estudos recentes demonstram uma explosão da desigualdade em todo o mundo. Thomas Piketty apresenta estimativas sobre o aumento da desigualdade social em trinta países, concluindo que 1% da minoria mais rica da população detinha sozinha 25% do patrimônio total na Europa e 35% nos Estados Unidos. Os 9% seguintes (que correspondem aos setores gerenciais ou diretivos de grandes empresas) detêm 35% do patrimônio em ambas as regiões. Cerca de 10% dos habitantes do planeta controlam sozinhos de 60% a 70% do patrimônio nas duas principais regiões econômicas do planeta. No outro extremo, os 50% mais pobres têm apenas 5% do total de patrimônio existente.[15] Piketty também demonstra que esse enriquecimento não acompanha o crescimento mundial: ele teria sido

[13] Braga, R., op. cit.

[14] Covarrubias, H. M. "La gran crisis del capitalismo neoliberal" em *Andamios*, vol. 7, n° 13, México, Maio/Agosto de 2010.

[15] Katz, C. *Neoliberalismo, Neodesenvolvimentismo, Socialismo*. São Paulo: Expressão Popular, 2016.

duas a três vezes maior que o PIB durante os últimos trinta anos, o que não se via desde a primeira década do século passado.[16]

Mas a desigualdade representa apenas um sintoma, não a causa da crise do sistema. O economista argentino Cláudio Katz combina três explicações que relacionam a crise econômica e seus impactos sobre o aumento das desigualdades. A primeira afirma que o neoliberalismo criou um problema de realização do valor das mercadorias ao contrair os salários – ou seja, estimulou o consumo sem permitir que ele pudesse ser desfrutado, ampliando a produção enquanto reduzia a renda. A segunda ressalta os problemas de valorização; destaca que o neoliberalismo aumentou a taxa de mais-valia e reduziu os salários, sem realizar uma recuperação suficiente da taxa de lucro. A terceira explicação, por fim, privilegia a existência de capitais super acumulados na esfera financeira; destaca as tensões geradas por esses fundos através de mecanismos de títulos, derivativos e outras operações especulativas.[17]

Enquanto os empregos na indústria caem, postos de trabalho com baixos salários, pouca qualificação técnica e prescrição rígida de tarefas são criados no setor de serviços: vendas no comércio varejista, vendas por telefone, atendimento ao cliente, seguros e toda uma miríade de outras funções com características semelhantes.[18] Esses ramos, por suas próprias características, enfrentam maiores dificuldades para organizar-se politicamente, impactando a ação das classes populares e as bases sociais dos sindicatos e correntes políticas a eles vinculadas. Ou seja, além

---

[16] Piketty, T. *O Capital no século* XXI. Rio de Janeiro: Intrínseca, 2014.

[17] Katz, C., op. cit.

[18] Mello e Silva, L. "Inovações do sindicalismo brasileiro em tempos de globalização e trabalho sob tensão" em Singer, A; Loureiro, I. (Org.). *As Contradições do Lulismo*. São Paulo: Boitempo, 2016.

das "vantagens" propriamente econômicas, a reestruturação neoliberal proporcionou, também, um enfraquecimento das organizações políticas dos trabalhadores e trabalhadoras.

Ao garantir a hegemonia financeira no processo de valorização do capital, o neoliberalismo promoveu transformações de diferentes ordens, que impactaram o mundo do trabalho e, consequentemente, a dinâmica de seus atores políticos e sociais, gerando transformações tecnológicas às vezes bruscas nos processos produtivos e no funcionamento dos mercados; além de mudanças nas capacidades de interpretação individual e social sobre a realidade.[19]

Economicamente, o neoliberalismo fracassou, já que não conseguiu nenhuma revitalização substantiva do capitalismo avançado. Socialmente, ao contrário, conseguiu muitos de seus objetivos, criando sociedades marcadamente mais desiguais, embora não tão desestatizadas como de início pretendia.[20] Se economicamente foi um fracasso, no plano político e cultural o neoliberalismo alcançou um êxito inquestionável. E fez isso simplesmente disseminando a ideia de que não há alternativas para seus princípios, de que todos, confessando ou negando, têm de se adaptar às suas regras.[21] Como não poderia deixar de ser, um sistema cada vez mais excludente precisava renovar seus mecanismos de legitimação para conter o conflito social.

---

19 La Serna, C. *La transformación del mundo del trabajo: representaciones, prácticas e identidades*. Buenos Aires: CLACSO/CICCUS Editorial, 2010.

20 Anderson, P. "Balanço do neoliberalismo" em Sader, E.; Gentili, P. (Org.). *Pós-neoliberalismo – As políticas sociais e o Estado democrático*. Rio de Janeiro: Paz e Terra, 1995.

21 Paulani, L. M. "Neoliberalismo e Individualismo" em *Economia e Sociedade*, Campinas, n°13, dez/1999, p. 115-127.

Enquanto as relações capitalistas colonizavam novas esferas da vida – conhecimento, tecnologia, cultura de massas – a propaganda triunfalista do neoliberalismo anunciava que o mercado e a democracia representativa parlamentar eram as formas finais da socialização humana.[22]

Em vez de trazer estabilidade e crescimento econômico, o neoliberalismo causou recessão e grande perda democrática, já que o poder de decisão foi transferido a agentes externos e não estaria mais plenamente sob o controle de seus representantes locais. Ao outorgar a agentes do mercado o poder de decidir aspectos fundamentais da atividade econômica, o neoliberalismo limita ainda mais o alcance da democracia.[23] A perda de legitimidade do sistema – tornando mais graves as crises de reprodução e acumulação – só pode ser sanada, na lógica do capital, à custa de mais liberalização da economia política e da "imunização" da política econômica contra as pressões democráticas de baixo[24] pela instituição de um consenso forçado. Os aparelhos ideológicos do neoliberalismo difundem a ideia de que todos os partidos deveriam seguir a mesma política determinada pelo poder econômico com o propósito de evitar "instabilidades" e a consequente "fuga de capitais". Diante da impotência da política frente à economia ocorre um aumento de sua potência em relação à sociedade. Ou seja, a ruptura dos laços entre representantes e representados deve ser acompanhada do incremento da

---

[22] Marques, V. O velho está morrendo e o novo sempre vem. Prefácio em Fraser, N. *O velho está morrendo e o novo não pode nascer*. São Paulo: Autonomia Literária, 2019.

[23] Przeworski, A. *A falácia neoliberal*. Lua Nova, São Paulo, n. 28-29, abr/1993, p. 209-225.

[24] Streeck, W., op. cit.

violência estatal.[25] Qualquer alternativa à receita neoliberal, sobretudo no campo econômico, é desqualificada ou apresentada como o caminho para o caos social. A construção de um Estado mínimo, com orçamento equilibrado e políticas econômicas previsíveis, seria condição para disparar o ímpeto empreendedor dos indivíduos e o investimento privado.[26]

Essa perspectiva "asséptica" da gestão econômica é funcional ao neoliberalismo. Afinal, se o Estado é uma fonte de incompetência e ineficiência, de que vale a democracia? Se, como os neoliberais sustentam, o processo político é fonte de grandes desperdícios, já que o mercado acaba dispendendo enorme quantidade de recursos na tentativa de influenciar os governos, porque não "desidratar" ao máximo a democracia, restringindo-a a seus procedimentos eleitorais? Logo, os políticos deveriam ouvir os economistas ao invés de se guiar pelas necessidades de seus eleitores.[27] Como afirma Streeck, para a teoria econômica ortodoxa toda política econômica boa é por definição apolítica.[28]

A crise econômica de 2008 foi pródiga em exemplos dessa lógica. Acusados como esbanjadores e irresponsáveis, os países do sul da Europa (Grécia, Itália, Espanha e Portugal) foram "enquadrados" pelos mecanismos de gestão macroeconômica eu-

---

25 Valim, R. *Estado de Exceção: A forma jurídica do Neoliberalismo*. São Paulo: Editora Contracorrente, 2017.

26 Carneiro, A. P.; Gambi, T. F. R. "Neoliberalismo, Desigualdade e Democracia: Discussão fundamentada nos Conselhos Econômicos e Sociais" em *Cadernos Gestão Pública e Cidadania*, São Paulo, vol. 23, nº 74, jan/abr, 2018, p. 69-88.

27 Przeworski, A. *Estado e economia no capitalismo*. Rio de Janeiro: Relume-Dumará, 1995.

28 Streeck, W. "As crises do capitalismo democrático" em *Novos Estudos – CEBRAP*, São Paulo, nº 92, mar/ 2012.

ropeus – Banco Central Europeu, Comissão Europeia e Fundo Monetário Internacional – para cumprir uma série de regras que retiravam direitos sociais em troca do financiamento de suas dívidas. Entre 2008 e 2009 a "Troika", em dificuldades para conter a crise bancária, exigiram a "socialização" de parte das perdas dos bancos transformando-as em dívida pública. Essa operação trouxe um peso duplo aos países mais endividados, já que a adesão ao euro os impedia de desvalorizar suas moedas, o que significa que eles arcavam com o duplo peso da dívida e da recessão.[29]

No caso grego, como em muitos outros, a crise econômica foi aprofundada por decisões que tinham como único objetivo manter a "saúde financeira" do mercado europeu, isto é, preservar o ambiente para os negócios e a estabilidade do euro. Quando o governo do país finalmente conseguiu um empréstimo de 110 bilhões de euros, teve de se comprometer com cortes de salários e aposentadorias, demissões, contingenciamento de gastos públicos e outras medidas, que acabaram por gerar uma onda de protestos que se arrastou por quase três anos. A democracia grega, naquele momento, era sacrificada no altar do neoliberalismo.

Essa operação se repetiu em diferentes países. Governos dos cinco continentes despejaram bilhões de dólares na tentativa de manter o sistema funcionando. Fizeram exatamente aqui-

---

[29] Entre 2008 e 2009 a Europa entrou em recessão. O PIB da Alemanha caiu 5%, o da França 2,6%, o da Holanda 4%, o da Suécia 5,2%, o da Irlanda 7,1%, o da Finlândia 7,8%, o da Dinamarca 4,9% e o da Espanha 3,5%. Com a ajuda destinada pelos mecanismos de controle financeiro para o resgate, os bancos resolveram voltar ao jogo especulativo, já que a pressão sobre as finanças públicas acabaria por levar alguns Estados a ficarem inadimplentes, como de fato ocorreu com a Grécia. Para entender melhor o impacto da crise econômica na Europa ver Varoufakis, op. cit.

lo que era exigido pelo mercado. Em contrapartida, as classes trabalhadoras se tornaram mais vulneráveis ao desemprego e às incertezas da economia. A fórmula escolhida pela imensa maioria dos governos para tratar a crise alimentou uma crescente insatisfação popular. A submissão dos partidos tradicionais – à esquerda e à direita – às regras da austeridade colocou todo o sistema em questão. A adoção das receitas preestabelecidas pelo mercado fez com que os governos ignorassem as demandas de seus eleitores. Sindicatos de trabalhadores e redes de proteção social foram deliberadamente enfraquecidos. Aos poucos, precipitou-se uma crise de legitimidade sem precedentes, na medida em que as maiorias viam seu poder de influência diminuir e sua participação se restringir, praticamente, às votações periódicas e cada vez mais sem sentido.[30]

A subalternidade da política à economia, portanto, explica a atual crise de legitimidade das instituições da democracia liberal.[31] É a partir dela que ganham força partidos e movimentos *antiestablishment*. Diante dos processos de financeirização e de mercantilização erodiram identidades políticas e sociais contra-hegemônicas que deram "cobertura política" para uma transição estrutural que se assentou no aumento das restrições à participação popular nas decisões políticas. Em resumo, o neoliberalismo transformou a democracia liberal em uma retórica vazia, sem correspondência com a realidade social. E é exatamente nesse antagonismo, cada vez mais claro, entre a ordem democrática e o neoliberalismo, que irrompem os estados de exceção que alimentam as forças de extrema-direita e a crescente insatisfação popular.[32]

---

30 Carneiro, A. P.; Gambi, T. F. R., op. cit.

31 Valim, R., op. cit.

32 Ibid.

Democracia liberal como sinônimo de democracia

Mas que democracia liberal é essa? Trata-se de um regime político caracterizado originalmente pela articulação de duas tradições diferentes. De um lado, o liberalismo político (direitos naturais, separação de poderes, defesa das liberdades individuais); de outro, a tradição democrática, cujas ideias-chave são igualdade e soberania popular.[33] Mas, segundo Chantal Mouffe, "não há uma relação necessária entre essas duas tradições, mas apenas uma articulação histórica contingente que teve lugar nas lutas comuns entre liberais e democratas contra os regimes absolutistas".[34]

O liberalismo clássico acreditava que o mundo humano estava formado por átomos individuais com certas paixões e necessidades, cada um procurando ao máximo aumentar suas satisfações e diminuir seus desprazeres. Ou seja, cada indivíduo era dotado "naturalmente" de vida, liberdade e busca da felicidade, como afirmava a declaração de independência dos Estados Unidos. Aliás, é na independência estadunidense que o conceito de democracia tal como o conhecemos ganhará um impulso fundamental, com o surgimento da ideia de *representação*.[35] Os federalistas não afirmavam que a representação era necessária a uma grande República, mas, pelo contrário, que uma grande República era desejável por tornar *necessária* a representação – e quanto maior fosse a distância entre representantes e

---

[33] Mouffe, C. *Por um populismo de esquerda*. São Paulo: Autonomia Literária, 2019.

[34] Ibid., p. 35.

[35] Para conhecer mais sobre o debate acerca do conceito de representação ver Rezende, D. 2014.

representados, melhor.[36] Como afirmou Madison, um dos "pais fundadores" dos Estados Unidos, o sentido da representação é "redefinir e ampliar as visões públicas, passando-as pelo filtro de um corpo de cidadãos escolhidos".[37]

A utilização da democracia representativa em larga escala foi uma grande inovação da revolução americana. Ela possibilitou que algo até então percebido como antítese do autogoverno democrático passasse a ser não apenas compatível com a democracia, mas também um de seus componentes: a renúncia do exercício do poder político direto e sua transferência a uma elite de escolhidos.[38] Apesar de não terem criado a representação, os federalistas produziram um feito de enormes repercussões, que resolveria no plano formal a dicotomia existente na origem da democracia moderna entre o lugar dos indivíduos e o da soberania popular.

O casamento definitivo entre democracia e liberalismo ocorreu em seguida. A publicação das obras de Adam Smith, especialmente *A Riqueza das Nações* (1776), e David Ricardo, com seus *Princípios da Economia Política* (1817), marcam a consolidação do pensamento liberal na economia. O reconhecimento crescente do papel do trabalho no desenvolvimento econômico – especialmente a partir da teoria geral do valor de Ricardo – criava as condições para a entrada em cena das massas historicamente excluídas dos negócios do Estado. Em meados do século XIX tornava-se cada vez mais evidente que nos países

---

[36] Wood, E. M. *Democracia Contra Capitalismo*. São Paulo: Boitempo Editorial, 2003.

[37] Hamilton, A; Madison, J; Jay, J. *O Federalista*. Lisboa: Edições Colibri, 2003.

[38] Ibid.

desenvolvidos e industrializados os sistemas políticos teriam de abrir espaço a novas forças sociais.[39]

Além disso, também se tornava claro que o liberalismo, que formava a ideologia básica do mundo burguês, não tinha defesas teóricas contra essa contingência. Sua forma característica de organização política era o governo representativo através de assembleias eleitas representando não interesses sociais ou coletividades, mas "agregados" de indivíduos.[40] Para facilitar essa confluência entre liberalismo e democracia representativa, John Stuart Mill – o primeiro teórico liberal a colocar o desenvolvimento da própria personalidade como meta da democracia liberal – tentou combinar ambos significados: pensava que a liberdade de mercado e a liberdade do homem para realizar suas capacidades humanas poderiam chegar a ser harmonizadas através da criação de cooperativas de produção, sistemas nos quais o operário seria ao mesmo tempo capitalista e trabalhador.

Por um longo período os partidos liberais – em geral representantes das classes industriais urbanas – mantiveram relativa hegemonia nos parlamentos formados na segunda metade do século XIX na Europa.[41] Entretanto, a pressão das classes populares urbanas e a iminência da formação dos primeiros partidos operários criou as condições para que a democracia liberal assumisse um caráter de massas na maioria dos países do continente.

A democracia liberal, verdade seja dita, não sofreu a crítica ou oposição apenas de setores sociais "de baixo" em seus primeiros anos. Ondas conservadoras volta e meia ganhavam força devido ao medo que as mudanças promovidas pelo capitalismo industrial

---

39 Hobsbawm, E. J. *A Era do Capital*. São Paulo: Paz e Terra, 2009.

40 Ibid.

41 As exceções eram Rússia e Turquia, que se mantinham como as únicas autocracias da região.

provocavam nas velhas elites aristocráticas na Europa do século XIX. Quando esse sentimento se tornava majoritário, os soberanos governavam simplesmente ignorando o parlamento eleito, como fez Bismarck. Além disso, não eram incomuns leis que limitassem enormemente a participação das maiorias. Em muitos países do Ocidente havia uma série de expedientes que impediam que grandes parcelas da sociedade participassem das eleições, como mulheres, analfabetos, imigrantes, dentro outros.[42]

Na segunda metade do século XIX, o grupo social com maior potencial para ampliar os limites da democracia liberal na Europa – quando ela sequer era uma realidade na maior parte do planeta – era o proletariado urbano. As agitações dos anos 1840 contribuíram para o surgimento de poderosas organizações políticas vinculadas à classe operária. O "espectro do comunismo" eternizado pelo Manifesto do Partido Comunista, de Karl Marx e Friedrich Engels, era uma realidade. Embora muitos líderes radicais estivessem presos ou no exílio nos anos 1850 (Auguste Blanqui, Marx, Bakunin, Louis Blanc, dentre outros) e a ofensiva popular tivesse refluído após a onda revolucionária de 1848, duas décadas depois o movimento social-democrata começava a ocupar crescentes espaços nas lutas sociais. Divididos em distintas correntes políticas, os radicais agrupavam socialistas, mutualistas e anarquistas na Associação Internacional dos Trabalhadores[43], marcando o caráter profundamente internacionalista dessa primeira fase do movimento operário europeu.

---

42 A idade mínima para os eleitores poderia chegar a 30 anos em alguns países. Cf. Hobsbawm, E. J. *A Era dos Impérios*. São Paulo: Paz e Terra, 2009.

43 A Associação Internacional dos Trabalhadores (AIT), também conhecida como Primeira Internacional, foi fundada em setembro de 1864. Foi a primeira organização operária a buscar a unidade po-

A conquista da democracia formal e do sufrágio universal certamente representaram um enorme avanço histórico na segunda metade do século XIX. Mas a democracia liberal, desenvolvida como sistema político do capitalismo industrial, manteve intocados os mecanismos de controle e coerção que reproduzem as relações de dominação, graças a uma separação instrumental entre os negócios públicos (Poderes Constitucionais, Magistratura, Sistema Partidário, Forças Armadas) e os negócios privados (exploração do trabalho, circulação, distribuição, dinâmicas concorrenciais, dentre outros), deixando livres as forças do mercado.[44] Dado que essa dinâmica permite uma contínua transferência de poder através do mecanismo da representação, ela constitui um modelo incapaz de maximizar a liberdade de homens e mulheres com a finalidade de desenvolver suas potencialidades, como previram os primeiros ideólogos da democracia liberal.[45] Por essa razão, Macpherson acreditava que a vantagem moral do bloco socialista em relação ao bloco capitalista, durante a chamada Guerra Fria, consistia exatamente no fato de que os primeiros haviam colocado fim à transferência compulsória dos poderes entre os homens. Ao articular uma sociedade em torno da instituição da propriedade comum,

---

lítica dos trabalhadores de diferentes países, reunindo membros de todos os países da Europa e Estados Unidos. A Internacional reunia trabalhadores das mais diversas correntes ideológicas, de comunistas a anarquistas, além de sindicalistas, reformistas, republicanos, cooperativistas e várias outras vertentes políticas radicais. Para saber mais, ver Musto, M. *Trabalhadores, UNI-VOS! Antologia política da I internacional.* São Paulo: Boitempo, 2014.

44 Wood, E. M., op. cit.

45 Bustamante, F. M. *Macpherson y la Democracia Liberal.* Santiago: 2005.

ninguém poderia ser excluído por outro daquilo que necessitava para desenvolver sua personalidade.[46] Com isso, rejeita-se uma noção instrumental da democracia, relacionada a seus procedimentos – eleições, representação, voto – e constitui-se a possibilidade daquilo que Wood chamou de "reversão do governo de classe, em que o *demos*, o homem comum, desafia a dominação dos ricos".[47] Em outras palavras: não basta que os métodos decisórios sejam democráticos. É preciso ampliar o escopo das questões que podem ou não ser objeto da deliberação coletiva.

A fidelidade aos valores democráticos é, no entanto, uma questão de identificação e não uma criação artificial produzida pelo argumento racional das elites intelectuais do liberalismo. Como destaca Mouffe, "os valores democráticos são formados por um conjunto de jogos de linguagem que constroem formas democráticas de individualidade".[48] Ou seja, existe uma relação entre o que o povo comum pensa e aquilo "que os pensadores pensaram antes".[49] Por isso é fundamental analisar como a democracia liberal foi sendo definida como representativa, formal, eleitoral e limitada. Como observa Macpherson:

> Os primeiros formuladores da democracia liberal vieram a defendê-la mediante uma cadeia de raciocínios que partia do pressuposto de uma sociedade capitalista de mercado e as leis da economia política clássica. Esses postulados deram-lhes um modelo do homem (como maximizador de utilidades) e um modelo de

---

[46] Macpherson, C. B. *A Democracia Liberal.* Origens e Evolução. Rio de Janeiro: Zahar Editores, 1978.

[47] Wood, E. M., op. cit.

[48] Mouffe, C., op. cit., p. 118.

[49] Sartori, G. *A teoria da democracia revisitada* 1*: o debate contemporâneo*. São Paulo: Ática, 1994a.

> sociedade (como conjunto de indivíduos com interesses conflitantes). A partir desses modelos, e um princípio ético, deduziram a necessidade de governo, as desejáveis funções do governo e daí o sistema desejável de escolher e autorizar governos.[50]

A consolidação do modelo descrito nesta passagem gerou um horizonte de expectativa no qual toda nação democrática deveria seguir determinados padrões de legitimação do poder constituído. Uma série de teorias deram corpo a esse projeto e à conformação de um ideal de Estado na virada do século passado, entre as quais a contribuição de Max Weber foi uma das mais influentes[51]. Além dele, podemos citar também Gaetano Mosca e Robert Michels como expoentes da primeira geração de pensadores da política moderna. Mosca, adepto das correntes elitistas, defendia uma sociedade burocratizada e liderada por um governo formado por uma pequena elite no poder. Michels, analisando o processo de institucionalização do SPD alemão,

---

50 Macpherson, C. B., op. cit., p. 30.

51 Estado racional (capitalista) e empresa capitalista (racional) eram para Weber (1999, v. 2, p. 530.) formas análogas: "o Estado moderno, do ponto de vista sociológico, é uma 'empresa', do mesmo modo que uma fábrica: precisamente esta é sua qualidade historicamente específica". Esse Estado seria expressão da "relação de dominação de homens sobre homens" (Weber, 1999, p. 526). Essa relação se sustentaria no monopólio dos meios de coação legítima. Para saber mais sobre o Estado em Weber, conferir Weber, Max. *The theory of social and economic organization*, The Free Press, 1980; *Ensaios de sociologia*, Zahar, 1988; *Economia e sociedade: fundamentos da sociologia compreensiva*, UnB, 1999.

desenvolveria a "lei de ferro da oligarquia"[52] expressando seu ceticismo com os sistemas partidários.

No entanto, foi Joseph Schumpeter, um economista austríaco, quem ofereceu a abordagem mais radical – e restritiva – para o conceito de democracia liberal. Para ele, os procedimentos democráticos se assemelham à concorrência existente no mercado capitalista. Os candidatos seriam como empresas; os eleitores se comportariam como consumidores. Assim como no mundo empresarial, partidos e candidatos concorreriam entre si oferecendo vantagens em troca do voto dos eleitores. Com isso, Schumpeter refuta as teorias políticas que pensavam a democracia em torno da ideia de "bem comum" e "vontade do povo" e apresenta uma perspectiva pragmática na qual o método democrático é visto como um "acordo institucional para se chegar a decisões políticas em que os indivíduos adquirem o poder de decisão através de uma luta competitiva pelos votos da população".[53] Ou seja, para ele – como para Hayek[54] – a democracia

---

[52] Michels considerava que a verdadeira democracia era impossível, já que os sistemas representativos sempre levariam à formação de uma oligarquia. Considerava que a burocratização dos partidos era inevitável, devido à contradição entre "os interesses de reprodução da organização partidária e os interesses próprios de sua referência social". Para mais detalhes sobre a "lei de bronze da oligarquia" cf. Michels, R. *Sociologia dos partidos políticos.* Brasília: Editora da UnB, 1981.

[53] Schumpeter, J. A. *Capitalismo, socialismo e democracia.* Rio de Janeiro: Zahar, 1984.

[54] Friedrich von Hayek, um economista e filósofo austríaco, defendia que a tentativa de planificação socialista da sociedade e da economia tinham como consequência a pobreza e a tirania política. Contra isso, o vencedor do Nobel de economia em 1974, defendia uma liberalização radical da economia. Publicado em 1944, sua

se resume a um conjunto de *procedimentos* através dos quais os cidadãos exercem seu direito de escolha (direto ou indireto) das elites políticas verdadeiramente aptas a governar. Na concepção elitista de Schumpeter, o povo só exerceria sua capacidade de veto através das eleições, quando decidiria por não renovar o mandato de seus representantes.

Assim, predomina entre os pensadores liberais do século XX uma noção instrumental da democracia, na qual ela é tão somente um meio para a renovação dos governantes e não uma forma de exercício da soberania popular, que deve ser plenamente delegada às elites políticas. Além da esfera do mercado, tratado como pertencente à dimensão privada das relações sociais e, portanto, livre da interferência dos cidadãos, o Estado também passa a ser compreendido como um espaço a ser ocupado por verdadeiros "especialistas" que deveriam zelar pela máxima liberdade das atividades econômicas[55]. Para essas teorias, a participação popular para além das eleições era comumente associada a

---

principal obra, *O caminho da servidão* representou a mais influente teoria liberal-conservadora da segunda metade do século XX.

[55] Essa abordagem ganhou enorme força na esteira da difusão das ideias neoliberais, onde a dimensão "técnica" passou a ter desproporcional preponderância sobre a dimensão "política". Em poucos anos, uma operação ideológica bem-sucedida logrou associar no imaginário social eficiência e gestão privada, a partir do que ganhou força a ideia de que a política é o território da ineficiência, dos privilégios e da corrupção, abrindo caminho para uma tentativa de "higienização" da gestão pública, transferindo para o mercado e outros agentes privados a ele subordinados o controle de áreas sensíveis do Estado, quando não simplesmente privatizando setores estratégicos da economia até então sob controle público. Para saber mais sobre esse debate ver Friedman, M. (1977) e Hayek, F. A (2010).

"Estados totalitários", nos quais a ação direta das massas na vida pública cumpriria um papel de legitimação destes regimes.[56]

A partir deste ponto de vista as abordagens hegemônicas na teoria democrática passaram a opor democracia e participação, buscando meios para aprimorar e legitimar os sistemas representativos. A oposição entre participação e representação ganhou força durante a Guerra Fria justamente porque a teoria democrática hegemônica se concentrou, majoritariamente, nos procedimentos para a eleição de governantes e na liberdade como valor fundamental, buscando fazer um contraponto aos sistemas socialistas e evitando qualquer debate para além da igualdade formal, uma vez que se sabia que as conquistas distributivas daqueles sistemas eram infinitamente superiores. Ao mesmo tempo, os autores alinhados a essa perspectiva preferiram dar ênfase às liberdades civis e políticas como estratégia conceitual mais segura para manter associados os conceitos de democracia, indivíduo e potencial emancipatório.[57]

Diversos pensadores da democracia enriqueceram o debate sobre os limites da teoria democrática hegemônica, inserindo novos elementos para a compreensão da pluralidade de visões sobre a democracia, como o lugar da participação nos processos de empoderamento social e o papel dos movimentos sociais para a ressignificação das práticas democráticas, especialmente na América Latina. Para esses autores, os movimentos sociais estariam inseridos em processos de luta pela ampliação do mundo

---

56 Lavalle, A. G.; Isunza, E. V. *Representación y participación en la crítica democrática*. Desacatos (CIESAS), v. 49, 2015, p. 10-27.

57 Santos, B. S. Avritzer, L. Introdução: para ampliar o cânone democrático em Santos, B. S. (Org.). *Democratizar a democracia: os caminhos da democracia participativa*. São Paulo: Civilização Brasileira, 2002.

político, pela transformação de práticas dominantes, pelo aumento da cidadania e pela inserção na política de atores sociais excluídos nas relações de poder.[58]

Crise de legitimidade da democracia liberal

Tentando sintetizar o que chama de "teoria contemporânea democrática", Caroline Pateman afirma que suas características seriam: a) a existência de competição entre uma elite política eleita pelo voto universal em eleições periódicas livres; b) defesa do consenso em torno das regras do método democrático; c) controle dos líderes pelo voto da maioria durante os processos eleitorais; d) democracia livre de valores intrínsecos. Acontece que esse modelo não conseguiu garantir a conjugação desses pressupostos em nenhum país do mundo. Poucos são os sistemas eleitorais que asseguram minimamente, por exemplo, o princípio de "uma pessoa, um voto".[59] Com a complexificação do sistema capitalista, a democracia liberal foi cada vez mais restringida aos seus procedimentos eleitorais.

Mesmo assim, os mecanismos democráticos representativos vigentes revelam tanto a força dos grupos dominantes quanto sua debilidade. A pressão dos grupos em posição de inferioridade impôs a existência de processos eleitorais permanentes como forma quase universal de legitimação, estendendo direitos e garantias e estabelecendo espaços institucionais onde suas reivindicações podem ser ouvidas,[60] mesmo que esses mesmos

---

58 Ibid., p. 24.

59 Castells, M., op. cit., p. 18.

60 Miguel, L. F. "Da desigualdade de classe à dominação política na tradição marxista" em Miguel, L. F. *Desigualdades e democracia: o debate da teoria política*. São Paulo: Editora da Unesp, 2016.

processos eleitorais permaneçam excluindo as maiorias dos espaços de poder, justamente porque as instituições democráticas existentes expressam materialmente uma determinada relação de forças entre os grupos sociais.

Isso não significa resumir as instituições democráticas a meros instrumentos a serviço das classes dominantes, ou compreendê-las apenas como um espaço "neutro" para a resolução dos conflitos. Elas são, materialmente, o resultado do equilíbrio entre forças sociais em conflito num determinado momento da história. Assim, podem incorporar avanços, mas sempre tendo como limite a hegemonia estabelecida.[61] A democracia liberal, portanto, tem o propósito de assegurar legitimidade aos sistemas políticos, tendo de garantir ao mesmo tempo a lucratividade da economia capitalista e o bem-estar dos cidadãos, administrando o conflito distributivo entre capital e trabalho que está na base da crise que marca o atual período histórico.[62]

Para muitos ideólogos neoliberais as raízes da crise da economia capitalista são o excesso de demanda e o declínio da autoridade. Logo, a solução seria simples: menos demandas e mais autoridade – o que significa duplamente menos democracia.[63] Muitos afirmam expressamente que há excesso de democracia e é preciso reduzi-la.

> De certa maneira, é possível dizer que as preocupações de Huntington e seus colegas encontraram uma solução com a implantação

---

[61] Ibid.

[62] Offe, C. "Dominação de classe e sistema político: sobre a seletividade das instituições políticas" em Offe, C. *Problemas Estruturais do Estado Capitalista*. Rio de Janeiro: Tempo Brasileiro, 1984.

[63] Miguel, L. F. *Democracia e representação: territórios em disputa*. São Paulo: Editora da Unesp, 2014.

> do projeto neoliberal (cuja desconfiança em relação à democracia nasce já nos escritos de Hayek, na primeira metade do século xx). As pressões sobre o Estado são reduzidas pela diminuição da abrangência do próprio Estado, isto é, o espaço das decisões tomadas por regras democráticas foi reduzido e, em contrapartida, ampliou-se a abrangência das regras não democráticas de caráter mercantil – realidade sintetizada na fórmula "menos democracia, mais mercado".[64]

A crise de 2008 expressa de forma transparente esse fenômeno. Naquele momento, governos nacionais foram mobilizados para responder à instabilidade gerada pela farra especulativa transferindo para as maiorias sociais os custos de salvar todo o sistema de valorização do capital. Foram bilhões de dólares para socorrer o sistema bancário (foram 700 bilhões de dólares só nos primeiros meses do governo de Barack Obama), enquanto milhares de pessoas perdiam suas casas para... os bancos! O desemprego aumentou e as crises políticas no norte da África e Oriente Médio geraram uma onda migratória que alimentou a xenofobia e, consequentemente, os nacionalismos de extrema-direita na Europa. Em outras palavras, a resposta do sistema à crise e suas repercussões nas instituições da democracia liberal não poderia ter sido mais desastrosa.

> Quando, em meio a uma crise econômica, bancos fraudulentos são salvos com dinheiro dos contribuintes enquanto são reduzidos serviços básicos para a vida das pessoas com a promessa de que as coisas vão melhorar se elas aguentarem e seguirem engolindo, e quando não é assim, é preciso romper com tudo ou aguentar tudo. E o rompimento fora das instituições tem um alto custo so-

---

[64] Ibid., p. 106.

> cial e pessoal, demonizado por meios de comunicação que, em última análise, são controlados pelo dinheiro ou pelo Estado, apesar da resistência muitas vezes heroica dos jornalistas. Em situações de crise econômica, social, institucional e moral, aquilo que era aceito, porque não havia outra possibilidade, deixa de ser, e aquilo que era um modelo de representação desmorona na subjetividade das pessoas.[65]

Hoje mais de dois terços dos habitantes do planeta acham que os políticos não os representam, que todos os partidos priorizam os próprios interesses, que os parlamentos não são representativos e que os governos são corruptos, burocráticos e opressivos.[66] No Brasil, pesquisa Datafolha publicada em setembro de 2021 demonstra o crescente desconforto com as instituições políticas. Entre dez instituições listadas, com os índices de confiança mais baixos aparecem as redes sociais e instituições como o Congresso Nacional, a presidência da República e os partidos políticos. As Forças Armadas aparecem como a instituição mais confiável: três em cada quatro entrevistados (76%) declararam confiar nelas. A seguir aparecem as grandes empresas brasileiras (69% declararam confiar nelas) e o Ministério Público (68% declararam confiar). Para o Poder Judiciário, 66% declararam confiar nele. Em seguida aparecem a imprensa (66%) e o Supremo Tribunal Federal (59%). Os partidos políticos aparecem como as instituições menos confiáveis: 61% declararam não confiar.[67] Como vimos anteriormente, porém, a crise de legitimidade das instituições da democracia liberal não representa necessariamente

---

65 Castells, M., op. cit., p. 12.

66 Castells, M., op. cit.

67 Datafolha. Grau de confiança nas instituições. Pesquisa de Opinião. Realizada entre 13/09/2021 e 15/09/2021.

uma preferência por outro sistema de organização do poder. Em pesquisa recente, realizada no segundo turno das eleições presidenciais de 2018, 69% dos brasileiros afirmaram que a democracia continua sendo a melhor forma de governo; e apenas 12% afirmaram aceitar uma Ditadura "em certas circunstâncias".[68]

Embora pareça paradoxal, a preferência pela democracia como forma de organização dos negócios públicos não é incompatível com uma baixa confiança nas instituições da democracia liberal. Isso porque a maioria dos cidadãos tem associado os problemas do sistema a uma forma concreta de organização da democracia: a democracia representativa tal como a conhecemos. Isso se deve a uma soma de fatores relacionados à globalização, que desestruturou as economias nacionais e limitou a capacidade do Estado-nação de responder a problemas que são globais em sua origem, como as crises financeiras, a violação dos direitos humanos, a mudança climática, a crise migratória, e economia criminosa ou o terrorismo.[69]

Com isso, Castells inscreve a crise da democracia liberal nos marcos de uma crise da própria globalização, cujas promessas de integração, progresso e paz não se cumpriram. Enquanto as elites cosmopolitas se conectam em nível global viabilizando negócios em questão de segundos, as massas de trabalhadores têm acesso a escassos benefícios, quando não são penalizadas pelo desenvolvimento tecnológico com desregulamentação das leis de proteção social, desemprego e miséria. A crise financeira que explodiu em 2008 colocou em xeque esse modelo, evidenciando que as instituições do Estado agem para garantir a manutenção

---

[68] Datafolha. Democracia x Ditadura. Pesquisa de Opinião. Realizada entre 03/10/2018 e 04/10/2018.

[69] Castells, M. op. cit., p. 18.

do sistema de valorização do capital, mesmo que isso custe a proteção dos mais vulneráveis.

Por isso a crise econômica e as políticas que a geriram, pelo menos no caso europeu, foram um elemento-chave na crise de legitimidade da democracia liberal. Seus impactos levaram a um aumento exponencial do desemprego e da crise social. No caso de países onde a manutenção das condições de vida dependiam de vultuosos investimentos estatais, como no norte da África ou parte do Oriente Médio, a crise econômica e a ausência de canais democráticos para dar vazão à insatisfação popular produziram verdadeiras revoluções populares na Tunísia e Egito, guerras civis na Líbia e Síria, além de uma onda de protestos em países como Argélia, Bahrein, Iraque, Jordânia, Omã, Iêmen, Líbano, Marrocos, Mauritânia, Saara Ocidental, Sudão, entre outros.[70]

Na Europa, as políticas de austeridade exigiram dos mais pobres sacrifícios impensáveis desde o pós-guerra. Alguns países chegaram à beira do colapso, como Grécia e Irlanda. Outros, como Espanha, Portugal e Itália, aplicaram duros planos econômicos, uma vez que o endividamento desses países era enorme. Quando o Primeiro-Ministro grego, George Papandreou, quis submeter o pacote de medidas exigidas pela chamada Troika a um referendo popular, foi destituído pelo parlamento e substituído por um nome ligado ao mercado. O mesmo ocorreu na Itália, quando da renúncia de Sílvio Berlusconi: em seu lugar assumiu um tecnocrata ligado ao mercado financeiro, Mário Monti.[71] Simultaneamente, casos de corrupção vieram à tona em alguns desses países, amplificando ainda mais o descontentamento com o sistema político. Não demorou para que os protestos que

---

70 Castells, M., op. cit.

71 Guerra, A. [et al.]. *Brasil* 2016*: recessão e golpe*. São Paulo: Fundação Perseu Abramo, 2017.

se iniciaram no norte da África cruzassem o Mediterrâneo. A popularização das redes sociais borrou ainda mais as fronteiras entre os países e impulsionou movimentos de contestação à globalização em várias partes do globo, chegando à América Latina.

Mas a crise de legitimidade da democracia liberal não alimentou apenas os movimentos de protesto contra o sistema financeiro, a corrupção ou os cortes de direitos. Também deu origem a uma nova onda de nacionalismo que retroalimentou projetos de extrema-direita. No auge da crise grega, por exemplo, não era raro ver na imprensa alemã a ideia de que "os alemães não podem pagar a conta pelos excessos na Grécia". Se na virada do século a identidade dos movimentos antiglobalização era marcadamente anticapitalista, portanto, à esquerda do espectro político, após os levantes populares de 2011 a crítica à globalização neoliberal passou a ser encontrada na plataforma de lideranças de extrema-direita na Alemanha e França, nos defensores do Brexit[72] no Reino Unido e até nos discursos de Donald Trump contra o "globalismo". O populismo de direita se assenta na convicção de que as políticas de austeridade são o resultado natural dos excessos de bem-estar, de direitos e de proteção social conferidas por governos de centro-esquerda e por instituições europeias a cidadãos preguiçosos que recusam trabalho.[73]

Os arranjos que foram paulatinamente institucionalizando normas de gestão da política econômica esvaziaram ainda mais a já frágil democracia representativa. No caso europeu, o Tratado de Lisboa, que reformulou o funcionamento da União Europeia, representou um duro golpe contra a soberania popular.

---

[72] Acrônimo em inglês para *british exit*, em referência à saída da Grã-Bretanha da União Europeia.

[73] Santos, B. S. *A Difícil Democracia: Reinventar as Esquerdas*. São Paulo: Boitempo, 2017.

Depois de ver a proposta rejeitada em referendos populares na França e Holanda, os líderes europeus decidiram subordinar o texto apenas aos seus respectivos parlamentos nacionais, que o aprovaram com amplíssima maioria. O tratado foi assinado na capital portuguesa a portas fechadas, incorporando elementos de gestão macroeconômica baseados no Pacto de Estabilidade e Crescimento[74] que estrangularam a capacidade de investimento dos Estados menos desenvolvidos.[75]

Enquanto a teoria democrática moderna afirma que o poder político possuiria a capacidade de exercer o controle sobre o poder econômico através da renovação dos líderes políticos submissos e insensíveis às necessidades das maiorias, o que se vê na prática é a submissão do sistema democrático às necessidades de valorização do capital e a consequente amplificação do descontentamento com a democracia, vista por amplos setores sociais como incapaz de expressar, em seus limitados procedimentos decisórios, o mal-estar provocado pela crise econômica e social. O poder político, que deveria ter como fundamento a soberania popular, mesmo que mitigada pelo instituto da representação, se vê "sequestrado" pelas imposições do mercado e representado por tecnocratas insensíveis.

As esquerdas e a crise democrática

Assim, a crise de legitimidade dos sistema liberal-democrático está relacionada aos efeitos da crise econômica e a submissão das instituições democráticas às necessidades da nova etapa de acu-

---

74 As bases do pacto previam inflação não superior a 2%, déficit das contas públicas não superior a 3% do PIB e dívida pública não superior a 60% do PIB.

75 Varoufakis, Y., op. cit.

mulação capitalista aberta pela crise de 2008. Entre essas instituições estão os partidos políticos. A falta de identidade programática da imensa maioria dos partidos, o enfraquecimento das clivagens ideológicas, a tênue fronteira entre centro-esquerda e centro-direita, aprofundou a percepção de que todos são parte do problema, e não sua solução. O "esvaziamento" dos sistemas partidários fortaleceu apelos individualistas e questionamentos sobre a utilidade dos partidos. Crescem apelos às candidaturas "avulsas" ou "independentes" e os partidos são vistos cada vez mais como aparatos que parasitam o Estado.[76]

As novas forças políticas surgidas na última década – à esquerda e à direita – também são uma resposta à crise dos velhos partidos políticos. No caso das esquerdas, essa crise se manifesta, sobretudo, na adesão dos partidos social-democratas à agenda neoliberal. Essas legendas foram severamente afetadas pela crise de legitimidade que atingiu todo o sistema político. Se por um lado, o neoliberalismo e sua chamada "reestruturação produtiva" já haviam enfraquecido formas tradicionais de organização política, como os sindicatos, base histórica dos partidos socialistas, por outro, essas forças políticas, até então hegemônicas junto às classes trabalhadoras, passaram a ser vistas como parte do problema na medida em que se associavam à implementação dos planos de austeridade exigidos pelo mercado.

---

[76] No Brasil, segundo pesquisas de opinião recentes, os partidos são as instituições menos confiáveis. Partidos de direita e elitistas se alimentam desse mal-estar para fortalecer narrativas elitistas contra o financiamento público de campanhas e uma fusão ainda maior entre os partidos e o sistema econômico. É o caso do Novo, partido ultraliberal criado pelo banqueiro João Amoêdo e tomada, em seguida, por uma espécie de "bolsonarismo light".

Desde o início do século XX, as esquerdas se dividiam em duas grandes tendências opostas: comunistas e social-democratas. Os primeiros estimulando revoluções socialistas em todo o mundo; os segundos defendendo reformas graduais no interior do capitalismo. Quando eclode a crise econômica de 1929, o encontro entre social-democracia e keynesianismo reforça as crenças de reforma do capitalismo. Na Suécia, Noruega e, em menor extensão na França, os governos socialistas responderam ao desemprego com uma série de políticas anticíclicas que quebraram a ortodoxia econômica existente. Os social-democratas logo descobriram nas ideias de Keynes uma política distinta para a administração da economia capitalista. A "revolução keynesiana" muniu os social-democratas com um programa e uma justificativa para seu papel governamental, ao mesmo tempo em que transformou o significado ideológico das políticas distributivas que favoreciam a classe trabalhadora.[77]

O sucesso do *Welfare State* em seu propósito de garantir uma cidadania social[78] reside numa conjunção de fatores que permitiram um nível de desenvolvimento econômico desejável pelas classes proprietárias em consonância com os interesses da social-democracia de expandir a presença do Estado na gestão macroeconômica e na ampliação de garantias sociais dentro do capitalismo. Eles definiram seu papel como mediadores entre a

---

[77] Pzreworsky, A. "A socialdemocracia como fenômeno histórico" em *Lua Nova*, nº 15, São Paulo, out/1988.

[78] Adotamos aqui a formulação de Marshall (1950) de que a cidadania social constitui a ideia fundamental de um Walfare State. Essa cidadania deve assegurar a garantia de direitos sociais, fazendo com que estes adquiram *status* legal e prático de direitos de propriedade, quando são invioláveis assegurados com base na cidadania em vez de terem base no desempenho.

ampliação dos direitos e as necessidades do mercado. O êxito da aplicação dos instrumentos keynesianos era uma demonstração de que a estatização total – tão cheia de problemas e incertezas – não somente era impossível de ser alcançada por dentro dos instrumentos da democracia liberal como era simplesmente desnecessária. Em vez do controle direto, o Estado poderia atingir todos os objetivos "socialistas" influenciando o setor privado a se comportar de acordo com os interesses gerais.[79]

Após 1945 os social-democratas se reorganizariam no interior das democracias liberais, participando da reconstrução do pós-guerra, ampliando enormemente sua influência junto ao movimento operário europeu e disputando com os comunistas o controle sobre as principais organizações operárias enquanto reivindicavam o Estado de Bem-Estar Social como obra da social-democracia. Os comunistas continuariam tendo um papel relevante, mas no contexto da Guerra Fria, seriam crescentemente isolados e, em muitos casos, perseguidos. Isso também ajudaria a consolidar a hegemonia social-democrata nas esquerdas.

Na Europa os partidos socialistas consolidaram sua superioridade em termos de representação institucional se comparados com os comunistas desde meados dos anos 1960. Com o fim das ditaduras na Grécia, Espanha e Portugal, foram criados grandes partidos socialistas que rapidamente chegaram ao poder. Com exceção da Itália, onde o PCI se consolidou como o partido com maior peso entre os trabalhadores, em países como França, Inglaterra e Alemanha Ocidental – para citar as maiores democracias do continente – os partidos socialistas eram bem mais expressivos que os comunistas. Mesmo no caso italiano, o sucesso eleitoral dos comunistas poderia ser atribuído à sua proximidade em relação às teses social-democratas, uma vez que

---

79 Pzreworsky, A., op. cit., 1988.

as formulações de Palmiro Togliatti, principal dirigente do partido no pós-guerra, previam a defesa de "reformas estruturais" com respeito à Constituição,[80] num claro abandono das teses revolucionárias que marcaram a primeira fase do movimento comunista em todo o mundo.

O reformismo social-democrata era geralmente tolerado pelo capitalismo, inclusive porque era funcional ao controle dos conflitos sociais e representava uma alternativa "prática" à experiência soviética. Mas mesmo os processos de estatização de empresas promovidos durante os governos social-democratas respeitavam rigorosamente a dinâmica da competição do setor privado. Por isso a ação das empresas estatais estava limitada às instituições de crédito, industriais de carvão, ferro e aço, produção e distribuição de energia, transporte e comunicações. Fora desses setores, apenas as companhias ameaçadas de falência e, portanto, de redução do emprego, passaram para o controle público. Os casos de envolvimento do Estado na produção e venda de bens de consumo finais são raríssimos, limitando-se, quase sempre à indústria automobilística. O Estado dedica-se às atividades econômicas que são necessárias para a economia como um todo, e vende seus serviços principalmente a empresas privadas.[81]

O sucesso relativo do *Welfare State* criou as condições para uma expansão da influência social-democrata por toda a Europa e um consequente bloqueio do avanço das posições dos comunistas em muitos países. Para marcar ainda mais sua diferença em relação ao bloco soviético e seu compromisso com a demo-

---

[80] Togliatti, P. *La via italiana al socialismo*. Cidade do México: Ediciones Roca, 1972

[81] Przeworski, A. *Capitalismo e socialdemocracia*. São Paulo: Companhia das Letras, 1991.

cracia liberal, partidos social-democratas passaram a esconjurar abertamente qualquer relação com o marxismo e a ruptura com a ordem democrática. O caso mais emblemático é o Partido Social-Democrata alemão. Em 1959 o partido aprova o chamado Programa de Godesberg, no qual afirma que:

> Devemos resistir a todas as ditaduras, todas as formas de regimes totalitários ou regras autoritárias, pois elas violam a dignidade humana, destroem a liberdade do homem e o Estado de Direito. O socialismo pode ser realizado somente através da democracia, e a democracia só se realiza através do socialismo. Os comunistas não têm o direito de invocar as tradições socialistas. Na verdade, eles têm falsificado as ideias socialistas. Os socialistas estão lutando para a realização da liberdade e da justiça, enquanto os comunistas exploram os conflitos na sociedade para estabelecer a ditadura do seu partido.[82]

Na Alemanha, em 1964, Willy Brandt e Helmut Schmidt levam o SPD ao governo pela primeira vez desde 1928, iniciando uma sequência de vários governos social-democratas. Em Portugal, o Partido Socialista se consolida como principal força do primeiro Governo Constitucional e elege Mário Soares como Primeiro-Ministro do país, em 1976. Na França, após firmar um pacto com os comunistas, François Miterrand é eleito em 1981. No final do seu primeiro governo os socialistas substituiriam seu programa de nacionalizações e aumento de salários por uma plataforma econômica liberalizante com retomada das

[82] SPD. "Godesberg Program of the SPD". German History in Documents and Imagens. Consultado em 04 julho de 2019. University of Chicago, Readings in Western Civilization, vol. 9 Chicago, London: University of Chicago Press, 1987, p. 419-25.

privatizações. Na Espanha, após o abandono oficial do marxismo como referência teórica e do republicanismo como base programática, o PSOE (Partido Operário Socialista Espanhol) elege Felipe González como Primeiro-Ministro, iniciando uma extraordinária sequência de quatro períodos no poder (1982 a 1996). Com outras vitórias em países como Bélgica (1982), Áustria (1970 a 1996), e Itália (1983), somado à forte influência na Escandinávia, a social-democracia consolidava sua hegemonia entre as esquerdas e se postulava como principal corrente política do Ocidente, governando onze dos quinze Estados então existentes na Europa Ocidental.[83]

O crescimento da social-democracia se dá simultaneamente aos primeiros sinais de crise do bloco socialista. A desaceleração do crescimento soviético aponta um horizonte de crises políticas. Na periferia do sistema ampliava-se a desigualdade, enquanto as grandes corporações reclamavam uma volta ao *laissez-faire* do velho liberalismo. O mundo mudava num ritmo acelerado. Buscando dar uma resposta às dificuldades econômicas é formulada a estratégia neoliberal, fundada na desregulamentação das relações trabalho, contração das políticas sociais, reforma do Estado, derrubada das barreiras comerciais, privatizações, manutenção de crescentes superávits e adoção de rígidas políticas fiscais.

A crise do socialismo soviético abria um mundo de possibilidades para a social-democracia. Ela poderia consolidar uma liderança inabalável no campo das esquerdas e sonhar com uma nova hegemonia política mundial. Mesmo os partidos comunistas, como o italiano, formulavam teorias que rejeitavam a via revolucionária e proclamavam o "valor universal" da democracia liberal, para espanto dos mais ortodoxos. O chamado "Euro-

---

[83] Foucher, M. M. "A socialdemocracia europeia prisioneira de suas contradições" em *Carta Maior.*

comunismo" de Enrico Berlinguer era, em termos práticos, uma adesão de parte dos comunistas ao reformismo social-democrata.[84] O fim da URSS, em 1991, e a consequente crise que se abriu no movimento comunista internacional parecia o prenúncio de uma hegemonia inabalável dos social-democratas nas esquerdas.

Esse novo momento vem acompanhado da ideia de "modernização" da social-democracia. Ao invés de postular-se como defensora do *Welfare State* contra os ataques a ele desferidos pela nova agenda neoliberal, ganha força no interior dos partidos social-democratas a proposta de uma terceira via entre o liberalismo e a "velha social-democracia" estatizante. Essa proposta é formulada pelo sociólogo britânico Anthony Giddens em seu *The Third Way: The Renewal of Social Democracy* (A Terceira Via: A Renovação da Social Democracia, em tradução livre) e conquista a adesão de líderes políticos como Tony Blair, então Primeiro-Ministro britânico do Partido Trabalhista, Gerhard Schröder, então chanceler social-democrata alemão, e dos então presidentes Bill Clinton, dos Estados Unidos, e Fernando Henrique Cardoso, do Brasil. Na base da proposta de Giddens estaria um novo equilíbrio entre Estado, mercado e sociedade civil, onde nenhuma das partes se sobreporia ao o todo.[85] A

---

84 O eurocomunismo foi uma corrente da esquerda comunista europeia que se caracterizava por um afastamento das posições históricas do marxismo-leninismo, pela independência de suas lideranças em relação ao bloco liderado pela União Soviética e pela proposta de alcançar o poder através de coligações e/ou outras vias institucionais. Foi particularmente forte na Itália, França e Portugal, mas não chegou ao poder em nenhum desses países, perdendo força no final dos anos 1980.

85 Giddens, A. "Disseminação do 'rótulo' Terceira Via irrita seu ideólogo". Entrevista ao jornal *Folha de S.Paulo* em 22 de março de 2000.

chamada Terceira Via representava, na verdade, uma adesão da social-democracia à agenda neoliberal de reformas do Estado e restrição das políticas de proteção social.

O que não estava no horizonte dos ideólogos da Terceira Via é que esse movimento colocaria em risco a hegemonia que tanto tempo custou a ser conquistada pelos social-democratas. Mesmo na Suécia, modelo de *Welfare State*, o pleno emprego só pode ser mantido hoje por meio de subsídios industriais e da expansão dos empregos públicos. Mesmo assim, essa política só pôde ser assegurada graças a elevadas taxas e impostos sobre os mais ricos e pesados déficits públicos. Em meados dos anos 1990, os social-democratas passaram a reverter essas medidas, fazendo com que o modelo sueco fosse abandonado na própria Suécia.[86] Com o deslocamento de plantas industriais para os países da periferia do sistema capitalista, onde o valor do trabalho era menor, o desemprego voltou a rondar a Europa. Mas os social-democratas já haviam se divorciado de seu programa keynesiano e abraçado de vez os cânones do neoliberalismo.

A esquerda na Europa Ocidental aceitou os novos termos do debate. Como destaca Chantal Mouffe, nessa perspectiva "direita e esquerda se diluem e um suposto consenso pelo centro predomina faz quatro décadas; os conflitos seriam amainados em sociedade maduras".[87] Ao pensar que não há mais adversários na política, o confronto ressurge como inimigo em termos religiosos, étnicos ou morais – *right and wrong* (certo ou errado) em vez de *right and left* (direita e esquerda). A "terceira via" parecia ter se tornado a única visão aceitável para uma esquerda demo-

---

86 Hobsbawm, E. J., op. cit., 2009.

87 Tible, J. "Por um populismo de esquerda". Prefácio à edição brasileira em Mouffe, C. *Por um populismo de esquerda*. São Paulo: Autonomia Literária, 2019, p. 11.

crática, assinalando a completa transformação da social-democracia em social-liberalismo. Isso criou as bases para o reinado da pós-política, oferecendo as condições para a consolidação da hegemonia neoliberal na Europa Ocidental.[88]

Quando a crise econômica de 2008 explodiu e o sistema financeiro exigiu a socialização dos prejuízos, muitos partidos socialistas assumiram a amarga tarefa de levar adiante as medidas do ajuste recessivo. Com economias mais sólidas, os governos de Alemanha, França e Inglaterra impuseram menos ataques ao que sobrou do *Welfare State*. Os países do sul da Europa e a Irlanda, conhecidos pelo nada elogioso acrônimo em inglês "PIIGS" (Portugal, Itália, Irlanda, Grécia e Espanha) foram os mais afetados, fazendo com que muitos colocassem em xeque o tão sonhado "projeto europeu". Os tecnocratas da social-democracia aceitaram os critérios impostos pela Troika e cobraram os sacrifícios necessários para o resgate financeiro das instituições prestes a quebrar.[89]

Na Espanha o PSOE havia vencido as eleições gerais de 2004 com o advogado José Luis Rodríguez Zapatero[90] e governava quando a crise econômica explodiu, praticamente da mesma forma e pelas mesmas causas que nos Estados Unidos: a explosão da bolha imobiliária, que mantinha a riqueza artificialmente alavancada. Naquela época, um terço dos trabalhadores

---

88 Mouffe, C., op. cit.

89 Castells, M., op. cit., 2018.

90 O advogado José Luís Zapatero foi eleito em 2004 após derrotar o então premiê José María Aznar (Partido Popular). Sua vitória se deu logo após os atentados que mataram 200 pessoas numa estação de trens, em Madri, em março daquele ano. O Partido Popular conseguiu somente 37,66% dos votos, contra 42,64% do Partido Socialista Obrero Espanhol (PSOE).

espanhóis tinha contrato temporário e foi maciçamente dispensado. O desemprego saltou de 13,8%, em 2008, para 18,7%, em 2009. E, enquanto o PIB patinava, o índice continuava sua curva, chegando a 20,1% em 2010.[91] Para combater a crise, o governo espanhol pediu socorro aos organismos da União Europeia e implementou um pacote de cortes que incluiu a redução de 5% do salário dos funcionários públicos, congelamento das aposentadorias, corte de gastos com dependentes e eliminação do chamado "cheque-bebê" (feito para incentivar a natalidade). Com o sistema financeiro à beira do colapso e o país em vias de resgate por parte do Banco Central Europeu, os cortes de Zapatero só aprofundaram a crise de legitimidade política que, em breve, se tornaria uma enorme crise social.[92]

Em Portugal, o socialista José Sócrates assume em 2005, mas a crise econômica só cria um contexto de emergência em 2009. Para evitar um resgate por parte da Troika – já em prática na Irlanda e Grécia – o governo do PS inicia uma série de cortes nos orçamentos de 2010 e 2011, implementando um plano de austeridade próprio. A maioria da população resistia ao resgate financeiro, marcada pela memória das duas intervenções anteriores do FMI em Portugal, em 1978 e 1983, na sequência de crises na balança de pagamentos. A opinião geral era que o resgate afetaria negativamente, e durante muito tempo, a credibilidade de Portugal na Europa e no mundo. Para evitá-lo, Sócrates e o governo português previram uma redução da despesa de 2,4% do PIB e um aumento da receita de 1,3% do PIB. Do lado dos gastos públicos, os cortes incluíam um congelamento dos salários e da maioria das pensões, uma redução dos valores mais

---

[91] Exame. "A crise e as crises da Espanha". Revista Exame, 22 de junho de 2017.

[92] Castells, M., op. cit., 2018.

elevados em linha com os cortes salariais, para além de cortes na saúde, educação, assistência social, empresas públicas e autarquias. O Governo também se comprometeu a implementar reformas estruturais, em particular no setor da Justiça, nas regras da concorrência e no setor da habitação. No que diz respeito ao mercado do trabalho, os socialistas propuseram alterações que permitiam a descentralização de certos aspectos dos acordos coletivos e previam também uma redução das indenizações por demissão em contratos futuros e um aumento da flexibilidade na utilização de instrumentos de suspensão temporária do contrato de trabalho, o chamado *lay-off*.[93] Apesar de todas essas medidas, ainda assim, o governo português teve de pedir ajuda ao FMI e à UE em abril de 2011.

Na França, os socialistas voltaram ao poder só em 2012 com François Hollande. O país, no entanto, não sofreu com os efeitos da crise como seus vizinhos ao sul. Mesmo assim, seguindo o receituário dos organismos multilaterais, o governo promoveu uma agenda de austeridade que, em grandes cifras, representou um corte de 50 bilhões de euros (230 bilhões de reais) nos gastos públicos. Desses, 20 bilhões foram cortes nos setores sociais (saúde, pensões, ajuda a famílias), 19 bilhões no funcionamento do Estado central e 11 bilhões de prefeituras, departamentos e regiões. O pacote contido no chamado Pacto de Responsabilidade previu ainda cortes de 41 bilhões de euros em impostos e contribuições sociais em três anos para as empresas, com a promessa de aumento da competitividade e geração de novos empregos, além do congelamento de pensões acima de 1.200 euros. Com esse pacote, Hollande e seu primeiro-ministro, Manuel Valls, defensor feroz de reformas neoliberais na economia,

93 Lourtie, P. "Portugal no contexto da crise do euro". Relações Internacionais, nº 32, Lisboa, dez. 2011.

promoveram uma divisão na bancada socialista na Assembleia Nacional francesa, com 33 deputados se abstendo e criticando publicamente as medidas do governo.[94]

Mas foi na Grécia que o governo social-democrata demonstrou de forma mais profunda o compromisso dos partidos socialistas na Europa com os marcos da gestão neoliberal. Por décadas o Movimento Socialista Pan-Helênico (PASOK) foi o mais importante partido da esquerda grega. Criado em 1974 imediatamente após o fim da ditadura militar, teve rápido crescimento, chegando ao governo pela primeira vez em 1981. Quando a crise da dívida explodiu, em 2009, o governo direitista da Nova Democracia governava a Grécia. Nas eleições daquele ano o PASOK voltou ao poder depois de uma década. Recorrendo ao FMI e ao Banco Central Europeu, o governo impôs um primeiro pacote de austeridade que incluía o congelamento dos salários de todos os servidores públicos e cortes de 10% das horas extras. Sem eficácia, Atenas pediu socorro novamente, desta vez tendo como contrapartida cortes de 30% em subsídios de Natal e de Páscoa e fim dos bônus de ausência, um corte de 7% nos salários dos funcionários públicos e privados, um aumento das taxas do IVA, o aumento do imposto sobre a gasolina para 15% e o aumento dos impostos para a obtenção de automóveis. Quando o segundo pacote se mostrou também ineficaz, o governo socialista recorreu ao FMI e aceitou a imposição de condições draconianas que previam limite de 500 euros para o 13º salário e fim do benefício para quem ganha mais de 3 mil euros por mês, aumentos de impostos em vários setores, reforma da previdência, fim da diferença entre homens e mulheres, aumento da idade mínima para

94 Yarnóz, C. "A França aprova suas reformas apesar do boicote sindical e da divisão socialista". El País Brasil.

aposentadoria, redução do número de empresas públicas de 6 mil para 2 mil e extinção de seiscentos municípios.[95]

Os quatro exemplos acima – Espanha, Portugal, França e Grécia – mostram que, diante dos efeitos da crise econômica de 2008, que na Europa tomou a forma de uma crise das dívidas nacionais, a social-democracia revelou-se muito mais comprometida com a estabilidade do sistema financeiro do que com a preservação dos direitos sociais, na mira dos bancos e economistas neoliberais. O resultado eleitoral desse compromisso com a austeridade não poderia ter sido mais avassalador, com fortes impactos no surgimento de novas forças políticas à esquerda e à direita do espectro eleitoral. Na Espanha, o bipartidarismo entre PP e PSOE deu lugar a uma completa reconfiguração do sistema partidário, com o surgimento do Podemos (esquerda), Ciudadanos (liberal), e mais recentemente do Vox (extrema-direita). Em Portugal, a crise no interior do PS gerou um novo campo da esquerda radical formado por Bloco de Esquerda e Partido Comunista. Na Alemanha a crescente aproximação entre os social-democratas e o governo de Angela Merkel favoreceu o crescimento do Die Linke (A Esquerda, em alemão), partido identificado com as posições da esquerda radical europeia e liderado por Oskar Lafontaine, bem como do neonazista Alternativa para Alemanha (AfD na sigla em alemão). Na França, a crise dos tradicionais partidos da centro-esquerda e centro-direita impulsionou tanto o crescimento do nacionalista Front Nationale quanto da nova esquerda organizada em torno do movimento France Insoumise, que juntos somaram mais de 40% dos votos no primeiro turno das eleições presidenciais de 2017.[96] Na Grécia, o caso mais emblemático, a social-democracia

---

95 BBC News. Greece police tear gas anti-auserity protesters. 1º de maio de 2010.

96 França. Èlection présidentielle 2017. Ministère de l'Interieur.

foi engolida por uma nova força política de esquerda liderada por Alexis Tsipras: a Coalizão de Esquerda Radical (Syriza, em grego). De 2004 até quando assumiu o governo, a esquerda radical grega pulou de 3,3% dos votos para 16,8%, em 2012, e quase 27% em 2015, quando obtiveram a maioria para formar o governo ao lado de um pequeno partido nacionalista chamado "Gregos Independentes".[97]

Os descaminhos da esquerda radical grega, que acabou por aceitar um terceiro acordo com a Troika, e as divisões promovidas por essa decisão no seio da esquerda radical europeia, são tema para outras contribuições.[98] Elas não invalidam, porém, o pressuposto de nosso argumento: a crise da social-democracia como força hegemônica no campo das esquerdas é resultado de

---

[97] Dericquebourg, B. "Os dilemas do Syriza. História de uma decepção?". Nueva Sociedad.

[98] Logo após sua vitória nas eleições de janeiro de 2015, o governo de Alexis Tsipras assumiu as negociações com a União Europeia buscando revisar os termos dos acordos estabelecidos para o resgate da Grécia no auge da crise da dívida dos países do sul da Europa. Durante essas negociações, o governo convocou um plebiscito com o intuito de definir se o governo poderia ou não rejeitar as condições impostas pela Troika. A maioria dos votantes posicionou-se favorável a uma ruptura dos acordos, se necessário fosse, numa demonstração de força do governo. Nas negociações, porém, o governo acabou aceitando a manutenção de parte das exigências da União Europeia, frustrando os apoiadores do Syriza e promovendo um afastamento do partido do restante da esquerda radical na Europa. Meses depois, rejeitando o que seria entendido como uma "capitulação" do Syriza, seria lançado o manifesto por um "Plano B" para a Europa, assinado dentre outros por Yanis Varoufakis (ex-ministro da economia da Tsipras), Jean-Luc Mélenchon (principal líder da França Insubmissa) e Oskar Lafontaine (principal dirigente do partido da esquerda alemã, Die Linke).

seu comprometimento com a gestão da economia neoliberal e um fator decisivo para o surgimento de novas forças de esquerda. Na América Latina esse fenômeno se manifestou a partir do ciclo de protestos iniciado em 2011 no Chile. Com a crise das forças de centro-esquerda e o fim da chamada "onda rosa" também aqui uma nova esquerda social busca apontar saídas para a crise econômica e política que marca a última década. É Immanuel Wallerstein quem sintetiza o fenômeno, referindo-se ao norte global:

> (...) no que eu chamo de mundo pan-europeu (América do Norte, Europa ocidental, do norte e do sul e Australásia) a escolha eleitoral básica durante o último século tem sido entre dois partidos centristas, centro-direita versus centro-esquerda. Houve outros partidos mais à esquerda e mais à direita, mas eles eram essencialmente marginais.
>
> No entanto, na última década, esses chamados partidos extremos têm ganhado força. Tanto a esquerda radical quanto a direita radical emergiram como uma força sólida em um número grande de países.[99]

O impacto dos compromissos firmados pela centro-esquerda com as políticas de austeridade pode ser visto nas eleições. Nos primeiros anos após a eclosão da crise econômica há um crescimento tanto das forças da nova esquerda quanto dos partidos nacionalistas de direita críticos à União Europeia. Tomando como referência apenas os partidos filiados ao PSE (Partido Socialista Europeu) no Parlamento Europeu, as eleições continentais de 2009 marcaram o pior resultado da social-democracia em 20 anos, e marca o início de um ciclo que culmina na derrota veri-

---

[99] Wallerstein, I. "Dilemmas of the radical left in a dying capitalist system" em *Monthly Review*, 2017.

ficada em 2019. É verdade, como lembra François Sabado, que cada partido tem sua história, e são notáveis as diferenças entre, por uma parte, os laços que unem a social-democracia alemã e o Partido Trabalhista britânico aos respectivos movimentos sindicais, e, por outro lado, a distância entre o Partido Socialista francês com o movimento sindical do país.[100] Mas todos sofreram retrocessos eleitorais mais ou menos importantes. Alguns viram uma expressiva perda de filiados, enquanto outros, como o PASOK grego, afundaram.

Crise da democracia e as "formas mórbidas"

Numa clássica passagem em que aborda a perda de capacidade dirigente das classes dominantes, Gramsci observa que a crise se consolida justamente quando "o velho morre e o novo não pode nascer: neste interregno, verificam-se os fenômenos patológicos mais variados".[101] O que vemos na etapa histórica aberta com a falência da globalização neoliberal representa exatamente esse momento de "crise de hegemonia" das classes dirigentes e suas formas de dominação. Diante da incapacidade de manter sua legitimidade frente às maiorias sociais, a ditadura da economia de mercado se impõe e o consenso em torno da democracia liberal deixa de fazer sentido. Nesse claro-escuro surgem as "formas mórbidas" – de Trump a Bolsonaro – e novas perspectivas transformadoras. A adesão das forças do centro-político à agenda da austeridade deixou o "vácuo" que ora é ocupado por novas forças políticas.

---

100 Sabado, F. "A crise profunda da socialdemocracia". Carta Maior.

101 Gramsci, A. *Cadernos do Cárcere, vol.* 3. 2ª edição. Rio de Janeiro: Civilização Brasileira, 2002.

Em junho de 2016, contra a posição do primeiro-ministro do Reino Unido e do New Labour, 51% dos britânicos decidiram, através de um plebiscito, que o país deveria deixar a União Europeia. Esse resultado pode ser explicado pela insatisfação popular com as políticas tecnocráticas dos governos e sua associação à ideia de "subordinação" da Inglaterra à União Europeia e seus efeitos sobre os processos de globalização financeira, deslocalização industrial e aumento da imigração e do desemprego.[102] Segundo Castells:

> Os partidários do Brexit centraram sua mobilização num objetivo fundamental, que dominou toda a campanha do referendo: retomar o controle do destino do país pelos próprios britânicos. Ou seja, uma reafirmação da soberania nacional. Não foi um nacionalismo de cunho imperial, ancorado na nostalgia de um passado glorioso, mas um reflexo defensivo buscando proteger o direito de estar em casa sem interferências.[103]

Um certo pragmatismo alimentou a rejeição à presença do Reino Unido na UE. A integração regional, estimulada pela Terceira Via de Tony Blair, passou a ser associada à imigração desenfreada e, consequentemente, à concorrência entre os trabalhadores ingleses e estrangeiros. É uma perspectiva reacionária, na medida em que se insurge contra a integração de povos e culturas, mas também expressa o desconforto com os efeitos da globalização, o domínio do mercado sobre os fluxos migratórios e, em última instância, sobre a vida dos cidadãos. A incapacidade dos partidos do *establishment* em responder a esse mal-estar provocou uma rejeição maciça à posição defendida pelos três maiores

---

[102] Castells, M., op. cit.

[103] Ibid., p. 34.

partidos do Reino Unido, todos europeístas. O voto em favor do Brexit expressa a posição dos que, na terminologia usada na campanha, se sentem abandonados à própria sorte e marginalizados pela aceleração das mudanças tecnológicas, econômicas e institucionais. Ao notarem que as instituições não acompanham adequadamente essas transformações, os indivíduos aderem à negação da globalização, identificada com a perda de soberania em favor das instituições supranacionais.[104] Por isso, é incorreto associar automaticamente o massivo apoio ao Brexit a posições de extrema-direita, como insistem certas análises. Basta notar que o Partido da Independência do Reino Unido (Ukip, na sigla em inglês), que liderou a campanha pelo Brexit, teve um desempenho eleitoral pífio nas últimas eleições legislativas, perdendo o único assento que possuía na Câmara dos Comuns.[105]

Nas eleições que se seguiram ao referendo, os trabalhistas, sob a liderança do veterano Jeremy Corbyn, conhecido por rejeitar abertamente a Terceira Via de Blair, tiveram um desempenho extraordinário, conquistando mais de 40% dos votos (2% menos que o partido de Theresa May). A plataforma de Corbyn apontava em sentido oposto àquele defendido pelos partidos da ordem, incluindo o New Labour de até pouco tempo antes. Ele propunha nacionalização de setores estratégicos da economia, como energia e transporte, aumento dos gastos públicos em educação, saúde, habitação e políticas urbanas, gratuidade das matrículas nas universidades, tudo financiado com o aumento de impostos para bilionários e grandes empresas. A campanha de Corbyn tornou-se uma febre entre os jovens, cansados das velhas promessas de sempre. E angariou apoio massivo tam-

---

104 Ibid.

105 BBC. British Broadcasting Corporation. Results of the 2017 General Election.

bém entre os operários abandonados pelo novo trabalhismo de Blair.[106] Assim, a crise de legitimidade da União Europeia, suas instituições e dos partidos que as apoiavam colocou em xeque o consenso em torno do modelo social-liberal[107] e deu força a uma corrente radical de esquerda.[108]

Na França, a crise dos partidos tradicionais do centro político, o Partido Socialista e os Republicanos, se manifestou pelo crescimento das forças da esquerda radical e da direita nacionalista, mas principalmente, pelo surgimento do *macronismo.* Na eleição presidencial de 2017 uma surpreendente divisão do quadro político-partidário deu espaço para um novo ator, Emannuel Macron, financista do banco Rothschild e ex-ministro da economia no governo de François Hollande (PS). Alcançando

---

106 Castells, M., op. cit.

107 O social-liberalismo, ou liberalismo social, é considerada uma vertente do liberalismo ou do neoliberalismo. Ela surge em meados dos anos 1990 no cenário internacional num contexto de consolidação da mundialização financeira e seus impactos no aumento das desigualdades sociais entre classes, países e regiões do planeta. Diante desse contexto, o social-liberalismo considera possível algum nível de intervenção do Estado na economia *exclusivamente* voltada às questões sociais, como combate à fome, assistência social, dentre outros. Para saber mais ver Katz, C. *Neoliberalismo, Neodesenvolvimentismo, Socialismo*. São Paulo: Expressão Popular, 2016.

108 Nas eleições legislativas de 12 de dezembro de 2019, os trabalhistas sofreram uma dura derrota eleitoral, perdendo 59 cadeiras no Parlamento, seu pior resultado desde 1935. O movimento de renovação do trabalhismo encontrou seu limite no conturbado processo de saída do Reino Unido da União Europeia e no desejo dos eleitores de encontrarem uma liderança capaz de encerrar definitivamente o drama do Brexit. Isso explica porque os Conservadores venceram em tradicionais redutos trabalhistas.

24% dos votos no primeiro turno, contra 21% da candidata da extrema-direita, Marine Le Pen, 20% do candidato republicano de direita, François Fillon, e 20% do candidato da esquerda radical, Jean-Luc Mélenchon, a candidatura independente de Macron canalizou o cansaço e a descrença com os velhos partidos políticos na França. Os socialistas, então no governo, conquistaram míseros 6% dos votos com Benoît Hamon. Nas eleições legislativas do mesmo ano, o partido-movimento criado por Macron, o En Marche, obteve uma votação massiva.

Embora vindo de dentro do mundo político tradicional, Macron se postulou como um personagem "antissistema", canalizando boa parte dos votos de protesto. Mais do que um triunfo de Macron, o que se viu foi uma rejeição aos partidos tradicionais franceses, que somaram juntos apenas 30% dos votos. O sistema político tradicional, tomado pelo corporativismo e pela administração gerencial dos assuntos econômicos, demonstrou sua crise ante a desconfiança generalizada dos cidadãos que buscavam alternativas ante a crise de hegemonia das velhas forças políticas.[109]

Na Inglaterra e na França, portanto, a crise da democracia liberal se manifestou à luz do dia. O "consenso" em torno dos mecanismos de gestão macroeconômica e mesmo das instituições supranacionais de uma União Europeia pouco democrática dá evidentes sinais de fadiga. A crise do projeto europeu reforça tendências de afirmação da identidade nacional, que derivam em toda sorte de nacionalismo. Esse, aliás, não é um fenômeno puramente europeu, ainda que lá o contexto de crise migratória o agrave sobremaneira. A eleição de Donald Trump nos Estados Unidos, de Rodrigo Duterte nas Filipinas, de Narendra Modi

---

[109] Mesmo que sem grande entusiasmo, como demonstram os elevados níveis de abstenção das eleições legislativas (51%).

na Índia, do partido Lei e Justiça na Polônia, de Bolsonaro no Brasil, bem como o fortalecimento de partidos de extrema-direita na Espanha, Portugal e Chile, dentre outros, mostra uma crise generalizada dos elementos que garantiram a afirmação da democracia liberal como sistema político. No entanto, como lembra Nancy Fraser, esse fenômeno não se manifesta apenas com o fortalecimento de movimentos de extrema-direita, naturalmente mais próximos do senso comum, mas também no surgimento de uma nova esquerda.

> Normalmente estamos focados nas variantes populistas de direita, como o voto do Brexit no Reino Unido; a ascensão de partidos racistas e anti-imigrantes no Norte e no Centro-Leste da Europa, na América Latina ou Ásia; e, claro, na vitória de Trump nos Estados Unidos. Mas isso é apenas parte da história. Não devemos ignorar as forças antineoliberais de *esquerda*, incluindo o ascenso de Corbyn na Grã-Bretanha, que deslocou o Partido Trabalhista para a esquerda; as forças que se uniram em torno do *La France Insoumisse*, de Jean-Luc Mélenchon; o Podemos, na Espanha; os primeiros dias do Syriza, na Grécia; e a campanha de Bernie Sanders, nos Estados Unidos.[110]

Na América Latina os exemplos também são numerosos. A eleição, no México, do primeiro presidente de fora dos três partidos que dominam o sistema partidário mexicano – PRI, PAN e PRD – é um fato absolutamente novo. A eleição de um presidente de extrema-direita no Brasil e o "derretimento" dos tradicionais partidos de centro-direita também. O surgimento de potentes movimentos de esquerda no Chile e Peru, com vitórias eleitorais

[110] Fraser, N. *O velho está morrendo e o novo não pode nascer*. São Paulo: Autonomia Literária, 2019, p. 76.

de Pedro Castillo e Gabriel Boric, assim como o surgimento de uma corrente de extrema-direita de massas nesses países também são sintomas do declínio da hegemonia democrática-liberal. O Chile, aliás, expressa como poucos esse processo. Ao invés dos tradicionais partidos de centro-esquerda e centro-direita, os três primeiros colocados nas eleições foram candidatos de fora – ou da "periferia" do sistema político: Boric, representando a nova esquerda; José Antonio Kast, representando a extrema-direita, e Franco Parisi, um candidato *outsider* que fez toda a campanha dos Estados Unidos porque responde a vários processos no Chile.

A crise econômica, o aumento da desigualdade e o esgotamento do ciclo de governos progressistas na América do Sul formaram as condições para que a crise que se vê do outro lado do Atlântico, em democracias muitos mais consolidadas, chegasse também ao continente americano. Como lembra Fraser, "a hegemonia tem a ver com a autoridade política, moral, cultural e intelectual de uma determinada visão de mundo – e com a capacidade dessa visão de mundo de se incorporar em uma aliança durável e poderosa de forças sociais e classes sociais". O neoliberalismo e seu sistema político desfrutaram dessa hegemonia por várias décadas. Agora, no entanto, sua autoridade está severamente enfraquecida, sem que haja uma alternativa madura o suficiente para tomar seu lugar. O velho começa a morrer sem que o novo tenha ainda surgido.

A nova esquerda: uma introdução

A crise da social-democracia e o surgimento de novos movimentos de caráter antineoliberal é expressão das transformações que viveram as organizações políticas que entraram o século XXI desafiadas a interpretar as mudanças que a nova etapa da acumulação capitalista trouxe para a formação das identidades políticas. A fragmentação do mundo do trabalho atingiu em cheio os velhos partidos de esquerda e as perspectivas de um projeto socialista.

Mas quais as raízes dessa nova esquerda? Suas sementes foram plantadas no início do século pelos movimentos antiglobalização, pelos protestos contra a participação de diversos países do continente europeu nas guerras do Iraque e Afeganistão, pela nova onda ecologista e pelo fortalecimento do movimento feminista. Naquele momento novas formas de ação ganharam espaço, novas práticas foram incorporadas novos pontos de vista antes secundarizados ganharam espaço. Com a crise econômica de 2008 uma nova geração de lutadores e lutadoras sociais entra em cena questionando não só a globalização neoliberal, mas também os sistemas políticos. Ao comparar a onda de protestos que emergiu no início deste século, expressa no movimento pela Justiça Global, com a nova onda de protestos que varreu a Europa em reação à crise financeira internacional e às políticas de austeridade, Della Porta[111] demonstra que a primeira se orientou do nível transnacional para o nível nacional, enquanto a nova onda tomou o caminho inverso. Nesta última, os protestos acompanharam a geografia da crise econômica, que atingiu com diferentes intensidades e em diferentes tempos os países europeus, iniciando-se em 2008/2009 na Islândia e prosseguindo em 2011 em Portugal, Espanha e Grécia, atingindo em seguida os Estados Unidos e vários outros países.

O ano de 2011 registra um pico de protestos que têm como característica comum um claro enfrentamento ao neoliberalismo. O principal foco desses protestos foi o norte da África, no

---

[111] Della Porta, D. (2012), "Cercando la política: protesta e democracia". La Rivista Il Mulino, 2, 314-320.

que ficou conhecido como "Primavera Árabe".[112] Na Europa, essa onda teve mais peso na Espanha, com o movimento dos "indignados" e o grande protesto convocado para o dia 15 de maio de 2011 (conhecido como 15M). Motivados pelo lema "democracia real já!" os indignados construíram um acampamento no centro de Madri e estimularam manifestações semelhantes na Grécia, França, Portugal, Itália e fora do continente europeu, como Japão e Estados Unidos. No coração do sistema financeiro, em Nova York, um movimento intitulado Occupy Wall Street tomou dimensões multitudinárias meses depois do surgimento dos indignados espanhóis. Esses movimentos tinham em comum cinco características: i) a independência em relação aos partidos tradicionais de esquerda; ii) o uso das redes sociais como forma de mobilizar e promover novas performances; iii) a forte presença de jovens na composição social dos protestos e em sua liderança; iv) a apropriação por parte dos movimentos dos espaços públicos, especialmente praças ou parques e; v) capacidade de agregar amplos segmentos sociais e evitar, assim, qualquer tendência ao corporativismo.[113]

Segundo Juan Carlos Monedero Fernández, um dos ideólogos do Podemos, esses movimentos representaram uma resposta ao esgotamento da democracia representativa e do modelo neoliberal. Ele reconhece, no entanto, que essa oposição ao neoliberalismo e sua representação política – a democracia liberal – se dá em dois tempos: um "destituinte" e outro "constituinte":

---

[112] Pinto, C. R. J. "Movimentos sociais em 2011: estamos frente a uma nova forma de fazer política?" em Bringel, B. M. & Gohn, M. G. *Movimentos Sociais na Era Global*. Petrópolis: Editora Vozes, 2012.

[113] Ibid.

> Na fase destituinte, podem coincidir formações políticas que advêm de realidades radicalmente diferentes, como a Frente Nacional francesa (extrema-direita xenófoba fundada por um colaborador do nazismo), o 5 Stelle italiano (fundado por um comediante televisivo com o naufrágio do berlusconismo e com retalhos da velha esquerda comunista) ou o Podemos na Espanha (nascido do movimento 15M e do esgotamento dos partidos da esquerda socialista e comunista). A diferença está no fato do populismo conservador nunca impugnar o sistema, mas sim, os "excessos do sistema" (a burocracia, a corrupção, os privilégios dos políticos, a exclusão de setores crescentes da sociedade, as desigualdades extremas ou, no caso da União Europeia, a perda de soberania nacional).[114]

Como se vê, o momento "destituinte", aquele no qual se formula a crítica ao modelo econômico e ao sistema político, pode reunir diferentes discursos e espectros políticos, como se viu recentemente no Chile durante a onda de protestos de 2019 ou mesmo nas chamadas "jornadas de junho" no Brasil. Resumir essas explosões sociais à "guerra híbrida" do imperialismo significa renunciar à oportunidade de reconhecer nelas os sintomas de desgaste do neoliberalismo que anunciam.[115] O momento em que os projetos afirmam um horizonte estratégico, isto é,

---

114 Monedero Fernández, J. C. "Política após a derrota da política: pós-democracia, pós-política e populismo" em Santos, B. S. & Mendes, J. M. *Demodiversidade – imaginar novas possibilidades democráticas*. Belo Horizonte: Editora Autêntica, 2018, p. 218.

115 Não significa dizer que, evidentemente, os aparatos e instituições imperialistas não disputem os rumos desses processos sociais. Mas resumi-los a "revoluções importadas" é apenas uma explicação cômoda para justificar a rejeição dessas massas aos velhos partidos de esquerda integrados à ordem.

sua identidade política e suas saídas para a crise, representaria o momento "constituinte", aquele em que se sustentam as alternativas e se plasmam novos projetos políticos.

Nos principais países da Europa Ocidental a onda de protestos impulsionou novos movimentos políticos. Na Espanha, os "indignados" do movimento 15M; em Portugal o movimento Geração à Rasca[116]; na França o movimento Nuit debot[117]; nos Estados Unidos, o movimento Occupy Wall Street e o movimento Our Revolution.[118] Muitos desses movimentos, mesmo não assumindo uma identidade abertamente socialista, desaguaram em partidos ou coalizões de esquerda radical. Não há dúvida de que boa parte dessa nova esquerda se inspira num socialismo democrático e "de combate" – em oposição à perspectiva reformista dos partidos social-democratas. Por isso a nova esquerda se identificou política e eleitoralmente com os partidos radicais de esquerda, como Die Linke, Bloco de Esquerda, Parti de Gauche e o próprio Syriza. Mesmo o Podemos, embora não

116 "Geração à Rasca" foi o nome dado em Portugal a um conjunto de manifestações apartidárias ocorridas em março de 2011 que tinham como foco a melhorias das condições laborais e a denúncia da precariedade do trabalho. Foram as maiores manifestações não vinculadas a partidos políticos desde a Revolução dos Cravos (1975).

117 Nuit debot (noite de pé) é um movimento que reuniu milhares de franceses – especialmente jovens – em permanente estado de mobilização na Place de la République, no centro de Paris, durante o verão de 2016, defendendo a refundação da política na França e denunciando os efeitos da crise econômica.

118 O movimento Our Revolution (nossa revolução) é um movimento que aposta na mudança do sistema político e assume uma agenda de defesa de direitos e da democracia. Ao final de um ano de existência, o Our Revolution tinha organizado 380 grupos de base presentes em 49 estados dos Estados Unidos.

se reivindique socialista, se inspira nas teses do "populismo de esquerda" que busca construir uma "transição hegemônica" para uma sociedade pós-neoliberal.

O que seria, em síntese, essa nova esquerda? Como afirmamos na introdução deste livro, a definição de "novo" sempre se coloca em oposição a algo "velho". A nova esquerda dos anos 1960 reivindicava uma renovação da agenda das esquerdas em oposição aos partidos comunistas e seu economicismo. Como buscamos demonstrar até aqui, o "velho" hoje são os partidos de centro-esquerda que limitaram sua perspectiva estratégica a uma simples administração do neoliberalismo. Estamos diante de uma geração de partidos e movimentos que surgiram ou ganharam protagonismo a partir de seus laços com os protestos de rua e o repúdio aos partidos que buscaram gerir a crise econômica de modo a salvar o sistema financeiro. A nova esquerda, portanto, é um fenômeno que nasce da crítica radical ao neoliberalismo e aos atores políticos que sustentam o sistema democrático-liberal. Como afirma Chantal Mouffe, "esses partidos tornaram-se profundamente integrados à formação econômica neoliberal e seu discurso reformista não lhes permite traçar uma fronteira política e visualizar uma perspectiva alternativa".[119] No caso da América Latina, essa nova esquerda propõe ir além daquilo que o "progressismo" e sua agenda de reformas ofereceram como caminho para a superação das desigualdades estruturais que marcam a região. Ela representa um conjunto de atores sociais e políticos que rejeitam a agenda do "novo desenvolvimentismo" e seu choque de capitalismo que degrada o meio ambiente, afeta comunidades tradicionais e cria novos super ricos.

---

[119] Mouffe, C., op. cit., p. 66.

Nova esquerda e populismo

A crise de legitimidade dos sistemas políticos se aprofunda na medida em que os atores que dão estabilidade ao sistema, particularmente os partidos de centro-esquerda e centro-direita, se comprometem de tal forma com a gestão dos interesses do mercado que passam a ignorar as demandas da maioria dos cidadãos. Esse vazio de representatividade é o que permite o surgimento de novos atores políticos à direita e à esquerda. Com a substituição da perspectiva leninista da tomada do poder por formas hegemônicas de construção de maiorias sociais, adotada pela maioria dos movimentos sociais, o conceito de *hegemonia* se torna chave. Ele sofreu múltiplas transformações desde que foi introduzido no pensamento marxiano. Os usos e interpretações presentes nas obras de Rosa Luxemburgo, Kautsky, Bernstein, Sorel, Lenin, Gramsci, entre outros, demonstram uma tentativa de determinar a natureza da dominação a partir dos elementos que a justificam no plano das ideias. Para Gramsci, as classes – ou frações de classe – exercem seu domínio através de uma direção "político-cultural" e não meramente por meio da coerção. Gramsci pensa o Estado ampliado (sociedade civil + sociedade política) como um terreno de permanente interação. Desse modo, o poder não estaria nem "concentrado" no Estado, nem "disseminado" pela sociedade. Ele transitaria entre essas duas esferas numa relação de construção dialética do social. Para Gramsci, a construção da hegemonia do proletariado se daria no momento em que este conseguisse transformar seus interesses "egoístico-passionais" em vontade coletiva nacional-popular, ou seja, quando conquistasse um tal grau de legitimidade em torno de suas necessidades que permitisse a uma iniciativa política englobar a totalidade dos extratos de um país, transformando os interesses populares em interesses "nacionais".[120]

Em seu *Hegemonia e Estratégia Socialista,* Chantal Mouffe e Ernesto Laclau[121] buscam desenvolver uma genealogia do conceito de hegemonia e atualizá-lo em função das necessidades de construção de uma democracia radical. A expansão dos usos e significados atribuídos ao conceito está diretamente relacionada à rejeição progressiva da categoria de necessidade histórica e à aceitação da indeterminação do social. Para eles, o campo discursivo seria a arena principal da disputa de hegemonia, já que ele expressaria exatamente aquilo que conhecemos por campo do social. Logo, deveríamos aceitar que todas as práticas sociais sejam práticas discursivas e que as identidades sociais sejam, a partir desta perspectiva, discursos. Essa abordagem busca combater as visões "essencialistas" segundo as quais os sujeitos da transformação seriam, necessariamente, aqueles localizados na base das relações sociais de produção, em outras palavras, a classe trabalhadora.

Essa formulação é a base do que Laclau e Mouffe chamam de "populismo de esquerda". Quando formularam *Hegemonia e Estratégia Socialista* o esforço fundamental era o de combater a perspectiva de que as práticas contra-hegemônicas dependiam da posição ocupada pelos sujeitos na estrutura econômica. Para eles, ao invés de pensar a ação política a partir de uma classe que existiria *a priori*, tratava-se de criar uma vontade coletiva para a "constituição" de um povo que tomaria forma através de uma construção discursiva, opondo um "nós" e um "eles" através

---

120 Coutinho, C. N. Gramsci. *Um estudo sobre seu pensamento político*. Rio de Janeiro: Civilização Brasileira, 2007.

121 Laclau, E.; Mouffe, C. *Hegemonia e Estratégia Socialista: por uma política democrática radical.* São Paulo: Intermeios, 2015 (1985).

duma fronteira política, dividindo a sociedade em dois campos e apelando à mobilização dos "excluídos" contra aqueles que estão no poder. O populismo, portanto, não seria uma ideologia e a ele não poderia ser atribuído um conteúdo programático específico. Tampouco seria um regime político, mas "uma forma de fazer política".[122]

Por isso, essa fórmula compreende que para apreender o papel do discurso democrático na constituição das subjetividades políticas é necessário "entender que as identidades políticas não são a expressão direta de posições objetivas na ordem social.[123] O problema dessa perspectiva é que, embora mostre-se válida para rejeitar um ponto de vista messiânico em relação ao "destino histórico" de uma classe trabalhadora profundamente heterogênea e impactada pela restruturação neoliberal das relações de produção, ela acaba por secundarizar os conflitos econômicos. A própria Chantal Mouffe reconhece isso em *Por um populismo de esquerda*, ao afirmar que "o processo de radicalização da democracia inclui necessariamente uma dimensão anticapitalista, pois muitas formas de subordinação, que precisam ser desafiadas, são consequência das relações capitalistas de produção".[124] É fato que os movimentos sociais analisados por Mouffe e Laclau nos anos 1980 clamavam pelo reconhecimento de suas reivindicações diante de organizações políticas que ignoravam lutas como o feminismo.[125] Mas ela mesma admite que "a situação hoje é oposta

---

122 Mouffe, C., op. cit., p. 31.

123 Ibid., p. 74.

124 Ibid., p. 83.

125 Ainda hoje, por mais incrível que pareça, uma esquerda jurássica nega a centralidade da luta feminista na construção de um processo emancipatório, atribuindo à luta das mulheres, negros e negras, LGBTQIA+ e outros um suposto "identitarismo".

àquela que criticamos há trinta anos e agora são as demandas da classe trabalhadora que são negligenciadas".[126]

A incorporação por parte do sistema do capital às demandas por reconhecimento de muitos movimentos sociais deu origem àquilo que Nancy Fraser chamou de "neoliberalismo progressista". Com isso, os defensores da terceira via, notadamente Bill Clinton e Tony Blair, criaram uma "formação política hegemônica" que se tornou o projeto sucessor da social-democracia ao estilo New Deal.[127] Mouffe compartilha dessa análise. Para ela "ao aceitar o dogma de que não haveria alternativa à globalização neoliberal, os governos e partidos de centro-esquerda acabaram implementando o que Stuart Hall chamou de "versão social-democrata do neoliberalismo".[128]

No entanto, a aposta de que as lutas por *reconhecimento* estavam destinadas a se tornar a forma paradigmática de articular as demandas por justiça e a identidade de grupo na era "pós-socialista", suplantando o interesse de classe como motor crucial da mobilização política, não gerou a articulação de uma forma hegemônica alternativa, uma vez que o reconhecimento não substituiu, em particular nos países da periferia e semiperiferia do capitalismo, o lugar da redistribuição como objetivo central da transformação social.[129] É Nancy Fraser quem propõe uma estratégia para enfrentar os limites da perspectiva antiessencialista do populismo de esquerda, numa perspectiva interseccional, ao afirmar que:

---

126 Mouffe, C., op. cit., p. 97.

127 Fraser, N., op. cit., p. 85.

128 Ibid., p. 23.

129 Marques, V., op. cit.

> Se a esquerda espera reviver a ideia da classe trabalhadora como força dirigente dentro de um novo bloco contra-hegemônico, teremos de imaginar essa classe de uma nova maneira – *interseccionalmente*, se preferir – e não restrita a uma maioria étnica branca de homens heterossexuais, trabalhadores de manufatura e da mineração, mas englobando todas essas outras ocupações – remuneradas e não remuneradas – e englobando massivamente imigrantes, mulheres e negros.[130]

Por isso a crítica fundamental não deve ser endereçada às estratégias que seguem afirmando o papel preponderante das classes trabalhadoras na luta anticapitalista e sim àquelas que o fazem como forma de sustentar projetos que negam a importância do reconhecimento e da diversidade na construção de uma hegemonia dos "de baixo". Afinal, nenhum aspecto ou dimensão da realidade social pode teorizar-se à margem – ou com independência – da totalidade na qual se constitui. É impossível teorizar sobre "a política" assumindo que ela existe numa espécie de limbo à margem das realidades da vida econômica, como sugerem os ideólogos do liberalismo. Outra coisa é reconhecer que a classe trabalhadora hoje é muito mais diversa e complexa do que era cinquenta anos atrás e que, como aponta corretamente os defensores do populismo de esquerda, a identidade dos sujeitos como pertencentes a uma classe social está profundamente secundarizada. Como afirma Poulantzas, a ideologia não consiste somente ou simplesmente num sistema de ideias ou de representações, mas também numa série de práticas materiais extensivas aos hábitos, aos costumes, ao modo de vida

130 Fraser, N., op. cit., p. 91.

dos agentes, e assim se molda como cimento no conjunto das práticas sociais.[131]

É preciso reconhecer, portanto, que os novos partidos e movimentos que ocuparam espaço político na Europa e América Latina nos últimos anos não surgem apenas pela presença das desigualdades nem por cálculos racionais de interesses. As mobilizações envolvem tanto a ação estratégica – oriunda de condições materiais determinadas – quanto a formação de identidades coletivas e solidariedades que se identificam com a rejeição do modelo político e econômico. Portanto, é natural que a crise da velha ordem adote múltiplas formas, que vão desde a subversão das instituições da democracia liberal até a renovação aparente e transitória da representação política através da cooptação de projetos de mudança.[132]

Movimentos sociais e nova esquerda

Três abordagens teóricas têm relevância na análise que desenvolvemos. A primeira consiste nas teorias que tratam dos impasses da democracia, que se aprofundaram ainda mais a partir das "transformações drásticas da estrutura social que estão na origem de novos paradigmas de formação de identidades sociais e políticas".[133] A segunda consiste na relação entre as contingências impostas pelas transformações no padrão de acumulação capitalista promovidas nos marcos da globalização neoliberal e seus impactos sobre a ação coletiva, analisando o potencial *antigeopolítico* dos movimentos sociais e sua relação

---

131 Poulantzas, N. *Poder político e classes sociais*. São Paulo: Martins Fontes, 1986.

132 Castells, M., op. cit.

133 Laclau, E., Mouffe, C., op. cit., p. 33.

com a estrutura de classes.[134] E a terceira, e mais relevante para nossa análise, diz respeito à relação entre movimentos sociais e sistema partidário, tema que se tornou ainda mais complexo na América Latina a partir da eleição de governos de origem progressista em diversos países.[135]

Esses três aspectos – impasses da democracia, transformações no sistema do capital, relação dos movimentos sociais com o sistema político – formam a base de nossa análise teórica sobre os processos que levaram ao surgimento de novos partidos ou movimentos sociais pós-2011. Não se trata, portanto, de simplesmente ressaltar a existência de novos movimentos sociais. Como ressalta Doimo,[136] um dos principais problemas dos modelos interpretativos sobre movimentos sociais é a obsessão por diferenciar os "novos" e os "velhos" movimentos e pela constante polarização entre a valorização da racionalidade política e a negação da institucionalidade. Os conflitos inerentes ao sistema do capital geram movimentos novos todo o tempo. Por isso nos interessa analisar particularmente os movimentos sociais que se identificam como parte de um processo de resistência permanente aos efeitos da globalização neoliberal, mas que também promovem uma crítica estrutural aos limites da democracia liberal como forma de organização do sistema político.

---

134 Preciado, J., Uc, P. "As geografias do poder dos movimentos sociais em um período de crise" em Gohn, M. G.; Bringel, B. (orgs.). *Movimentos sociais na era global.* Petrópolis: Vozes, 2012.

135 Zibechi, R. "La emancipación como producción de vínculos" em Caceña, A. E. *Los desafios de las emancipaciones en un contexto militarizado*. Buenos Aires: CLACSO, 2006, p. 123-149.

136 Doimo, A. M. *A Vez e a Voz do Popular. Movimentos Sociais e Participação Política no Brasil Pós-70*. Rio de Janeiro: ANPOCS/Relume Dumará, 1995.

A teoria que distingue "velhos" e "novos" movimentos sociais afirma que os velhos movimentos sociais, constituídos pelas ações coletivas desencadeadas desde finais do século XIX, seriam aqueles voltados essencialmente à reivindicação por direitos cívicos, políticos e sociais associados aos conflitos de classe que opõem capital e trabalho. Enquanto isso, os novos movimentos sociais seriam o resultado de novos conflitos e reivindicações decorrentes da então emergente sociedade pós-industrial, onde se enquadrariam os direitos estudantis, feministas, ambientalistas, pacifistas, os direitos sobre orientação sexual, raça, etnia, saúde, bem como o direito à democracia, à informação, ao pluralismo e à participação na vida coletiva.[137] Os movimentos de protesto que eclodiram a partir da crise econômica de 2008 – bem como os movimentos que ganharam força na América Latina ao longo dos anos 2000 – subvertem essa definição, uma vez que articulam dimensões que podem ser atribuídas tanto aos "novos" quanto aos "velhos" movimentos sociais, combinando ao mesmo tempo reivindicações políticas e econômicas.

A onda de mobilizações da última década, portanto, não pode ser entendida apenas como expressão do agravamento da desigualdade econômica e social: ela também responde à insatisfação em relação ao funcionamento da democracia e à ausência de respostas por parte do sistema político. Mas tampouco deve diminuir os efeitos do conflito distributivo, que se manifesta pelo crescimento das mobilizações classistas: foram realizadas nada menos que 24 greves gerais na Europa no período em que os novos movimentos sociais ganharam protagonismo – entre

---

[137] Matos, A. R. "Democracia, participação cidadã e políticas públicas: uma avaliação a partir das ações de protesto". *Configurações*, nº 10, 2012, p. 69-82.

2010 e 2013 – na Grécia, Portugal, Espanha, Itália, França, Polônia e Romênia.[138]

Na base da ação dos movimentos sociais surgidos pós-2011, portanto, se articulam elementos de crítica à globalização neoliberal e ao sistema político baseado na democracia representativa. Eles denunciam as saídas impostas pelos organismos multilaterais, sequestrados pelos interesses do mercado, e a consequente perda de soberania nacional, assim como o desemprego da juventude e a retirada de direitos impostos pelos velhos partidos da ordem. Para estes movimentos, o capital financeiro não é um ente metafísico. Ele é controlado pela fração superior da classe capitalista e suas instituições financeiras e deve ser combatido.[139] Estamos falando, portanto, de uma crítica endereçada não a indivíduos, mas a uma classe de super ricos e seus representantes, encarnados na ideia de 99% contra o 1% mais rico.

A democracia, nesse caso, aparece como um elemento que afronta a dinâmica da acumulação capitalista, como afirma Chantal Mouffe: para a nova esquerda o inimigo fundamental do neoliberalismo é a soberania popular.[140] Esse ideal de democracia radical remete à esperança que os socialistas alimentavam em relação ao voto universal, em meados do século XIX. Eles acreditavam que, com a garantia do voto, os trabalhadores expressariam seus interesses políticos e econômicos elegendo representantes que pudessem conter a ferocidade das classes dominantes.

---

[138] Ortiz, I. et al., op. cit.

[139] Duménil, Gerard; Levy, Dominique. "La finance capitaliste: rapports de production et rapports de classe. em Duménil, Gerard; Levy, Dominique [et at]. *La finance capitaliste*. Paris: Presses Universitaires de France, 2006, p.131-180.

[140] Mouffe, C., op. cit.

Aqui notamos a influência da perspectiva teórica do populismo nos movimentos da nova esquerda. A maioria deles coloca o tema democrático no centro de sua ação política. A tarefa dessa nova esquerda, como afirma Mouffe, não seria rejeitar os princípios da democracia moderna, como "liberdade e igualdade para todos", mas lutar por sua efetiva implementação; a "democracia radical e plural" deveria ser concebida, segundo ela, como uma radicalização das instituições democráticas vigentes.[141] No entanto, para que a proposta populista mantenha uma lógica explicativa, sua "construção discursiva" deve pressupor um contexto político decorrente de relações sociais antagônicas reais, de oposições

---

[141] Registro aqui outro problema em relação à abordagem *populista* de Mouffe e Laclau. A autora reivindica que a radicalização democrática "não requer um rompimento radical, de tipo revolucionário, implicando uma refundação total" já que "isso poderia ser alcançado de maneira hegemônica, através de uma crítica imanente que mobilizasse os recursos simbólicos da tradição democrática" (Mouffe, 2019, pág. 72). O que Mouffe expressa, no fundo, é a crença de que seja possível restabelecer a articulação entre liberalismo e democracia, "a qual foi rejeitada pelo neoliberalismo". O problema é que essa rejeição *a priori* de qualquer ruptura contradiz as demandas da própria autora por uma democracia radical. Se o sistema neoliberal está disposto a levar o processo de *desdemocratização* às últimas consequências, como rejeitar qualquer forma de ruptura em suas instituições? O exemplo chileno e o processo constituinte em curso podem servir como exemplo de "ruptura" que não representa, necessariamente, a tomada revolucionária do poder político por uma vanguarda. As teorias em torno do Programa Democrático-Popular, formulado nos anos 1980 no interior do PT, que previam a chegada ao poder por vias eleitorais com a posterior promoção de reformas estruturais de caráter anticapitalista também pode ser apontado como exemplo. Retomaremos esse debate mais à frente.

de interesses articulados para nomear determinadas experiências da vida concreta: por exemplo, o "povo" em oposição à "elite", os ricos contra os pobres, "nós" em oposição a "eles". Sem isso, a operação populista poderia servir a uma ideia de esfera pública dominada pela argumentação racional de tipo habermasiana.[142]

Boaventura de Sousa Santos tem criticado nessa mesma perspectiva as formulações do populismo de esquerda, argumentando que a lógica de abrangência e o interclassismo presente especialmente na obra de Ernesto Laclau não deveriam considerar como significantes vazios conceitos como liberdade, democracia, emancipação ou igualdade. Para o sociólogo português, esses significantes são esvaziados intencionalmente pelo capitalismo, pelo colonialismo e pelo patriarcado.[143] Por isso, as revoltas de indignação buscariam preencher de sentido conceitos que, de alguma forma, já estão presentes no imaginário das sociedades ocidentais.

Nova esquerda e sistema político

Por não se reconhecerem nos partidos tradicionais, esses movimentos podem buscar formas alternativas de disputarem os espaços de poder. Um dos exemplos mais curiosos desse fenômeno ocorreu recentemente na eleição dos representantes à Convenção Constitucional chilena, em maio de 2021. Após meses de protestos massivos, os partidos políticos construíram um

---

[142] Gadea, C. A. "Ernesto Laclau e a razão populista". *Revista Humanitas*, agosto de 2017.

[143] Santos, B. S. "Para uma nova visão da Europa: aprender com o sul" em Santos, B. S. & Mendes, J. M. *Demodiversidade – imaginar novas possibilidades democráticas*. Belo Horizonte: Editora Autêntica, 2018.

acordo para a convocação de um processo constituinte. Além da paridade de gênero, a Convenção Constitucional também contaria com vagas reservadas aos povos indígenas do Chile e a possibilidade de candidaturas independentes (sem partidos políticos). Surpreendentemente, a maioria dos membros eleitos são provenientes dessas listas ou candidaturas independentes. Uma das listas, chamada Lista del Pueblo, formada por pequenos agrupamentos de esquerda e lideranças de base de todo o país com pouca identidade política entre si, alcançou mais de 16% dos votos, ficando à frente da coalizão de centro-esquerda (Lista da Aprovação) e direita (Vamos pelo Chile), e elegendo 27 representantes em 155 vagas. Meses depois, com o início dos trabalhos da Convenção Constitucional, a lista sofreu várias baixas e praticamente se desarticulou. Será que esses setores teriam acessado este espaço de poder se, como critério preliminar, tivessem que formar um partido político?

A decisão de interagir com o sistema político representa mais que a disposição circunstancial de disputar uma eleição: formar um partido ou ingressar numa legenda já existente significa integrar um sistema de forças antagônicas e, de alguma forma, legitimá-lo. Mas há muitas formas de relação entre partidos e movimentos. Para explorar essas possibilidades recorremos à classificação oferecida por Michael Hanagan,[144] que divide as possibilidades de relacionamento entre partidos e movimento sociais em cinco formas: articulação, interpenetração, cooperação, independência e competição.

No modelo de articulação, os movimentos sociais se estruturam ao redor dos partidos políticos e são diretamente contro-

[144] Hanagan, N., op. cit.

lados por eles.[145] No modelo de interpenetração, as fronteiras entre partido e movimento apresentam baixa nitidez, com o compartilhamento de militantes, simbologias, orientações ideológicas, estruturas organizativas, dentre outras. A interpenetração se expressa claramente naquilo que Mische[146] denominou de "militância múltipla" e caracterizaria a atuação de parcela significativa dos ativistas políticos no Brasil, especialmente aqueles situados à esquerda do espectro político.[147] No modelo de cooperação, os partidos e movimentos sociais mantém suas fronteiras bem delimitadas, mas estabelecem formas cooperativas e de aliança, seja em termos de apoio do movimento social a certo partido, seja em termos da defesa de reivindicações e propostas de determinados movimentos sociais por parte dos partidos.[148] No modelo de independência os movimentos sociais guardam uma separação nítida entre em relação à política institucional e aos partidos políticos, desenvolvendo estratégias que priorizam o enfrentamento e pressão sobre o sistema partidário. E, por fim, no modelo de competição, os movimentos sociais não só deixam de interagir com o sistema partidário, como criam orga-

---

145 Bidegain, G. P. "Autonomización de los movimientos sociales e intensificación de la protesta: estudiantes y mapuches en Chile (1990-2013)". Tese (Doutorado). Pontifícia Universidade Católica do Chile, Santiago, 2015.

146 Mische, A. "De estudantes a cidadãos: redes de jovens e participação política". *Revista Brasileira de Educação*, São Paulo, n. 5/6, 1997, p. 134-150.

147 Silva, M. K.; Oliveira, G. L. "A face oculta(da) dos movimentos sociais: trânsito institucional e intersecção Estado-Movimento: uma análise do movimento de Economia Solidária no Rio Grande do Sul". *Sociologias*. Porto Alegre, ano 13, no 28, set/dez 2011, p. 86-124.

148 Ibid.

nizações políticas que irão competir com os partidos estabelecidos.[149] Observando os casos envolvendo a nova esquerda e utilizando o modelo apresentado por Hanagan, podemos verificar que predominam três vias de interação dos novos movimentos sociais com os sistemas partidários, que passam pela criação de novos partidos (competição), pela incorporação a partidos já existentes (interpenetração) ou pela ação conjunta entre partido e movimento (cooperação).

No modelo de competição, o sistema partidário comporta o surgimento de novos partidos políticos construídos pelos movimentos sociais quando não há forças políticas já existentes que representem seus interesses. Nesse caso, são formados novos partidos que terão como base fundamental os manifestantes e seus simpatizantes e o nível de enfrentamento com as forças dominantes do sistema político tende a ser maior. O caso que melhor ilustra esse modelo é o Podemos, na Espanha, mas também podemos mencionar os partidos-movimento surgidos do levante estudantil chileno de 2011 e, anos antes, o *Movimiento al Socialismo* (MAS) na Bolívia.

No modelo de interpenetração, os atores sociais tentam *influenciar* um instrumento partidário já existente e plenamente integrado ao sistema partidário. Podemos mencionar como exemplo a disputa impulsionada por uma nova geração de esquerda no interior do New Labour através da liderança de Jeremy Corbyn. Algo semelhante aconteceu nos Estados Unidos com a pré-candidatura do senador Bernie Sanders no Partido Democrata. Mesmo sem pretensões de convencer a liderança democrata a abraçar as bandeiras defendidas por Sanders, o movimento Our Revolution, do qual fazem parte vários remanescentes do Occupy Wall Street, considerou que a tática mais eficiente

---

149 Bidegain, G. P., op. cit.

para construir um novo polo à esquerda no cenário político dos EUA seria através da disputa no interior do Partido Democrata. Esse modelo, no entanto, não deve ser confundido com as recorrentes mudanças na liderança dos velhos partidos social-democratas. No caso da Espanha e Portugal, por exemplo, os nomes que assumiram a liderança do PSOE e PS após a onda de protestos de 2011 são mais críticos ao neoliberalismo. Mas isso, por si só, não significa que tenha havido necessariamente um processo de interpenetração entre partidos e movimentos sociais.

A terceira forma recorrente de interação com o sistema partidário se dá pela transferência de expectativas de um movimento social a um partido político já existente através da cooperação. O exemplo mais conhecido é o do Syriza. Como vimos, foi o nível de comprometimento com as lutas sociais do partido que fez com que os movimentos sociais da nova esquerda outorgassem a ele a prerrogativa de representar suas bandeiras e reivindicações no interior do sistema partidário. O pequeno Syriza, até então com um nível baixo de representatividade social, tornou-se em poucos anos a principal força política do país, apoiado pelo importante movimento de crítica às políticas de austeridade da Troika. Em vez de criar um partido ou disputar o bem estruturado PASOK, a nova esquerda grega reconheceu no Syriza um instrumento adequado para representar suas bandeiras e reivindicações, buscando a via da cooperação.

Essa tipologia de interações tem, obviamente, suas limitações. Concentrando nossa análise num único país, poderemos encontrar diferentes formas de interação com o sistema partidário sendo promovidas por um movimento simultaneamente. Isto é, enquanto uma parte do movimento aposta na criação de um novo partido, outra parte aposta na cooperação com um partido já existente. Ou, o que é mais comum, as diferenças no interior dos movimentos podem dar origem a mais de uma legenda partidária, como aconteceu na Grécia (Syriza e Aurora Dourada) e na Espanha (Podemos e Ciudadanos). Além disso, esse modelo nada diz sobre os casos em que os movimentos simplesmente rejeitam qualquer interação com o sistema político, como vimos recentemente com o movimento dos "coletes amarelos" na França.[150]

Cabe lembrar que, quando falamos em "institucionalização", nos referimos explicitamente à formação de instituições partidárias, isto é, partidos políticos legais. Mas como vimos no caso envolvendo a Lista del Pueblo no Chile não há um sinal de equivalência entre partidos da nova esquerda e movimentos sociais. Aliás, os ativistas que tomaram as ruas a partir de 2011 não são seres de outro planeta que desconhecem a dinâmica das disputas políticas no âmbito do Estado. Ao contrário: eles constituíram sua identidade a partir de uma crítica profunda ao sistema partidário e seus representantes (a "velha política" ou a "casta"), do sistema econômico (as "oligarquias" ou "os ricos") e das formas de acolhimento de suas demandas. Por isso, não raro, os movimentos optaram por não se institucionalizar.

Mas todas as alternativas de institucionalização estão embasadas por uma opção preliminar: o objetivo primeiro dos partidos políticos é a busca pelo poder político-institucional, o qual alcançam por meio de competições eleitorais. Quando um mo-

---

[150] O movimento começou se manifestando contra o aumento do preço do combustível proposto pelo governo Macron e acabou ampliando suas reivindicações numa plataforma antineoliberal e contra o sistema político, exigindo o "fim da injustiça tributária". Diferente, por exemplo, da esquerda radical representada pelo movimento Le France Insoumise, os coletes amarelos rechaçam a organização partidária e as saídas eleitorais.

vimento social decide tornar-se um partido ou somar-se a um já existente, ele reconhece que, sendo em geral as únicas organizações autorizadas a participarem diretamente das eleições, e sendo as eleições um meio para a promoção de seus objetivos estratégicos, os movimentos precisam adentrar na arena partidária. Sendo assim, poderíamos indicar que os fatores que levam um movimento social a se institucionalizar, isto é, a participar da disputa partidária, seriam: o reconhecimento de que os objetivos estratégicos do movimento podem ser alcançados – total ou parcialmente – pela conquista do poder político; a inexistência de uma força política que represente adequadamente os anseios daquele movimento social; a constituição de uma identidade coletiva que permita realizar esse movimento, seja em direção a um partido já existe (modelo de cooperação), seja construindo um novo instrumento partidário (modelo de competição); a existência de um sistema partidário que permita a criação de novas legendas, ou, ainda, que permita que o movimento social possa travar a disputa no interior de uma legenda já existente.

A relação entre movimentos sociais e os sistemas partidários podem assumir múltiplas formas. Se analisarmos o caso brasileiro, a título de ilustração, veremos movimentos sociais participando da criação do Partido dos Trabalhadores nos anos 1980, com destaque para o assim chamado "novo sindicalismo". No caso da Rede Sustentabilidade destaca-se a forte presença e engajamento de muitos ambientalistas no processo de construção do partido. No caso do PSOL, sua origem conta com adesão de setores sociais vinculados especialmente ao serviço público e o movimento estudantil, além de um grupo de parlamentares dissidentes do PT.[151]

---

151 Secco, L. *História do* PT. São Paulo: Ateliê Editorial, 2011.; Oliveira, M. S. "Movimento para as instituições: ambientalistas, partidos

Os dilemas no processo de institucionalização de movimentos sociais são inúmeros. Eles vão desde a necessidade de constituir uma coesão interna que permita deslocar sua atuação ao terreno da luta partidária com o mínimo de perdas à definição de objetivos estratégicos claros. São fortemente impactados pelo quadro partidário existente e pela legislação eleitoral que impõe limites, seja ao registro de novos partidos, seja à possibilidade de participação plena no processo eleitoral. E, claro, enfrentam a resistência dos velhos partidos que se sentem ameaçados pelo surgimento de novas legendas.

Definindo uma tipologia das esquerdas na América Latina

Como vimos, os movimentos sociais que emergiram em 2011 na América Latina estão, definitivamente, à esquerda no espectro político. Embora contem com muitos militantes socialistas em suas fileiras, esses movimentos representam uma nova geração de ativistas políticos que não se identifica com as velhas organizações de esquerda e centro-esquerda. Eles rejeitam o verticalismo dos partidos comunistas e a moderação política da maioria dos partidos socialistas. Mas essas não são as únicas diferenças em relação às tradicionais forças de esquerda. As origens e as perspectivas estratégicas também são diferentes.

Em um trabalho que se tornou referência nos estudos históricos sobre a esquerda latino-americana, Michael Löwy divide a história do movimento socialista em quatro grandes ciclos. O

---

políticos e a liderança de Marina Silva". Tese (Doutorado). Brasília: IPOL/UNB, 2016.; e Medeiros, J. "Por uma história do PSOL" em Medeiros, J; Dutra, I. *Um partido necessário: 10 anos de* PSOL. São Paulo: Fundação Lauro Campos, 2015.

primeiro, breve, de introdução do marxismo na América Latina através da obra de Juan B. Justo, fundador do Partido Socialista argentino (1896), e Luís Emílio Recabarren, fundador do Partido Obrero Socialista de Chile (1912), que uma década depois se transformaria no Partido Comunista do Chile (2012). Esses pensadores foram pioneiros em utilizar o instrumental teórico do marxismo, largamente difundido na Europa, para interpretar a realidade latino-americana, especialmente o processo de independência das ex-colônias espanholas nas Américas.

O segundo ciclo se inicia, segundo Löwy, com o "período revolucionário" aberto pela difusão das ideias presentes na vitoriosa revolução de outubro de 1917 na longínqua Rússia. Os primeiros documentos da III Internacional[152] são reeditados na América do Sul e defendem a unidade entre operários e camponeses contra o imperialismo norte-americano e a burguesia *criolla*. O terceiro ciclo seria marcado pela "hegemonia stalinista" e a transplantação mecânica das teses aprovadas pela direção moscovita do Komintern para as Américas. Predomina, nesse período, a tática das frentes populares em aliança com as burguesias nacionais contra o fascismo. A absurda teoria da *classe contra classe*, que promovia uma associação automática entre social-democracia e nazifascismo como parte de uma mesma classe burguesa multifacetada, passava a ser substituída pela proposta de "frente nacional popular anti-imperialista".[153] O quarto

[152] A Internacional Comunista, também conhecido como III Internacional ou Komintern, foi uma organização internacional fundada por Lenin e pelo Partido Comunista da União Soviética em março de 1919 para reunir os partidos comunistas de diferentes países do mundo.

[153] Medeiros, J. "Por dentro da ordem: os comunistas na Assembleia Constituinte de 1946". Dissertação de Mestrado. Departamento de História. Universidade de Brasília (UnB), 2016.

e último ciclo é caracterizado pelo fim da hegemonia stalinista nas esquerdas e pelo que Löwy chama de "novo período revolucionário" inaugurado nos anos 1960, no qual diferentes correntes políticas disputam a hegemonia das esquerdas: o castrismo e o guevarismo, o maoísmo e o trotskismo, a teoria da dependência e a "via chilena" de Salvador Allende. Em comum, essas correntes buscavam um caminho original para a revolução na América Latina, se desvencilhando dos modelos do passado e da orientação oriunda de um centro revolucionário internacional. A influência de movimentos nacionalistas, da politização do clero católico a partir do Concílio Vaticano II, das lutas de libertação nacional na Ásia e África, assim como a retomada da luta operária em países como o Brasil, incentivaram essa diversidade de alternativas para a chegada ao socialismo.[154]

A divisão em quatro ciclos, proposta por Löwy, coloca a atual esquerda latino-americana como herdeira do novo ciclo revolucionário que teve início com a Revolução Cubana de 1959. Isso não significa que as esquerdas oriundas dos ciclos anteriores tenham sido "extintas". Elas continuam existindo – como a esquerda stalinista, por exemplo – mas não são hegemônicas. Ele ressalta, no entanto, que muitos intelectuais, por ocasião da crise do socialismo soviético, consideram que os anos 1990 deram início a um novo ciclo para as esquerdas no continente, marcado pela hegemonia de um projeto de reformas dentro dos marcos da economia de mercado e da democracia liberal.[155] De fato, desde a queda do muro de Berlim, coexistem "dois espíritos" na esquerda latino-americana: um, que segue reivindicando

---

[154] Löwy, M. *O Marxismo na América Latina. Uma antologia de* 1909 *aos dias atuais.* (3ª edição ampliada). São Paulo: Editora Perseu Abramo, 2012.

[155] Castañeda, J. *Latin America's Left Turn.* Foreign Affairs, Nova York, 2006.

a tradição revolucionária e a superação do capitalismo, e outro, que se inspira numa suposta "modernização" das esquerdas e cuja referência são os partidos social-democratas da Europa. Por isso, não é raro que partidos plenamente integrados ao sistema político sigam se referenciando simultaneamente em processos como as revoluções cubanas e nicaraguenses enquanto se aproximam de governos e partidos de centro-esquerda na Europa.

As correntes social-democratas têm uma longa tradição na América Latina. No entanto, foi só nos anos 1980, no contexto de redemocratização, que esses partidos passaram a ganhar projeção e se tornaram forças de governo. Sua base social, no entanto, não era a mesma da social-democracia europeia, assentada historicamente no operariado urbano; tampouco sustentavam qualquer programa de combate substantivo à desigualdade[156]. Por isso o papel de força hegemônica das esquerdas na América Latina tem sido exercido nas últimas décadas por uma geração de partidos nascidos do processo de redemocratização e organizados sob a influência de processos revolucionários e do nacionalismo de esquerda. Chegando ao poder, esses partidos inauguraram um "quinto ciclo" da esquerda latino-americana, caracterizada pelos governos progressistas.

Ao longo do século passado predominou uma divisão mundial das esquerdas em dois grandes campos: a esquerda comunista (ou revolucionária) e a esquerda social-democrata (ou reformista). No centro desta clivagem estava a relação com o capitalismo e a oposição "reforma x revolução". Com o fim da

---

[156] Dois dos maiores exemplos podem ser encontrados no Brasil, com os governos do PSDB, e no Peru, com os governos da APRA. Apesar de serem coalizões lideradas por partidos originalmente de centro-esquerda, o programa implementado por seus respectivos governos era abertamente neoliberal.

experiência soviética e a chegada ao poder pela via democrática de várias partidos e coalizões de centro-esquerda na América Latina, a tentativa de classificar os partidos e governos voltou a ser objeto da Ciência Política. Uma dessas perspectivas divide os governos da chamada "onda rosa" em dois blocos:

> Falo da proposição de "duas esquerdas", uma "social-democrata" ou "democrata" e outra "populista" ou "autoritária", proposta por alguns estudiosos do tema com intenção quase sempre normativa – respectivamente uma esquerda "boa" e outra "má". Organizações como o Partido Socialista do Chile (PS), o Partido dos Trabalhadores (PT) e a Frente Ampla do Uruguai (FA) em geral são associadas à primeira corrente, enquanto outros como o Movimento ao Socialismo (MAS), o Movimento V República (MVR; mais tarde Partido Socialista Unido da Venezuela, PSUV), o movimento Pátria Altiva e Soberana (PAÍS) e a Frente Sandinista de Libertação Nacional (FSLN) geralmente integram a segunda.[157]

Essa divisão não expressa apenas o ponto de vista dos meios de comunicação ou de cientistas políticos avessos aos governos anti-imperialistas. Ela expressa efetivas diferenças de projeto. Seu limite, no entanto, não está em estabelecer diferenciações entre um grupo de partidos e coalizões que se define a partir da crítica radical ao capitalismo e outro que se proclama abertamente reformista. Essa abordagem nos parece essencialmente correta. O equívoco é atribuir positividades e negatividades, dividindo essas esquerdas em "boas" ou "más" e reforçando uma perspectiva moral de um fenômeno político.

---

[157] Silva, F. P. "Esquerdas latino-americanas: uma tipologia é possível?". *Revista Oikos*, Rio de Janeiro, Volume 9, nº 2, 2010, p. 121-140.

Partindo da mesma oposição (populistas e social-democratas), mas buscando uma definição mais objetiva, Lanzaro[158] procura identificar diferenças na genealogia dos dois grupos. Para ele os social-democratas têm raízes em sistemas partidários e instituições mais sólidas, enquanto a esquerda "populista" é resultado de sistemas partidários e instituições em colapso, fruto das reformas de mercado no continente.[159] No mesmo caminho, parece correta a tipificação que divide os governos e partidos progressistas da "onda rosa" em dois campos: o primeiro, formado por Venezuela, Bolívia e Equador, seria resultado da "crise orgânica" do neoliberalismo, que levou ao "esgotamento de formas de organização estatal, dominação social, baixa inclusão político-social e monopólio partidário".[160] Nesses países, se constituíram projetos de "refundação" do sistema político e econômico, traduzidos na convocação de processos constituintes. Haveria um nível menor de integração desses partidos ao sistema político e uma maior radicalidade nas propostas e no enfrentamento às elites nacionais. O segundo grupo seria formado pelos partidos que transitaram de uma postura mais ideológica e radical nos anos 1980 e 1990 para uma atuação mais pragmática e integrada ao sistema partidário com vistas à administração do Estado e diminuição das desigualdades nos marcos da economia de mercado e da democracia liberal. Nesse grupo estariam o PT (Brasil), o PS (Chile), a Frente Ampla (Uruguai) e as antigas organizações guerrilheiras de Nicarágua e El Salvador (FMLN e FSLN) dentre outros partidos de centro-esquerda de países como Peru e Colômbia. A essa diferença, Silva propõe uma classificação entre esquerdas "renovadoras" e "refundadoras".

---

158 Lanzaro, J. "La socialdemocracia criolla". *Nueva Sociedad*; Caracas, vol. 217, set/out 2008.

159 Silva, F. P., op. cit.

160 Ibid., p. 98.

> As primeiras são as caracterizadas por maior institucionalização, maior integração ao sistema político, aceitação das instituições da democracia representativa na forma "realmente existente" em seus países e crítica moderada ao neoliberalismo. As segundas são caracterizadas por menor institucionalização, menor integração ao sistema político, integração crítica às instituições da democracia representativa e crítica radical ao neoliberalismo (no limite plasmada com um anticapitalismo).[161]

Enquanto as esquerdas "refundadoras" assumiriam uma posição mais claramente anticapitalista, alargando os limites da antiga ordem neoliberal em crise e reconstituindo a própria natureza do Estado, as esquerdas "renovadoras" cumpririam o papel equivalente ao da social-democracia europeia, como forças integradas ao sistema político e dispostas a administrar a economia de mercado com vistas a diminuir as desigualdades. Essa segunda corrente tem sido popularmente chamada de progressismo. Cabe ressaltar, no entanto, que essa centro-esquerda, tendo chegado ao poder só na virada do século, não chegou a incorporar abertamente as propostas esdrúxulas de "humanização do neoliberalismo" difundidas pela terceira via europeia. Isso coloca o progressismo, em geral, à esquerda de seus homônimos europeus.

A tipologia que divide as esquerdas em renovadoras/refundadoras expressa corretamente a divisão fundamental da esquerda na América Latina hoje. Além disso, é suficiente para evitar a confusão que parte da Ciência Política promoveu ao classificar os governos populares de Venezuela e Bolívia como parte de uma nova esquerda.[162] Quando observamos os movimentos so-

---

161 Ibid., p. 43.

162 Garavito, C. A.; Barret, P. S.; Chávez, D. *La nueva izquierda en América Latina – sus orígenes y trayectoria futura*. Bogotá: Norma,

ciais surgidos em 2011 e suas reivindicações por mais direitos e superação do neoliberalismo somos levados, inclusive, a identificá-los com essa esquerda "refundadora". Mas a verdade é que eles têm pouco a ver com processos como a Revolução Bolivariana. Essa nova esquerda surge do que Albala e Vieira[163] chamam de "cidadania da desconfiança", resultado da crise de representação dos sistemas partidários. Enquanto o progressismo nasce da luta pela afirmação da democracia contra os regimes autoritários impostos nos anos 1960 e 1970, a nova esquerda surge questionando os limites impostos à efetivação dessa mesma democracia pelo neoliberalismo, pela desigualdade social e pela ausência de canais de participação popular.

Enquanto o progressismo – a corrente de centro-esquerda que governou Uruguai, Chile, Brasil e Argentina no início deste século – cumpriu papel análogo àquele desenvolvido pela social-democracia europeia em meados do século passado, a saber, trazer para o Estado a administração dos conflitos de classe de modo a garantir, ao mesmo tempo, a estabilidade do regime liberal democrático e a combate às desigualdades dentro dos limites impostos pelo sistema do capital, a nova esquerda atua contra esses limites.

O progressismo no poder: utopia reformista na periferia do capitalismo

Na virada do século, enquanto a social-democracia na Europa se tornava fiadora do neoliberalismo, na América Latina novas

---

2005.; Natanson, J. *La nueva izquierda: triunfos y derrotas de los gobiernos de Argentina, Brasil, Bolivia, Venezuela, Chile, Uruguay y Ecuador*. Buenos Aires: Debate, 2008.

163 Albala, A. Vieira, S. M., op. cit.

formas de resistência se ampliavam: no México, a inovação de práticas e discursos promovido pelos zapatistas; na Argentina, o movimento dos *piqueteros;* no Brasil a luta dos trabalhadores rurais sem-terra e as experiências de participação popular nos governos petistas; na Venezuela, a eleição de um presidente abertamente anti-imperialista; na Bolívia e Equador através de um crescente processo de organização popular da maioria indígena; no Chile e Argentina o fortalecimento do movimento feminista.

A crise do neoliberalismo e o crescente processo de organização popular provocaram uma drástica mudança no quadro político da América Latina. Em pouco mais de uma década, os maiores países da região – com exceção de México e Colômbia – passaram a ser governados por partidos ou coalizões de centro-esquerda. Nos casos em que a crise atingiu níveis mais profundos (Equador, Bolívia, Venezuela) surgiram movimentos de contestação que tomaram a forma de revoltas populares de grande dimensão, pavimentando o surgimento de forças políticas e sociais que conquistaram vitórias eleitorais surpreendentes. Esse novo quadro de forças progressistas no poder foi chamado de "onda rosa",[164] por seu efeito de "contágio" entre os diferentes países, já que a eleição de Hugo Chávez na Venezuela (1998) foi seguida pela vitória de Lula (2002), Néstor Kirchner, na Argentina (2003), Tabaré Vásquez, no Uruguai (2005), Evo Morales, na Bolívia (2005), Rafael Correa, no Equador (2006), Michelle Bachelet, no Chile (2006), Daniel Ortega, na Nicarágua (2006), Fernando Lugo, no Paraguai (2008) e Maurício Funes, em El Salvador (2009). Em todos esses países os partidos e coalizões no poder venceram ao menos uma reeleição, com casos de reeleições em série, como Brasil, Venezuela, Bolívia e Uruguai.

---

164 Panizza, F. "La marea rosa" em Análise de Conjuntura OPSA. Rio de Janeiro, n. 8, 2006.

Esse ciclo promoveu importantes transformações. Seus governos não só usaram os recursos oriundos da exportação de commodities para promover iniciativas redistributivas que buscaram combater a pobreza e promover avanços sociais e consolidação de direitos, como ainda estimularam novas redes de integração regional, que culminaram com o fracasso da proposta de criação de uma Área de Livre Comércio das Américas (ALCA) e com ao surgimento de novos instrumentos de cooperação, como a União das Nações da América do Sul (UNASUL) e a Comunidade dos Estados Latino-Americanos e Caribenhos (CELAC).

Em países como Venezuela, Equador e Bolívia foram impulsionados processos constituintes que buscaram alterar a própria natureza do Estado, incorporando setores historicamente marginalizados. As novas constituições incluíram o reconhecimento do caráter *plurinacional* desses países, em alguns casos dando grande protagonismo aos indígenas (Bolívia), aos direitos da natureza (Equador) ou reconhecendo a organização popular como um poder autônomo (Venezuela). Em outros, como no Brasil, Argentina e Uruguai, a prioridade foi o combate à desigualdade e a incorporação de grandes contingentes ao mercado de consumo, investindo em obras de infraestrutura e ampliando o investimento em áreas como educação, saúde e habitação. Essa diferença de perspectivas entre os projetos no poder, analisadas na seção anterior em termos teóricos, foi descrita por Álvaro García Linera, sociólogo e vice-presidente da Bolívia durante os mandatos de Evo Morales, como constituída de um bloco de "governos progressistas" e "governos revolucionários".[165]

A primeira metade do ciclo de coalizões progressistas no poder foi marcado pelo crescimento econômico, combate às desigualdades e à pobreza extrema e, em alguns casos, reformas es-

---

165 Linera, A. G., op. cit.

truturais do Estado através de processos constituintes. Esse ciclo durou até que os efeitos da crise econômica chegassem ao continente. Em geral, as economias latino-americanas, após uma acentuada queda no PIB em 2009, expandiram-se novamente em 2010 e 2011, contribuindo para a difusão da ideia de que a região estava, pela primeira vez, protegida da crise e dos efeitos que lhe foram característicos em décadas anteriores.[166] Foram adotadas medidas no intuito de manter algum nível de investimento privado e os governos agiram para estimular a demanda, com relativo sucesso num primeiro momento. Em seguida, no entanto, a crise se fez sentir a partir da queda abrupta dos preços dos bens primários, impactando especialmente as economias cuja balança comercial era menos diversificada[167]. A crise econômica se instala na América Latina, iniciando um ciclo descendente do progressismo e colocando em xeque suas opções econômicas, a ausência de reformas estruturais e a manutenção do modelo de relação predatória com o meio ambiente.

Apesar das medidas de diminuição da desigualdade e da ampliação da rede de assistência social, prevaleceu uma economia baseada na exportação agrícola, na mineração a céu aberto, no declínio da indústria tradicional, nas remessas de lucros e no tu-

[166] Taddei, E. H. "Relegitimação da governabilidade neoliberal, resistências populares e desafios emancipatórios na Argentina e em Nossa América" em Leite, J. C. Uemura, J. Siqueira, F. *O eclipse do progressismo: a esquerda latino-americana em debate*. São Paulo: Editora Elefante, 2018.

[167] Sem dúvida, o exemplo mais ilustrativo é da Venezuela, dependente da exploração do petróleo. A queda abrupta dos preços do produto no mercado internacional a partir de uma associação entre Estados Unidos e Arábia Saudita, impactou profundamente a transferência da chamada *renda petrolera* para as políticas sociais na Venezuela e jogou o país numa crise econômica sem precedentes.

rismo. Para Cláudio Katz, "ao estimular o êxodo rural, a precarização do trabalho, a marginalidade urbana e o enfraquecimento das classes médias, este cenário trouxe enormes implicações para o terreno político".[168] Diante da volta do conflito redistributivo, os governos progressistas buscaram promover ajustes nas contas públicas – alguns de caráter claramente neoliberal[169] – sinalizando às forças do mercado seu compromisso com a estabilidade fiscal. Mas era tarde. As derrotas eleitorais no Chile e Argentina, a deposição dos governos no Paraguai, Brasil e Bolívia, a guinada à direita do sucessor de Rafael Correa no Equador[170], a radicali-

---

168 Katz, C., op. cit.

169 No Brasil esse fenômeno foi visto antes mesmo da posse de Dilma em seu segundo mandato. Ao final de 2014, diante de uma forte desaceleração da atividade econômica, que impactou a arrecadação com uma consequente piora da relação entre receitas e despesas, o governo decide adotar medidas restritivas em todas as áreas, principalmente, na área fiscal. É então promovido um dos maiores ajustes fiscais da história recente. Sob comando do ministro da fazendo indicado pelo mercado, Joaquim Levy, o comportamento da economia brasileira passa de desaceleração, ao longo do primeiro mandato de Dilma, para uma recessão a partir do primeiro ano do segundo mandato. Cf. Dweck, E; Teixeira; R. A. "A Política Fiscal do governo Dilma e a crise econômica". In: Texto para Discussão. Unicamp. IE, Campinas, n. 303, jun. 2017.

170 Após sua vitória eleitoral, Lenín Moreno, sucessor de Rafael Correa, rompeu com o ex-presidente, reaproximou-se dos Estados Unidos, reformulou sua coalizão com a entrada de partidos de centro-direita, tomou o partido criado por Correa (expulsando o ex-presidente) e alinhou o Equador ao chamado "Grupo de Lima", grupo diplomático informal criado para esvaziar a UNASUL, implementando uma série de medidas neoliberais que provocaram inúmeras mobilizações populares a partir de 2019.

zação do confronto político na Venezuela e a escalada repressiva do governo de Ortega na Nicarágua alteraram profundamente o quadro na região. Vinte anos depois, muita coisa mudou. O fim da onda de governos progressistas deu lugar a uma onda de retrocessos políticos e sociais patrocinados pelo imperialismo. Mas a contraofensiva das classes dominantes teve desdobramentos distintos em cada país. A estrutura econômica, o enraizamento de cada partido ou coalizão no poder, os sistemas de alianças, o nível de organização da sociedade civil e a natureza dos sistemas políticos deram origem a distintos processos de resistência.

O golpe na Bolívia e a derrota eleitoral da Frente Ampla no Uruguai marcam o fim do ciclo aberto em 1998 com a vitória de Chávez.[171] Vale ressaltar que durante toda a primeira parte deste ciclo as crises institucionais sempre estiveram presentes, embora em níveis muito menores que no período anterior. No Haiti (2004), Honduras (2008) e Paraguai (2012) os governantes eleitos não conseguiram concluir seus mandatos graças a processos de ruptura institucional. Golpes de Estado foram ensaiados em outros países, como Venezuela, Bolívia e Equador. No Brasil o episódio conhecido como "mensalão"[172] criou uma enorme ins-

---

[171] A vitória de Alberto Fernández nas eleições presidenciais na Argentina e Luís Arce na Bolívia, bem como a "ressureição" política de Lula e do PT no Brasil serão objeto de análise mais à frente. Mas podemos adiantar que esse processo não marca uma linha de continuidade com o processo anterior, mas reforçam a perspectiva de uma nova etapa histórica aberta com os processos de ruptura vividos não só no Brasil e Bolívia, mas também no Peru e Chile.

[172] O "mensalão" foi um escândalo político que revelou a suposta compra de apoio parlamentar de partidos de direita por parte do governo Lula através de pagamentos feitos regularmente.

tabilidade política, contornado pela reformulação da coalizão presidencial que dava sustentação ao então presidente Lula.[173]

Analisando as dificuldades do progressismo, Álvaro García Linera aponta cinco contradições fundamentais desses projetos. A primeira, seria a subestimação dos governos progressistas em relação aos desafios do desenvolvimento econômico num contexto de crise, levando muitos deles a adotarem medidas de estabilização financeira que afetaram seu bloco social de apoio. A segunda se manifestaria no que ele chama de "distribuição de renda sem politização social", isto é, a opção dessas esquerdas de renunciarem à disputa de valores na sociedade, estimulando perspectivas meritocráticas de progresso individual. A terceira contradição se manifestaria na ausência de uma reforma moral, o que fez com que o Estado se mantivesse vulnerável à corrupção e a práticas pouco republicanas. A quarta contradição seria a dificuldade em garantir a continuidade ou formação de lideranças. E por fim, a quinta contradição se manifestaria na frágil integração econômica entre os governos progressistas ou revolucionários da região, o que colaborou para manter um elevado grau de vulnerabilidade externa nessas economias.[174]

Além das contradições apontadas por Linera, o progressismo demonstrou ainda dois limites fundamentais, um de cará-

---

173 A principal reformulação foi a entrada do Partido do Movimento Democrático Brasileiro (PMDB), maior legenda do país desde o fim da Ditadura Militar. O PMDB participava da coalizão liderada pelo ex-presidente Fernando Henrique Cardoso (PSDB) e nas eleições de 2002, quando Lula venceu, apoiou o candidato derrotado, José Serra. Depois do PMDB vários outros partidos conservadores viriam a compor o governo, como o PP (Partido Progressista), herdeiro da ARENA, partido do regime militar.

174 Linera, A. G., op. cit.

ter econômico e outro de caráter político. O primeiro limite diz respeito ao fato desses projetos não terem conseguido, com êxito, garantir transformações econômicas estruturais que pudessem reposicionar seus países na divisão internacional do trabalho, diminuindo sua dependência da exportação de bens primários. Aproveitando-se dos altos preços das commodities, os governos progressistas aprofundaram a dependência dos setores extrativistas e primário-exportadores, diminuíram drasticamente a participação da indústria na riqueza nacional – como no caso do Brasil – e mantiveram as economias nacionais à mercê das flutuações internacionais. O segundo limite diz respeito ao baixo grau de democratização do Estado e seus sistemas políticos. Com exceção dos três países que viveram movimentos de "refundação constitucional" os demais governos progressistas não estimularam o fortalecimento de uma cidadania ativa, a auto-organização popular ou a democratização das instituições de Estado. Ao contrário, em muitos casos, as mesmas oligarquias violentas e antidemocráticas que agora retornam ao poder, participaram ativamente de muitos desses governos em posição de destaque, aprofundando o descrédito com o sistema partidário e afastando essa esquerda dos novos ativismos.[175]

O fim do ciclo do progressismo no poder é a um só tempo, portanto, expressão da crise do modelo econômico neodesenvolvimentista, assentado na expansão do consumo, ampliação dos mercados internos, aumento do emprego, exportação de bens primários e maior integração ao mercado mundial;[176] e de um modelo político que não foi capaz de interagir com as

---

[175] Leite, J. C. Uemura, J. Siqueira, F. *O eclipse do progressismo: a esquerda latino-americana em debate*. São Paulo: Editora Elefante, 2018.

[176] Katz, C., op. cit.

novas demandas sociais por democracia, transparência reconhecimento e participação popular. Quando a crise se instala, o progressismo tem as mesmas dificuldades que a esquerda social-democrata na Europa em dar respostas adequadas ao descontentamento social. Essas dificuldades são agravadas pelas promessas não cumpridas de retomada do crescimento econômico, pelas denúncias de corrupção – amplamente repercutidas pelos monopólios de comunicação – e pelo processo de criminalização jurídica e midiática desses partidos e suas lideranças. Sem uma base social mobilizada, eles se tornaram presas fáceis para serem eleitoralmente derrotados – como ocorreu na Argentina, Chile, Uruguai – ou derrubados por golpes parlamentares, como ocorreu no Brasil.

O projeto da social-democracia se caracterizava historicamente por uma exitosa adaptação de seus partidos às expectativas e condições materiais da política e da economia global. Foi uma interpretação correta do "espírito da época" que permitiu, desde meados dos anos 1970, que os partidos social-democratas se firmassem como hegemônicos entre as forças de esquerda na Europa. Essas forças compartilhavam aspectos programáticos similares: a combinação entre uma posição moderadamente neoliberal na política econômica e fiscal, a insistência num papel limitado, porém ativo do Estado, e uma perspectiva liberal progressista em relação às questões culturais ou das liberdades individuais.

Em termos gerais, o progressismo também soube interpretar as possibilidades geradas pelo impacto das políticas neoliberais na virada do século e pelas perspectivas abertas pela demanda de bens primários. Aproveitando-se da frágil consolidação democrática dos anos 1990 e de um cenário econômico favorável, essas esquerdas afirmam sua condição de "partidos de governo".[177] Esse processo, como era presumível, gerou perda de densidade como partidos de massas, certo rebaixamento do peso da lógica militante, um afastamento em relação às posições que buscam atribuir protagonismo político aos trabalhadores como classe potencialmente transformadora, adoção de uma ideologia "branda" e abandono das pretensões de uma transformação "radical" da sociedade capitalista. Tudo isso em troca de uma "audiência mais ampla e diversificada", mesmo que em aliança com partidos de outros espectros ideológicos e ainda que tendo como efeito colateral a reestruturação dos próprios partidos, seus processos decisórios e sua estrutura de liderança.[178]

> São governos formados por uma esquerda que pode ser considerada "institucional", em dois sentidos: a) Pelo grau de institucionalização partidária, que difere caso a caso e responde a um processo que tende a acompanhar, de certa forma, as características do sistema partidário como um todo, mas tem sua própria dinâmica. b) Pelo fato de que os partidos que a compõem estarem integrados na institucionalidade do regime democrático republicano e no sistema partidário, contribuindo mesmo para a sua consolidação, pela sua participação ativa nas transições, aprendizagem ou crítica relativamente às vicissitudes do período anterior à instalação das ditaduras e por sua atuação na nova fase democrática.[179]

O que aproxima as experiências mencionadas por Lanzaro e Hillebrand – Chile, Uruguai e Brasil – das experiências social-

177 Secco, L., op. cit.

178 Lanzaro, J.; Hillebrand, E. *La izquierda em América Latina y Europa: nuevos procesos, nuevos dilemas.* Montevideo: Friedrich Ebert Stiftung, 2007.

179 Ibid., p. 12.

-democratas da Europa não é apenas a aceitação da via eleitoral como meio instrumental para alcançar o poder, mas a incorporação da democracia representativa como regime de governo e padrão de relacionamento institucional, além da qual esses governos pouco avançaram. Surgidos originalmente de processos de confronto com a natureza autoritária e excludente do Estado em seus países, essa esquerda foi se "social-democratizando" e assimilando os pressupostos de respeito às regras da economia de mercado e da democracia representativa.

Por isso é possível sustentar que a crise vivida pela social-democracia na Europa e pelo progressismo na América Latina tem o mesmo pano de fundo. Ela é, em última instância, a crise das forças que se aproximaram do centro político. Evidentemente, os desdobramentos dessa crise, num contexto de recrudescimento da influência dos interesses geopolíticos dos Estados Unidos na América Latina, são muito particulares. Se o Brexit foi o episódio mais traumático vivido pelo *establishment* europeu recentemente, imagine deparar-se com a deposição sem provas de uma presidenta ou com o encarceramento em série de ex-chefes de Estado. Mesmo assim, acredito que, assim como na Europa, estamos diante de uma crise de legitimidade que atingiu em cheio o progressismo. O que demonstraram essas experiências é que, ao contrário do que segue sendo defendido por aqui, já não é possível promover transformações estruturais nos marcos da conciliação de interesses antagônicos.

II. A NOVA ESQUERDA NA AMÉRICA LATINA

O neoliberalismo não é uma visão de mundo total. Muitas pessoas acreditam que sim, mas, na verdade, ele é um projeto político-econômico que pode articular-se com vários projetos de reconhecimento diferentes e até antagônicos – incluindo os projetos progressistas.

Nancy Fraser

Ao oferecer uma genealogia dessa nova esquerda, Boaventura de Souza Santos afirma que, para encontrar suas origens, é preciso recuar ao Fórum Social Mundial, aos governos progressistas que emergiram na América Latina na década de 2000[1], aos movimentos sociais e aos processos constituintes que levaram esses governos ao poder, às políticas de democracia participativa em muitas cidades latino-americanas a partir da experiência pioneira de Porto Alegre e, finalmente, à Primavera Árabe. Para ele, essa nova esquerda (referindo-se ao Podemos) "é o resultado de uma aprendizagem a partir do Sul que permitiu canalizar criativamente a indignação nas ruas de Espanha".[2]

Essa nova esquerda poderia ter suas características sintetizadas em seis pontos: i) recurso à luta social e à ação direta como

[1] No texto, Santos se refere explicitamente aos governos de Venezuela, Bolívia e Equador.

[2] Santos, B. S. "La ola Podemos". Público.es de 8 de novembro de 2014.

instrumentos privilegiados de intervenção política; ii) desobediência civil e política pacífica; iii) defesa da democracia radical a partir das maiorias sociais; iv) denúncia da exclusão social, da desigualdade e das elites econômicas; v) utilização de ferramentas tecnológicas como meios de comunicação, deliberação e mobilização; vi) reconfiguração das relações de poder a partir dos eixos democratizar/descolonizar/desmercantilizar.[3]

A nova esquerda é "nova" também porque assimila práticas sociais antigas que estavam disseminadas nas diferentes formas de resistência popular dando-lhes um sentido unificador na direção de um projeto de superação do neoliberalismo. Nesse processo, os conhecimentos que os movimentos sociais da América Latina produziram em sua resistência ao neoliberalismo foram um elemento fundamental para o surgimento da nova esquerda na Europa. Isso é reconhecido por alguns dos próprios fundadores do Podemos. Tanto Pablo Iglesias quanto Iñigo Errejón têm suas pesquisas de doutorado dedicadas a temas relacionados à América Latina.[4]

Na região proliferaram, ao longo dos anos 1990 e 2000, uma série de movimentos sociais que combinavam a dimensão material da luta contra a desigualdade, a violência, os ataques ao meio ambiente ou às populações indígenas, com a luta por

---

3 Gianolla, C. "Movimentos-partido, populismo e democratização" em Santos, B. S.; Mendes, J. M. *Demodiversidade: imaginar novas possibilidades democráticas*. Belo Horizonte: Autêntica Editora, 2018.

4 Iglesias (2008) e Errejón (2012) produziram teses baseadas em experiências da esquerda radical – o primeiro sobre o movimento altermundialista na virada do século e o segundo sobre o processo constituinte da Bolívia conduzido pelo MAS de Evo Morales. Juan Carlos Monedero Fernández, hoje um intelectual orgânico do Podemos, trabalhou diretamente com Hugo Chávez na Venezuela.

reconhecimento, igualdade de direitos e oportunidades, combate aos preconceitos e defesa dos direitos humanos. Num continente onde o neoliberalismo foi implementado sem que houvesse, como na Europa, um sistema de proteção social eficiente, a luta dos movimentos sociais tornou-se, muitas vezes, uma luta pela sobrevivência.

Na virada do século, o Movimento dos Trabalhadores Sem-Terra (MST) se consolida no Brasil como o principal opositor aos governos de Fernando Henrique Cardoso, colaborando para a construção da Via Campesina em toda a América Latina e, posteriormente, também na Europa, Ásia e África. No México, o Exército Zapatista de Libertação Nacional (EZLN), em Chiapas, lidera em 1994 um levante popular indígena que coloca o conflito entre o neoliberalismo e os povos tradicionais no centro da agenda dos movimentos sociais de esquerda na região. Em outros países com forte presença indígena, como Bolívia, Equador e Paraguai, se amplia a organização dos povos originários e sua presença na cena política. Nos países mais industrializados a retomada das mobilizações operárias também chama a atenção, como é o caso dos piqueteros na Argentina e dos petroleiros no Brasil. Como destaca Petry,[5] o cenário latino-americano dos anos 1990 produz uma concentração da ação dos movimentos sociais em três grandes frentes: a urbana, a rural e a indígena. Ou seja, o território passa a ter uma importância central na luta dos movimentos sociais contra a globalização neoliberal.

Paralelamente, a dimensão internacional de muitas mobilizações, como por exemplo, os protestos durante reuniões multilaterais entre chefes de Estado ou a articulação de campanhas em torno de problemas comuns a diferentes países (como a dívida externa, na América Latina), estimulou o surgimento

---

[5] Petry, A. Os movimentos sociais na América Latina. 2008.

de inúmeras redes de mobilização supranacionais entre movimentos sociais, que passaram a ser definidas como um único "movimento antiglobalização". Um momento simbólico desse movimento se dá na reunião da Organização Mundial do Comércio, realizada em Seattle (EUA) em 1999. Durante o evento, os movimentos sociais se articularam para bloquear as entradas do Centro de Convenções onde o evento seria realizado. Mais de 50 mil manifestantes participaram do protesto.[6] Na sequência, outras mobilizações foram organizadas durante reuniões do FMI, em Washington, e do G20 em Gênova, quando mais de quinhentas pessoas ficaram feridas após brutal repressão das forças de segurança locais.

Além das mobilizações contra essas reuniões, surgiram também outros espaços de articulação transnacional, como campanhas e conferências. Na América Latina teve particular importância a campanha do Jubileu 2000, articulada a partir de setores progressistas da Igreja Católica que tinha como propósito a defesa da anulação das dívidas externas dos países latino-americanos. Essa mesma rede, criada em 1999, seria decisiva para articular a campanha continental contra a Área de Livre Comércio das Américas (ALCA), realizada em 2002[7]. Essas campanhas acabariam redundando, em 2001, na realização do primeiro Fórum Social Mundial, em Porto Alegre, em oposição

---

6 Vieira, F. B. "Articulações Internacionais 'desde baixo' em tempos de globalização" em Gohn, M. G.; Bringel, B. (orgs.). *Movimentos sociais na era global.* Petrópolis: Vozes, 2012.

7 No Brasil essa campanha foi organizada através de um plebiscito popular sobre a integração do país à ALCA, promovido por uma ampla rede de movimentos sociais no dia 7 de setembro de 2002. Dele participaram cerca de 10 milhões de pessoas, sendo 96% delas contra a participação do Brasil no acordo de livre comércio.

ao Fórum Econômico Mundial, realizado em Davos, na Suíça, que reúne a elite política e financeira mundial para discutir os rumos da globalização.

O FSM, organizado por uma rede internacional de movimentos sociais, tinha como proposta se contrapor à ideia de que a globalização neoliberal era o único caminho possível, assumindo a consigna "Um outro mundo é possível". A escolha de Porto Alegre como sede das primeiras três edições do evento remete às práticas inovadoras e participativas que a cidade desenvolveu durante os anos 1990, sob a administração do Partido dos Trabalhadores. Lá surgiu o Orçamento Participativo, o Conselho da Cidade, os Conselhos Populares e várias outras experiências de democracia direta que expressavam, para muitos ativistas naquele momento, que era possível governar sob uma perspectiva transformadora. No Fórum Social Mundial se promovia o encontro entre os movimentos sociais que haviam surgido duas ou três décadas antes, ONGs, partidos e o movimento antiglobalização.

Entre as inovações trazidas por esses movimentos estão as formas descentralizadas de articulação, hierarquias internas menos rígidas, o recurso a estruturas colegiadas de decisão, maior participação e fluidez.[8] Além disso, vale destacar o caráter comunicativo desses movimentos, sendo o EZLN, no México, o primeiro a usar massivamente a internet para difundir seus comunicados em escala global.[9] Esse crescente processo

[8] Estudo de Marisa Von Bülow, *Building Transnational Networks – Civil Society Networks and the Politics of Tradein the Americas* (Cambridge, 2010) questiona a suposta horizontalidade dos movimentos altermundialistas, demonstrando há, de fato, hierarquias nas coalizões transnacionais criadas, por exemplo, contra a Alca.

[9] Vieira, F. B., op. cit.

de questionamento à globalização e os desastrosos resultados da aplicação do modelo neoliberal em toda a América Latina vinham acumulando tensões que, em muitos países, resultaram na deposição de governos e na explosão de graves conflitos sociais. Na Venezuela, que vivia uma profunda crise econômica desde o final dos anos 1980, a revolta explodiu no chamado *Caracazo*, quando milhares de pessoas saíram às ruas para expressar seu repúdio às medidas anunciadas pelo então presidente Carlos Andrés Pérez, que previam a aplicação de um pacote de medidas encomendadas pelo FMI, entre elas, a alta no preço dos combustíveis. A violenta revolta terminou com um saldo de quase 300 mortos e a prisão do então tenente-coronel Hugo Chávez Frías, acusado de liderar um levante militar da baixa oficialidade contra Pérez.[10]

No Equador, outro laboratório para as políticas neoliberais, a crise social levou o então presidente Jamil Mahuad a decretar o estado de emergência e mobilizar as forças armadas para reprimir a agitação social – greves e bloqueios das principais estradas – desencadeada pelo aumento de 13% no preço dos combustíveis. Essa onda de protestos, promovida inicialmente pelos sindicatos do transporte público, avolumou-se com a adesão dos produtores de banana, principal produto de exportação do país, e o fechamento das estradas, acompanhado pela paralisação das emissoras de rádio e televisão. A situação piorou quando cerca de dez mil indígenas, liderados pela Confederación de Nacionalidades Indígenas del Ecuador (CONAIE), marcharam até a capital para exigir a renúncia do Presidente. Em janeiro do ano seguinte um grupo de coronéis levantou o Exército, em apoio

---

10 Maya, M. L. "The Venezuelan *Caracazo* of 1989: Popular Protest and Institutional Weakness". Journal Latin American Studies. Fev. 2003, p. 117-137.

às comunidades indígenas, e Mahuad, informado de que não tinha mais condições de segurança no Palácio de Carondelet, refugiou-se em uma base militar. Os indígenas e os militares ocuparam os edifícios públicos, as sedes dos três poderes em Quito e dissolveram o Congresso, bem como a Suprema Corte, anunciando a remoção de Mahuad. Só depois de semanas de negociação o vice-presidente assumiria o poder.[11]

Na Bolívia, onde o neoliberalismo foi implementado à risca por sucessivos governos desde meados dos anos 1980, a pobreza entre os camponeses e a população indígena, maioria no país, aumentou ainda mais. A elevação das tarifas de água na cidade de Cochabamba, resultado de um contrato firmado com uma empresa estrangeira, desencadeou em abril de 2000 um levante popular que se estendeu aos cocaleros[12], na região de Chapare, e a outros camponeses e trabalhadores em diferentes cidades. A Confederación Sindical Única de Trabajadores Campesinos de Bolívia (CSUTCB) iniciou então o bloqueio das estradas e, ante a ameaça de convulsão social, em que não apenas os camponeses, mas até estudantes e policiais reclamavam melhoria nas condições de vida, o presidente Hugo Banzer decretou o estado de sítio por noventa dias, intensificando a repressão. As tensões continuaram até sua renúncia, em abril de 2001.[13]

Na Argentina, outro modelo de implementação da agenda neoliberal, um levante popular levou à queda de quatro presidentes num breve intervalo de tempo. Em 1998, o país negociara um acordo com o FMI, de modo que lhe permitisse reduzir

---

11 Moniz Bandeira, L. A. "As políticas neoliberais e a crise na América do Sul". Revista Brasileira de Política Internacional, vol. 45, nº 2, Brasília, Jul/Dez. 2002.

12 Produtores de coca.

13 Moniz Bandeira, L. A., op. cit.

o déficit fiscal, mas a prolongada recessão em 1999 impediu o cumprimento da meta estabelecida. Assim, o presidente Fernando de la Rúa decidiu promover um aumento de impostos e vários cortes orçamentários. A crise financeira internacional, que começou na Ásia, em 1997, atingiu a Rússia, em 1998, e alcançou o Brasil, em 1999, agravou os problemas estruturais da Argentina, detonando as lutas sociais e acarretando numa enorme instabilidade política, com a queda do governo de Fernando de la Rúa, em dezembro de 2002. Em seguida o país decretou a suspensão do pagamento da dívida externa.[14]

Outros levantes populares contra privatizações foram registrados no Paraguai, Peru e países da América Central. Mas foi na Argentina, Venezuela, Bolívia e Equador onde os mandatários identificados com o neoliberalismo foram depostos e os programas de privatização, abertura comercial e flexibilização da legislação laboral perderam sustentação social.[15] Como lembra Moniz Bandeira:

> Essa crise, que ao fim dos anos 90 avassalava todos os países da América do Sul, não começou, decerto, com a execução do programa neoliberal do Consenso de Washington. Ela preexistia. Mas as condições econômicas, sociais e políticas, que nos anos 60 e 70 haviam gerado os movimentos de insurgência, agravaram-se, ao fim de uma década de políticas econômicas neoliberais, executadas por governos democraticamente eleitos.[16]

Nesse contexto, os movimentos sociais que haviam acumulado relevância social ao longo dos anos 1990 tornavam-se atores

[14] Ibid.

[15] Katz, C., op. cit.

[16] Moniz Bandeira, L. A., op. cit., p. 144.

decisivos nas disputas políticas em curso na América Latina. Com apoio de muitos desses movimentos, partidos de esquerda ou centro-esquerda venceram eleições em vários países da América do Sul. A crise do neoliberalismo e a potente contestação social a seus resultados impulsionou um ciclo de governos progressistas de diferentes características. Na Venezuela (1998), Chávez tornou-se tão popular após o levante liderado por ele, em 1992, que se elegeu à frente do Movimiento V República (MVR) com a promessa de promover uma revolução pacífica e democrática. No Equador (2006) e Bolívia (2005) venceram as eleições partidos apoiados pelo movimento indígena: no Equador com o economista Rafael Correa, fundador do movimento Alianza País; e na Bolívia, com o líder cocaleiro Evo Morales, primeiro presidente indígena da história do país. Esses três países formariam a Alternativa Bolivariana para as Américas (ALBA), compondo um bloco de governos abertamente anti-imperialistas na região.

No Brasil, a vitória de Lula após quatro tentativas (2002), levou a coalizão liderada pelo PT à vitória contra o candidato do mercado, José Serra (PSDB). Foi a primeira derrota eleitoral da agenda neoliberal em um grande país do continente. O mesmo ocorreria com as vitórias de Néstor Kirchner, na Argentina (2003), e Tabaré Vázquez, no Uruguai (2005). Mesmo as vitórias do ex-bispo Fernando Lugo, no Paraguai (2008), e Ollanta Humala, no Peru, (2011), apesar da especificidade de cada processo e dos descaminhos posteriores, podem se dizer tributárias da crise do neoliberalismo e do crescente processo de mobilização popular que marca a transição dos anos 1990 para os 2000. O crescente interesse pela "onda rosa" pode ser observado no documentário *The South of the Border* (2009), dirigido pelo premiado cineasta estadunidense Oliver Stone.

Com um ciclo de lutas sociais intenso, que culminou com a deposição de seis governos diferentes entre 2000 e 2005, a América Latina viveu um curto período de estabilidade (2005-2008) para, em seguida, voltar a um quadro de gestação de novas mobilizações.[17] Os movimentos sociais assumiram, a partir das características e da trajetória de cada um, posições distintas em relação aos partidos no poder. Em alguns países, movimentos ampliaram sua relação com esses partidos; em outros, mantiveram uma condição de relativa autonomia.

Para Albala, a ocorrência e o caráter massivo destes eventos, ações, manifestações e piquetes contradizem empiricamente a literatura em voga na virada deste século que afirmava, a partir da observação de um processo de crescente cooptação dos movimentos sociais surgidos nos anos 1980-1990, que a luta social havia perdido vigor na América Latina.[18] O que se nota, ao contrário, é que a chegada de partidos de esquerda ao poder em diferentes países abriu espaço para novos questionamentos e demandas por parte dos movimentos sociais. Em alguns países, a batalha contra a pilhagem dos recursos naturais assumiu centralidade. Em outros, as mobilizações surgem a partir do profundo descontentamento com os efeitos da crise econômica e o esgotamento do modelo de desenvolvimento, potencializando lutas pontuais em defesa da educação (Chile), contra o aumento das passagens ou por reforma urbana (Brasil) ou contra a invasão das importações agrícolas (Colômbia), colocando esses movimentos em oposição ao Estado.[19]

---

[17] Katz, C., op. cit.

[18] Albala, A. "Partidos Políticos y Movimientos Sociales en América Latina (2011-2016)". Perfiles Latinoamericanos, Vol. 28, nº 55, pp 27-54, 2020.

[19] Katz, C., op. cit.

Essa nova onda de protestos, portanto, traz consigo muitas novidades e, por suas próprias características, cria as condições para um distanciamento ainda maior entre a esquerda que se adaptou à condição de força eleitoral para a disputa do Estado e uma série de movimentos sociais que não confiam mais nas soluções oferecidas por grandes coalizões governamentais. Na última seção deste capítulo vamos explorar mais esta perspectiva a partir dos estudos recentes de Adrián Albala sobre o que ele chama de "cidadania da desconfiança" nos países onde se verificou processos de maior autonomia dos novos movimentos sociais em relação aos antigos partidos de esquerda e ao Estado (Chile, Brasil e México).

As experiências inovadoras produzidas pelos movimentos sociais na América Latina na primeira etapa do neoliberalismo (nas décadas de 1980-1990) responderam, portanto, às transformações produzidas na economia, na política e na sociedade. Como lembra Zibechi:

> Nos últimos quinze anos, os principais acontecimentos políticos ocorridos na América Latina foram protagonizados pelos movimentos e, muito particularmente, por aqueles formados pelos habitantes do subsolo, os chamados excluídos ou marginalizados. De fato, foi a mobilização social que conseguiu derrubar presidentes corruptos ou impopulares, modificar a relação de forças em vários países, deslegitimar as políticas neoliberais e, principalmente, as privatizações, e contribuir decisivamente para que setores políticos progressistas chegassem ao poder.[20]

O ciclo de mobilizações impulsionadas pelos novos movimentos sociais nos anos 1990 produziu, de fato, resultados notáveis.

---

[20] Zibechi, R., op. cit.

Respondeu às transformações que o capitalismo viveu e trouxe consigo inovações extraordinárias que colocaram no centro da agenda das esquerdas o tema dos excluídos e dos territórios. O novo ciclo de conflituosidade que se inicia em 2011, portanto, não começa "do zero". Ele apreende as experiências do passado e as adapta às transformações do tempo presente. Interage com as novas tecnologias, recoloca a ocupação dos espaços públicos na ordem do dia, promove uma síntese entre reivindicações sociais – mais empregos, melhores serviços públicos, aumento dos salários – e reivindicações propriamente políticas – democracia real, fim dos privilégios, direitos iguais entre homens e mulheres. É como se no ciclo anterior perdurasse uma divisão na qual os partidos cuidavam da política institucional e os movimentos sociais organizavam os excluídos nos territórios. Hoje, com a crise da democracia liberal, os movimentos sociais da nova esquerda não querem outorgar aos velhos partidos do progressismo – que, ademais, ocuparam o Estado por tempo considerável – a condição de representantes de suas demandas.

Conflito social e nova esquerda na América Latina

A combinação de recessão econômica e crise política levou a um esgotamento do ciclo político iniciado com a vitória de Chávez em 1998. Essas transformações parecem corresponder a uma mudança de etapa global da ordem capitalista, encerrando um período de forte expansão econômica, substituído por uma fase de estagnação.[21] Tanto nas experiências social-democratas das últimas décadas na Europa quanto nos governos progressistas na América Latina, foram preservadas as bases fundamentais da

[21] Leite, J. C. Uemura, J. Siqueira, F., op. cit.

hegemonia financeira, mantendo intocada – ou, na melhor das hipóteses, pouco alterada – a democracia de baixa intensidade legada dos anos neoliberais. Por isso, diante da crise econômica dos últimos anos, têm surgido ou ganhado força diferentes movimentos que advogam saídas em favor de uma radicalização da democracia com vistas a superar os impasses da globalização e dar voz às maiorias. É nessa perspectiva que Laclau e Mouffe propõem uma redefinição do projeto socialista em termos de uma radicalização democrática, como expressão da articulação de lutas contra as diferentes formas de subordinação – de classe, de sexo, de raça, dentre outras.

Essa "multiplicidade de lutas contemporâneas" também se manifesta na América Latina de forma intensa. Enquanto certas demandas populares ficaram interditas pela ofensiva conservadora dos últimos anos, outras foram bloqueadas propositalmente por conjunturas eleitorais nas quais as forças da esquerda progressista invocaram a necessidade de não intensificar as tensões e manter orientações políticas claramente mais moderadas.[22] Em outros momentos, quando eclodiram movimentos de protestos fora do controle das forças hegemônicas da esquerda, estas assumiram uma postura de aberta desconfiança, como ocorreu, por exemplo, em relação aos protestos de junho de 2013 no Brasil. Até hoje não é raro encontrar dirigentes políticos ou lideranças que caracterizam as chamadas "jornadas de junho" como mero produto da estratégia de guerra híbrida do imperialismo estadunidense, desconsiderando os antecedentes políticos, sociais e econômicos desse movimento, que serão analisados mais adiante.[23]

---

[22] Taddei, E. H., op. cit.

[23] Em entrevista recente o ex-presidente Lula afirmou: "As manifestações de 2013 foram feitas já fazendo parte do golpe contra o PT. Elas já foram articuladas para garantir o golpe. Elas não tinham rei-

Esse contexto de ampliação das lutas sociais a que Taddei[24] chamou de "nova conflituosidade", demonstra uma profusão de conflitos sociais que combinam diferentes agendas e expressam tensões com as distintas correntes políticas de esquerda hegemônicas em cada país. Os temas ambientais, o extrativismo, a divisão entre o público e o privado, as desigualdades sociais e econômicas, as formas de exercício do poder, a luta pelos direitos sexuais e reprodutivos, o reconhecimento das identidades de gênero, a luta pelo espaço urbano, o combate ao racismo, tomaram a cena dos conflitos políticos liderados por atores que se organizam à margem dos tradicionais partidos de esquerda. Essas experiências aprofundam a disputa por uma contra-hegemonia que, longe de colidirem com as lutas por salário, terra e soberania, as *complementam*.[25]

O que se percebe nos últimos anos é que numerosos países da América Latina, contrariando a ideia de um enfraquecimento da mobilização popular, têm experimentado o surgimento de movimentos sociais mais fortes, com reivindicações que dialogam tanto com demandas sociais "clássicas" (políticas públicas focalizadas, reformas econômicas e sociais, mais direitos), como com novas temáticas (casamento homossexual, legalização do aborto, questões ambientais). Ainda que, como destacam Viei-

---

vindicações específicas. As manifestações começaram como parte do golpe, incentivadas pela mídia brasileira e incentivadas, acho que inclusive, de fora para dentro. Eu acho já que teve o braço dos Estados Unidos nas manifestações do Brasil". Entrevista concedida à Telesur.

24 Taddei, E. H., op. cit.

25 Celiberti, L. "Esquerda em relação a quê? Perspectivas feministas" em Leite, J. C. Uemura, J. Siqueira, F. *O eclipse do progressismo: a esquerda latino-americana em debate*. São Paulo: Editora Elefante, 2018.

ra e Albala, essa emergência de novos atores sociais represente um processo de maior consolidação da democracia na região, por outro lado, demonstra também sua natureza espontânea e, principalmente, sua desvinculação com os instrumentos tradicionais de representação política: os partidos políticos.[26]

É o que se viu, por exemplo, no novo ciclo de mobilização dos movimentos sociais colombianos. Em agosto de 2013, camponeses de toda Colômbia sustentaram várias semanas de greve, bloqueios e manifestações, abrindo uma profunda crise política. Formando um bloco de alianças que envolvia indígenas, quilombolas e movimentos sociais urbanos, o movimento camponês através da greve agrária nacional forçou a instalação de uma mesa de negociações e apresentou uma série de reivindicações.[27] Entre as demandas dos camponeses colombianos estavam a solução política do conflito armado com as guerrilhas,[28] reconhecimento do campesinato como sujeito social e político, permanência dos camponeses em seus territórios com autonomia e autodeterminação, proteção à pequena mineração ancestral contra a grande mineração industrial, oposição aos Tratados de Livre Comércio (TLCs) e à importação de alimentos, defesa da economia camponesa, contra os agrotóxicos, exigência de

---

[26] Albala, A. Vieira, S. M., op. cit., p. 146.

[27] Taddei, E. H., op cit.; Coscione, M.; Pinzón, V. G. "Paro nacional agrário em Colômbia: TLCs y perspectivas del movimiento social y popular". Revista NERA, nº 24, Jan/Jun 2014, p. 167-190.

[28] Os acordos de Havana colocaram fim ao conflito armado entre as FARC-EP e o Estado colombiano em 2016. Além disso, esses acordos permitiram a abertura de processos de negociação com outros grupos rebeldes, como o Exército de Liberação Nacional (ELN). Hoje esses acordos estão ameaçados pela retomada da violência de grupos paramilitares contra ex-combatentes das FARC-EP em processo de reintegração à vida civil.

subsídios para insumos agrícolas e negociação das dívidas dos pequenos produtores.[29] Essa diversidade de reivindicações era articulada a partir de inúmeros fóruns e espaços de articulação entre o movimento camponês, como a Cúpula Agrária Étnica e Popular, Congresso dos Povos, Marcha Patriótica, Cúpula Nacional Camponesa, Organização Nacional Indígena da Colômbia, Processo das Comunidades Negras, dentre outros.[30] Acossado, o governo colombiano lançou no mês seguinte um "Pacto Nacional Agrário" e estabeleceu uma mesa de diálogo com os movimentos sociais.

O levante agrário na Colômbia é particularmente representativo, por se tratar de um país com histórico de criminalização e violência contra os movimentos sociais, mas também por colocar no centro de sua agenda ao mesmo tempo o combate aos Tratados de Livre Comércio e a exigência de reconhecimento dos direitos indígenas e quilombolas, formando uma ampla aliança destes com os camponeses. Sua independência em relação ao sistema de partidos também salta aos olhos, uma vez que o quadro político colombiano, historicamente marcado pela divisão em torno da natureza do conflito armado, não permitiu o desenvolvimento de uma força política de esquerda em condições de chegar ao poder e, assim, encarnar as reivindicações desses movimentos.[31]

---

29 Coscione, M., Pinzón, V. G., op. cit.

30 Taddei, E. H., op. cit.

31 Ao longo da última década a única força política de centro-esquerda a lograr algum peso eleitoral foi o Polo Democrático Alternativo. A liderança de Gustavo Petro, ex-prefeito de Bogotá e candidato derrotado nas últimas eleições presidenciais, não se deve a um partido ou movimento (ele saiu do Polo há vários anos).

No Chile, encontramos um típico caso que poderia ser inscrito nas "revoltas mundiais de indignação". Liderada pelas entidades estudantis, a revolta juvenil que explodiu em 2011 pode ser entendida como a continuidade de um crescente movimento de contestação que encontra seus antecedentes no mochilazo de 2001 e na "revolução dos pinguins" de 2006, sempre tendo como eixo a denúncia das más condições de ensino e a bandeira da educação pública, gratuita e de qualidade. A comparação entre os indignados da Espanha e os estudantes do Chile é recorrente. Seja pela composição social dos protestos (majoritariamente formado por jovens), seja pelas características de horizontalidade e a centralidade do uso de espaços públicos nas estratégias de mobilização, seja na crítica ao sistema político. De acordo com Céli Regina Jardim Pinto,[32] o paralelo entre os processos é adequado, uma vez que ambos revelam uma sintonia com as discussões em torno da "democratização da democracia".

> A radicalização da democracia tomou o lugar das utopias de tipo socialista na militância política, e tal característica aparece com muita clareza nas manifestações de ambos os movimentos [estudantes chilenos e "indignados" espanhóis], onde se pode perceber a forte crítica a uma democracia que não se realiza devido a uma elite política que se reproduz à custa da concentração de poderes políticos e econômicos. Não se está mais à frente de movimentos sociais que apelam à sociedade, que se colocam como apolíticos e não ideológicos. O enfrentamento ocorre com governos, com partidos e com a própria estrutura de uma democracia das elites (2012, p. 137).[33]

---

32 Pinto, C. R. J., op. cit.

33 Ibid.

Sem dúvida, o levante estudantil no Chile é o que se expressou de forma mais parecida ao que foram os indignados do sul da Europa, não só pelas características apresentadas acima, mas pela articulação de diferentes formas de luta coordenadas e pelos objetivos bem definidos. Os desdobramentos nos dois países, ensejando o surgimento de novos instrumentos políticos e transformando o quadro partidário no Chile e Espanha, atestam essa proximidade.

No caso brasileiro, a indignação explodiu em junho de 2013, deflagrada pelos protestos contra o aumento das tarifas do transporte público e em defesa de uma melhor mobilidade urbana. Após forte repressão policial, especialmente na cidade de São Paulo, as manifestações se alastraram pelo país e ampliaram suas reivindicações de forma desordenada e, por vezes, contraditória. Seu caráter inicial, claramente afirmativo de direitos, passou a ser disputado na medida em que outros setores sociais se somavam às manifestações, com a grande imprensa cumprindo um papel de ressaltar determinadas reivindicações em detrimento de outras.[34] Um processo de ampliação das lutas sociais já vinha se afirmando nos anos anteriores, com um aumento do número de greves entre 2010 e 2011. No ano de 2013, o número de paralisações explode, com mais de 2 mil greves em todo o país, o maior número desde o fim da ditadura militar.[35] O mal-estar provocado pelos efeitos da crise econômica e o desgaste do modelo político se fazia sentir.

---

[34] Miguel, L. F. "A cidadania sitiada" em Maringoni, G.; Medeiros, J. *Cinco Mil Dias: o Brasil na era do lulismo*. São Paulo: Boitempo, 2017.

[35] Safatle, V. "Um problema de imagem" em Maringoni, G.; Medeiros, J. *Cinco Mil Dias – o Brasil na era do lulismo*. São Paulo: Boitempo, 2017.

As primeiras manifestações de jovens contra o aumento das tarifas do transporte ocorrem em Porto Alegre, lideradas pelo Movimento Passe Livre (MPL). Assim como outros movimentos que se desenvolveram ao longo da primeira década dos anos 2000, influenciados pela agenda antiglobalização, o MPL afirmava seu caráter assumidamente anticapitalista. Em sua Carta de Princípios, o movimento afirma que "o MPL deve ter como perspectiva a mobilização dos jovens e trabalhadores pela expropriação do transporte coletivo (...) com reivindicações que ultrapassem os limites do capitalismo, vindo a se somar a movimentos revolucionários que contestam a ordem vigente".[36] O movimento foi criado oficialmente em 2005, durante o Fórum Social Mundial, em Porto Alegre, numa tentativa de articular, em nível nacional, lutas que estavam em curso em diferentes cidades.

Apesar dos resultados contraditórios, junho de 2013 teve profundos impactos sobre o quadro político brasileiro. Em termos práticos, no final daquele ano, mais de 100 cidades do país haviam reduzido a tarifa do transporte em consequência das manifestações. Apesar disso, o MPL perdeu protagonismo nos anos seguintes, quando se aprofundou o debate sobre o perfil do movimento entre aqueles que defendiam uma maior integração com outras forças sociais e política, naquilo que era chamado de "Frente Única",[37] e aqueles que reivindicavam um maior distanciamento das forças da esquerda partidária.

Independente do balanço que se possa desenvolver sobre os desdobramentos das chamadas "jornadas de junho" – abordaremos de forma mais detida esse aspecto no capítulo seguinte – parece inegável que elas se inserem num ciclo de ampliação do protesto social em todo o continente. As manifestações de

---

36 MPL. Carta de Princípios (2007).

37 Ibid.

junho produziram mudanças no quadro político-institucional, aprofundando a crise do sistema partidário e do modelo de governabilidade construído pela redemocratização do país no fim dos anos 1980. Ao mesmo tempo, abriu espaço para o protagonismo de novos movimentos sociais de esquerda desvinculados da liderança petista, como demonstram as ocupações de escolas promovidas pelos estudantes secundaristas, as manifestações do movimento feminista e o crescente peso do movimento negro, indígena e LGBT. Também estimulou o fortalecimento de movimentos sociais vinculados à temática urbana, como atesta o notável crescimento do Movimento dos Trabalhadores Sem Teto (MTST), que passou a organizar expressivos setores populares nas periferias e promover inúmeras manifestações contra os megaeventos esportivos[38] e seus impactos nas periferias.[39]

No México, as mobilizações tiveram início em maio de 2012, no contexto das eleições presidenciais que levaram Enrique Peña Nieto, do tradicional Partido Revolucionário Institucional (PRI), à vitória. Durante evento de campanha realizado em uma universidade, Peña Nieto foi alvo de protestos de estudantes que questionaram seu comportamento quando era governador do Estado do México e as acusações de violação aos direitos humanos contra ele. Acossado pelos jovens, o presidenciável se retirou do evento graças a um forte aparato de segurança. Pouco depois, o vídeo com as cenas foi disponibilizado na internet, gerando enorme repercussão nos meios de comunicação, que trataram de desqualificar os jovens como

---

[38] Copa das Confederações da FIFA (2013), Copa do Mundo de Futebol (2014) e Olimpíadas no Rio de Janeiro (2016).

[39] Boulos, G.; Simões, G. "Outra governabilidade era possível" em Maringoni, G.; Medeiros, J. *Cinco Mil Dias: o Brasil na era do lulismo*. São Paulo: Boitempo, 2017.

"manifestantes profissionais" ou mesmo financiados pelos adversários do candidato do PRI. Em resposta, 131 estudantes publicaram um vídeo em que comprovavam ser estudantes da universidade e rechaçando as acusações da grande imprensa e dos dirigentes políticos ligados a Peña Nieto.[40]

Poucas horas depois, o vídeo já tinha milhões de visualizações e surgiu a hashtag #YoSoy132, difundida por apoiadores dos estudantes. As manifestações de solidariedade aos jovens e de rechaço ao comportamento parcial da imprensa saiu das redes e tomou as ruas. Multiplicaram-se assembleias estudantis nas principais instituições educacionais e se formou uma ampla rede de ativismo político. No centro das reivindicações, a democratização dos meios de comunicação e a liberdade de expressão. Mas essa demanda vinha acompanhada de uma dura crítica ao modelo político, econômico e social mexicano. Como demonstra o primeiro comunicado do movimento:

> É hora de lutarmos por uma mudança em nosso país, é hora de lutarmos por um México mais livre, mais próspero e mais justo. Queremos que a situação atual de miséria, desigualdade, pobreza e violência seja resolvida. Os jovens do México acreditam que o atual sistema político e econômico não responde às demandas de todos os mexicanos [...].
>
> Os estudantes unidos deste país acreditam que uma condição necessária para corrigir esta situação é capacitar o cidadão comum por meio da informação, pois ela nos permite tomar melhores decisões políticas, econômicas e sociais. A informação possibilita aos cidadãos exigir e criticar, de forma fundamentada, seu governo, atores políticos, empresários e a própria sociedade. Por isso,

---

[40] Saavedra, M. E. "Sistema de protesta: política, medios y el #YoSoy 132". Sociológica. Vol. 29, nº 82, Cidade do México. mai/ago 2014.

YoSoy132 faz do direito à informação e do direito à liberdade de expressão suas principais demandas.[41]

O movimento #YoSoy132 se assemelha em muitos aspectos ao ciclo de protesto cujas características são o recurso à ação direta como instrumentos de intervenção política, da desobediência civil e política pacífica, da defesa da democracia radical a partir das maiorias sociais, da denúncia da exclusão social, desigualdade e elites econômicas; da utilização de ferramentas tecnológicas como meio de comunicação, deliberação e mobilização; e reconfiguração das relações de poder.[42] Em todos os movimentos mencionados nessa seção como exemplos do novo ciclo dos movimentos sociais latino-americanos (Colômbia, Chile, México e Brasil) podemos identificar essas características.

Evidentemente, há outros países onde esse novo momento dos movimentos sociais pode ser verificado. No Peru o aumento da conflituosidade se dá em torno da temática socioambiental e territorial, contra a indústria extrativista e as grandes obras de infraestrutura. Esses novos enfrentamentos impulsionaram a organização de um movimento político que se unificou na Frente Ampla Por Justiça, Vida e Liberdade. Nas eleições presidenciais de 2016 essa frente lançou a candidatura de Verónika Mendoza à Presidência do Peru, alcançando 18,74% dos votos no primeiro turno, numa ilustrativa experiência de participação dos novos movimentos sociais no processo político a partir de uma identidade de "nova esquerda".[43] No Uruguai, a retomada das lutas sociais também se deu a partir de 2015, quando o governo de Tabaré Vásquez publicou um decreto presidencial que

---

41 Ibid., p. 108.

42 Santos, B. S. *apud* Gianolla, C., op. cit.

43 Taddei, E. H., op. cit.

definia os serviços educacionais como "essenciais". Essa medida foi entendida pelo movimento educacional como uma manobra para permitir a proibição de greves e manifestações de professores. Em resposta, foram realizadas as maiores manifestações desde a chegada da Frente Ampla ao poder. Na Argentina, o movimento #NiUnaAMenos contra a violência de gênero e o aumento dos feminicídios do país, foi a principal expressão da retomada das lutas sociais naquele país. As marchas multitudinárias aconteceram exatamente em 2015, quando o Ministério do Emprego e Trabalho da Argentina registrou o menor número de greves e paralisações operárias desde 2011.[44] A partir de então houve uma retomada das lutas dos trabalhadores e trabalhadoras do setor público e mesmo paralisações no setor privado contra as políticas neoliberais do governo de Maurício Macri. Outros processos de mobilização popular foram retomados em outros países, como aquele liderado pelo movimento indígena no Equador, pelo movimento camponês no Paraguai e pelos estudantes na Nicarágua.[45]

Um olhar panorâmico, portanto, permite concluir que a América Latina continua sendo uma região onde o conflito político está presente e onde a ação dos movimentos sociais sente um visível crescimento. Também podemos afirmar que essa conflituosidade é marcada por novos atores, novas agendas e novas formas de agir, que em muitos aspectos, aproximam esses processos daqueles verificados a partir de 2011 no sul da Euro-

---

44 Ibid.

45 O caso dos conflitos na Venezuela e Bolívia, por sua vez, se inserem numa dinâmica que consideramos distinta do ciclo de conflituosidade que se abriu a partir de 2011 com a crise do progressismo. Elas respondem a outros fatores geopolíticos que eximiremos de abordar nesta seção.

pa, norte da África e Estados Unidos. Eles têm como pano de fundo uma crescente desconfiança com os sistemas políticos e aos partidos tradicionais. Não por acaso, como percebem Albala e Vieira,[46] com exceção do Peru e seu frágil sistema partidário, os países que detinham os níveis mais baixos de confiança em relação aos partidos quando teve início o novo ciclo de protestos na América Latina, em 2011, são também os que experimentaram as principais mobilizações sociais apartidárias. Nesse sentido, as grandes mobilizações no Chile (2011-2013), Colômbia (2011-2012), México (2012) e Brasil (2013) parecem ter canalizado novamente o conflito para as ruas e dado origem a uma nova esquerda que, sob determinadas circunstâncias, busca interagir com o sistema político e criar suas próprias ferramentas.

As próximas seções serão dedicadas a analisar as condições que incidem sobre o processo de surgimento dos partidos da nova esquerda oriundos dos movimentos sociais no contexto de crise do progressismo e de restauração conservadora.[47] Esse fenômeno, que aqui chamamos de *institucionalização*, será analisado a partir de um modelo criado especificamente para esse fim. Na segunda parte deste capítulo exploramos mais detidamente cada uma dessas condições, apresentamos nosso modelo teórico e descrevemos os casos que são objeto de nosso estudo.

Entre a autonomia e a dependência

A relação entre movimentos sociais e partidos é elemento fundamental de nossa análise, uma vez que postulamos que o processo de autonomização dos movimentos sociais da nova esquerda em relação aos partidos da esquerda progressista nos

---

46 Albala, A. Vieira, S. M., op. cit.

47 Linera, A. G., op. cit.

três países analisados é um fator explicativo para compreender a institucionalização dos movimentos sociais e a formação de novos instrumentos partidários. Nos três contextos apresentados – Brasil, Chile e México – existiam, quando do início do ciclo de protestos iniciado em 2011, blocos de partidos liderados por forças de centro-esquerda que afirmavam seu caráter crítico ao neoliberalismo.[48] Além disso, no caso do Brasil, a coalizão liderada pelo PT mantinha fortes vínculos com os movimentos sociais surgidos nos processos de mobilização popular dos anos 1980, em especial a CUT e o MST. No Chile os partidos da Concertación, que estavam na oposição ao governo de Sebastián Piñera durante os protestos estudantis de 2011, também exerciam importante influência junto aos movimentos sociais, especialmente o Partido Socialista. No México, apesar da crise interna que vivia, o Partido da Revolução Democrática (PRD) e seu candidato presidencial nas eleições de 2012, o atual presidente mexicano Andrés Manuel Lopéz Obrador, eram as principais forças de centro-esquerda e autênticos representantes

[48] Embora expressassem críticas às políticas neoliberais, em todos os casos, houve algum nível de tolerância e convivência do progressismo com as políticas neoliberais. No caso chileno essa tolerância se expressava na aceitação, por parte das forças da coalização de centro-esquerda, da herança neoliberal presente na Constituição herdada do regime de Pinochet. No Brasil a coalizão liderada pelo PT assumiu uma agenda neodesenvolvimentista, mas manteve intacta a estrutura macroeconômica e a legislação fiscal implementada pelos ideólogos do neoliberalismo brasileiro (câmbio flutuante, metas de inflação, superávit primário, lei de responsabilidade fiscal). No caso do México a tolerância tornou-se adesão à agenda neoliberal, com a assinatura, por parte do PRD, do chamado "Pacto por México", um acordo entre os maiores partidos mexicanos em torno de uma série de reformas neoliberais defendidas pelo mercado.

da oposição ao neoliberalismo dos partidos da velha direita mexicana (PRI e PAN). Esses três blocos políticos, liderados respectivamente por PT (Brasil), PS (Chile) e PRD (México) exerciam – e seguem exercendo – forte influência junto aos movimentos sociais de seus países.[49] O que explica, então, que os movimentos sociais da nova esquerda tenham rejeitado a liderança desses partidos e optado por um forte processo de autonomização em relação àquelas forças políticas?

A autonomização é um processo que pode se dar de forma conexa a outros fenômenos, como a radicalização das demandas ou o desenvolvimento de um discurso contrário ao sistema de partidos. Neste trabalho, definimos autonomia dos movimentos como "uma forma de vínculo com o sistema político no qual os partidos não exercem influência relevante no interior dos movimentos".[50] Como vimos no capítulo anterior, através do modelo de Hanagan,[51] verificam-se distintas formas de interação convivendo simultaneamente. As forças partidárias hegemônicas no campo das esquerdas exerceram por longo período forte influência sobre os principais movimentos sociais, reproduzindo sistematicamente o modelo da articulação e, em alguns casos (como o brasileiro) o modelo de interpenetração. É notável, portanto, que no caso dos movimentos sociais da nova esquerda tenham predominado, como veremos no capítu-

---

[49] A única exceção que poderia ser feita, hoje, é ao PRD. Com a saída de López Obrador do partido, e a criação de seu Movimento de Regeneração Nacional (MORENA), é possível que a influência do PRD junto aos movimentos sociais mexicanos tenha diminuído consideravelmente, mas ainda não há estudos a esse respeito que possam sustentar cientificamente essa hipótese.

[50] Bidegain, G. P., op. cit., p. 49.

[51] Hanagan, M., op. cit.

lo seguinte, a independência (México), a cooperação (Brasil) e a competição (Chile), ainda que, como assevera Germán Bidegain, não seja incomum haver, no interior de um mesmo movimento, posições divergentes sobre qual deve ser a relação com determinado partido político ou governo.[52]

Em nossas entrevistas com ativistas dos movimentos sociais da nova esquerda, fizemos a seguinte pergunta: "Considerando as condições de autonomia e dependência do movimento em relação ao Sistema Político, numa escala de 1 a 10, sendo 1 = MUITO DEPENDENTE e 10 = MUITO AUTÔNOMO, como você classificaria seu movimento?". Na sequência, produzimos uma escala de conversão que pode ser assim representada:

Figura 1 – Escala de Autonomia (Modelo de Hanagan)

1 | 2	3 | 4	5 | 6	7 | 8	9 | 10
Articulação	Interpenetração	Cooperação	Independência	Competição

Fonte: elaboração própria

Reconhecemos que a oposição Autonomia/Dependência é simplista, uma vez que um movimento pode desenvolver elevada autonomia política em relação ao um partido ao mesmo tempo em que mantem formas de cooperação para viabilizar o atendimento de suas demandas. Ainda assim, esse é um dado que reflete de maneira geral a percepção dos ativistas sobre seus movimentos. Optamos ainda por utilizar a expressão "sistema político" ao invés de "sistema partidário",[53] já que essa expressão

52 Bidegain, G. P., op. cit., p. 51.

53 Consideramos que o uso do termo "sistema partidário" poderia restringir a compreensão das formas de interação entre movimen-

poderia ser interpretada apenas como a participação em processos eleitorais. Como podemos ver na Figura 1, a classificação feita a partir da escala de 1 a 10 corresponde à seguinte divisão: 1 e 2: Modelo de *Articulação*; 3 e 4: Modelo de *Interpenetração*; 5 e 6: Modelo de *Cooperação*; 7 e 8: Modelo de *Independência*; 9 e 10: Modelo de *Competição*.

As respostas, como veremos, revelam diferentes percepções dos ativistas entrevistados, inclusive dentro de um mesmo movimento. Mesmo assim a imensa maioria dos ativistas situa seus movimentos nos extremos que representam maior autonomia em relação ao sistema político (acima de 5). Embora as entrevistas não assegurem uma amostragem quantitativamente significativa, elas serviram para fortalecer a hipótese de que a condição de autonomia em relação aos partidos poderia ser considerada uma condição relevante nos processos de institucionalização de movimentos sociais da nova esquerda. Era necessário, no entanto, um modelo teórico capaz de sustentar a hipótese.

Analisando a onda de protestos que atingiu diferentes países latino-americanos a partir de 2011, Adrián Albala construiu um modelo de interpretação que divide a região em três grupos de países onde os movimentos sociais mantêm maior ou menor nível de autonomia em relação aos partidos políticos. Entre os países onde os movimentos sociais demonstram maior autonomia estão Brasil, Chile, México e Colômbia. Entre os países que mantiveram um nível elevado de relação com os partidos políticos estão Uruguai e Argentina. E, por fim, entre os países

---

tos sociais e partidos políticos aos processos eleitorais. Usando um conceito mais abrangente como "sistema político" ampliamos as percepções dos ativistas para a interação incluindo lideranças partidárias, eventos políticos unitários, articulações temporárias e pontuais durante uma legislatura, campanhas, dentre outros.

em que o autor identificou um aumento da relação entre movimentos sociais e partidos estão Nicarágua, Equador e Bolívia.[54]

Como vemos, a região apresenta realidades bastante diferenciadas, mas também similaridades que podem ser classificadas para efeito de sua interpretação. Mesmo no caso dos países apontados como aqueles onde as mobilizações se desenvolveram ao largo dos partidos políticos, cabe notar a existência de uma sociedade civil ativa e a presença de movimentos sociais consolidados antes da onda de protestos de 2011. No caso do México, além do zapatismo, há uma forte tradição sindical e estudantil que remonta às lutas democráticas de 1968. No Brasil, os movimentos sociais surgidos no processo de redemocratização dos anos 1980 – sindicatos independentes, movimentos de bairro, movimento sem-terra, entidades estudantis, etc. – mantiveram certa representatividade e até hoje influenciam setores sociais importantes. A mesma afirmação vale para o Chile e Colômbia, onde os sindicatos e o movimento camponês tradicionalmente demonstraram grande importância política e social.

Essas organizações – a exemplo do que acontece na Argentina e Uruguai – mantém vínculos mais estreitos com os partidos políticos progressistas. Muitos ativistas sindicais ou sem-terra no Brasil são vinculados organicamente ao PT, o mesmo acontecendo no México e no Chile. O nível de autonomia medido pelo modelo explicativo de Albala,[55] portanto, refere-se ao contexto de mobilizações que aconteceram a partir de 2011 liderados pelo que ele chama de *novos atores sociais*. Para explicar esse fenômeno, ele oferece uma abordagem que articula duas con-

---

54 Albala, A. "Partidos Políticos y Movimientos Sociales en América Latina (2011-2016)". Perfiles Latinoamericanos, Vol. 28, nº 55, 2020, p. 27-54.

55 Albala, A., op. cit.

dições para aferir o nível de autonomia dos movimentos sociais em relação aos partidos políticos.

A primeira diz respeito à presença do Estado no processo de desenvolvimento socioeconômico de cada país. Segundo Albala, a sociedade civil assume uma postura mais autônoma quando o Estado é menos presente na garantia de direitos sociais e no desenvolvimento econômico. Nos países com alta presença do Estado na oferta de bens sociais, a sociedade civil atua como um complemento da ação estatal. Logo, com um Estado pouco presente, aumentam as chances de se desenvolverem movimentos sociais com maior autonomia, já que sua função iria muito além de complementar as ações do Estado, na verdade, atuando em competição ou contra ele.[56]

Para medir o grau de intervenção do Estado no processo de desenvolvimento socioeconômico de cada país, Albala utilizou como referência a relação entre gasto público em relação ao PIB (gasto público/PIB). Para estabelecer uma linha de corte entre um Estado interventor e um Estado pouco interventor, o modelo utilizou o nível médio de gasto público em relação ao PIB na América Latina (31,5% de investimento público em relação ao PIB). Assim, países com gasto público superior a esse valor foram considerados intervencionistas (= 1) e países com gasto público inferior foram considerados pouco intervencionistas (= 0).

A segunda condição do modelo teórico de Albala diz respeito à marcação das identidades políticas. Segundo ele, quando as posições políticas são bem identificáveis, os vínculos entre partidos políticos e movimentos sociais são mais fortes. Com isso, Albala defende que a perda de identidade e a fragilida-

---

56 Lipinsky, E., Bukowska, X. "Civil society" em Badie, B., Berg, S. D.; Morlino, L. (Eds) *International Encyclopedia of Political Science*. Vol. 1, 2011. Londres: Sage, p. 259-264.

de das clivagens políticas nas legendas progressistas alimentam um sentimento de menor identidade entre movimentos sociais e partidos. Para ele, "quando as ofertas políticas são claras, ou seja, quando as opções e oposições são identificáveis, então a sociedade civil deveria ser capaz de escolher seus interlocutores políticos mais afins" (2020, p. 51).[57] Para quantificar essa condição, Albala recorre a dados estatísticos da Fundação Latinobarômetro de 2011, definindo um modelo que ordena os sistemas políticos em três níveis: clivagens fortes (= 2), clivagem moderada (= 1) e clivagem fraca (= 0). Ele conclui que uma clivagem fraca ou moderada, associada uma presença mais frágil do Estado no desenvolvimento socioeconômico reúne as condições suficientes para um cenário de maior autonomia em relação ao sistema político.

Quando analisamos a condição "presença do Estado" nos países analisados em nosso trabalho, verificamos que México e Chile são os que demonstram menor nível de intervenção estatal em termos de investimento público em relação ao PIB. Paralelamente, são os países nos quais se verificam modelos mais autônomos de interação com o sistema político (independência ou competição). O Brasil, por sua vez, aparece levemente acima da média da região, mas com os piores índices em relação à clivagem política (= 0) ao lado da Colômbia. Ainda que Albala reconheça que o contexto de crescente polarização política que marca o cenário político brasileiro desde antes do impeachment de Dilma Rousseff crie um contexto de fortalecimento das identidades políticas, os números do Latinobarômetro mostram que o Brasil figura com os piores índices de confiança em relação aos partidos políticos entre todos os países latino-americanos. Ele atribui esse fenômeno a fatores como

---

57 Albala, A., op. cit., p. 51.

a amplitude dos governos de coalizão entre partidos de diferentes matizes políticas e a atomização do sistema de partidos, que em 2019 havia chegado a impressionantes 38 agremiações legalmente registradas.[58]

Além disso, nos países onde ocorreram grandes mobilizações de massa a partir de 2011 (Brasil, México, Chile e Colômbia) o sistema político também se caracterizava pela disputa entre forças de centro-esquerda e centro-direita, todas assumindo compromissos com a agenda de estabilização financeira, respeito às regras fiscais e restrição dos investimentos públicos. A clivagem política e, consequentemente, a polarização, estava num nível tão baixo que fez com que os movimentos que irromperam a cena política a partir de 2011 não reconhecessem nos partidos presentes no sistema político elementos de apoio para suas reivindicações. Com uma cultura democrática frágil e um Estado conivente com a desigualdade socioeconômica, estavam reunidas as condições para a "tempestade perfeita".

Confiança no sistema democrático representativo

Dados levantados pelo Latinobarômetro mostram o impacto da combinação entre baixa presença do Estado no combate às desigualdades e frágil clivagem política sobre a percepção em relação à democracia na América Latina. Questionados, em uma escala de 1 a 10, onde 1 é não democrático e 10 é totalmente democrático, as respostas dos entrevistados pelo Latinobarômetro ficaram, na média, em 5,4. Pelo quinto ano seguido o indicador apresentou queda, sendo que seu número máximo foi de 6,7 em 2010. Enquanto Uruguai é apontado como o país onde impera uma percepção mais sólida da democracia (6,8),

---

[58] Albala, A., op. cit.

Brasil e El Salvador despontam como países cujo percepção é de que há menos democracia (4,4). Enquanto o Chile mantém-se acima da média regional (5,8) o México aparece com o terceiro pior índice (4,7). No mesmo ano, a percepção de que os governos estão a serviço de uma minoria alcançou espantosos 75% (contra 67% em 2015). Novamente Brasil e México lideram o indicador, com notáveis 97% e 90% respectivamente (Chile também aparece levemente acima da média regional, com 81%). Em praticamente todos os indicadores envolvendo a qualidade ou a satisfação com a democracia, o Chile aparece próximo ou levemente acima da média regional, enquanto Brasil e México apresentam alguns dos piores indicadores. Em relação à satisfação com a democracia, por exemplo, enquanto a média na América Latina é de 30% entre os dezoito países pesquisados, o Brasil figura como o país com o menor nível de satisfação (13%), enquanto México tem 18% e Chile 36%, levemente acima da média regional. Para efeito de comparação, na Venezuela, país que vive uma crise política há anos, o índice de satisfação com a democracia chegou a 22%.

Diante da célebre afirmação de Winston Churchill de que "a democracia é o pior sistema de governo, exceto todos os demais", as pesquisas de opinião inseriram um questionamento sobre o quanto a democracia é considerada um sistema de governo preferível em relação aos sistemas não democráticos. De acordo com dados do Latinobarômetro de 2017, em média, 69% dos latino-americanos consideram a democracia o sistema de governo preferível. No Brasil e México esse índice cai para 62% e 54% respectivamente, enquanto no Chile está praticamente na média da região (68%). Questionados sobre a existência de uma "democracia plena", sendo 1 = ausência de democracia, e 10 = democracia plena, os índices na América Latina ficaram na média (5), exatamente o número verificado no Chile, enquanto Brasil e México demonstraram os piores números da região (1 e 2, respectivamente).

Em relação à confiança nos partidos políticos, novamente Brasil e México figuram abaixo da média regional. Enquanto, numa escala de 1 a 10, a média na América Latina ficou em 5,5, no Brasil e no México esse índice ficou em 4,4 e 4,7 respectivamente. Novamente o Chile mostra-se levemente acima da média, com índice de 5,8. Apenas um indicador sobre a qualidade da democracia na América Latina coloca os três países abaixo da média regional. Quando perguntados se o governo é exercido para o bem de todo o povo ou apenas para uns poucos grupos de poderosos, a resposta "para o bem de todo o povo" obteve, em média, 21%. No Chile esse índice chegou apenas a 15%, enquanto no Brasil e no México alcançaram 3% e 8% respectivamente.

Como se nota, em geral a confiança no sistema democrático representativo é baixa no Brasil e no México[59], enquanto no Chile se mantém na média da América Latina. Essa condição nos leva a considerar que *quanto menor a confiança nas instituições democráticas, menor é a disposição dos movimentos sociais da nova esquerda de se institucionalizarem.* No capítulo seguinte analisaremos os dados do Latinobarômetro referentes ao período dos protestos de 2011-2013.

Um dos principais argumentos utilizado pelos ativistas no movimento #YoSoy132 para justificar sua rejeição ao processo

---

[59] O mesmo acontece, em geral, na Colômbia, que não é objeto desse estudo, mas que também viveu grandes processos de mobilização popular (2013) sem gerar processos de institucionalização de movimentos sociais da nova esquerda, reforçando nossa hipótese de que quanto menor a confiança nas instituições democráticas, menor é a disposição dos movimentos sociais de se institucionalizarem.

de institucionalização está justamente relacionado à desconfiança com as instituições democráticas e com o sistema de partidos. No Brasil, onde surgiram ou se fortaleceram inúmeros movimentos sociais a partir de junho de 2013, tampouco se verificou um processo de institucionalização de larga escala[60]. No Chile, ao contrário, o movimento estudantil deu origem a partidos e coalizões partidárias, disputando os destinos do processo institucional.

Vale ressaltar que as formas predominantes na relação entre partidos e movimentos sociais da nova esquerda nesses países também refletem as diferenças de percepção, mais ou menos crítica, em relação ao sistema democrático. Isso é particularmente relevante no caso dos movimentos sociais da nova esquerda, que surgem num contexto de crise de legitimidade política.[61] Como aponta o relatório da pesquisa do Latinobarômetro de 2017

> O apoio à democracia nos dezoito países da região mostra claramente um ponto de inflexão que poderia ser por volta de 2010 para uma parte significativa dos países, a partir do qual começa a ocorrer um processo de lenta deterioração do apoio, com altos e

[60] Embora não tenha havido um processo de institucionalização dos movimentos, tanto ativistas da nova direita quanto da nova esquerda buscaram eleger seus representantes em partidos já existentes a partir de 2014 e 2016, como demonstra a entrada de militantes do Movimento Brasil Libre (MBL) em legendas de direita – como DEM e PSDB – ou de lideranças feministas, indígenas e LGBTs no PSOL, PT e PCdoB.

[61] Castells, M., op. cit.

baixos que não indicam uma recuperação e em cinco países mostram pelo menos uma deterioração mais profunda.[62]

No Brasil, onde o nível de confiança é mais baixo, há maior cooperação entre os movimentos sociais da nova esquerda e os partidos já existentes, com menor demanda de institucionalização. No México, onde os indicadores de desconfiança em relação à democracia também são elevados em comparação com a média da América Latina (mas mais moderados que o Brasil) predomina a independência em relação ao sistema de partidos. E no Chile, onde os níveis de confiança em relação ao sistema democrático são mais elevados, predominou a competição dos movimentos sociais da nova esquerda em relação aos partidos existentes.

Impacto da experiência progressista no poder

Como vimos, uma das características dos debates em torno dos movimentos sociais que irromperam na cena política pós-2011 é a oposição entre "nova esquerda" e "velha esquerda". Mas seria possível afirmar que a rejeição desses movimentos sociais aos partidos do progressismo tem relação com as contradições oriundas da experiência desses partidos à frente de coalizões no governo? Dos três movimentos sociais analisados, dois deles surgiram e se desenvolveram em países que viveram a experiência de gestões progressistas: Chile e Brasil.

No Chile, a coalizão de centro-esquerda remonta à transição democrática do final dos anos 1980 que pôs fim à ditadura de Augusto Pinochet. Criada na campanha pelo "Não" no plebiscito que decidiu a continuidade do regime militar, em janeiro de

62 Latinobarômetro (2017). Corporación Latinobarómetro, Santiago de Chile.

1988, a Concertación de Partidos por la Democracia era uma frente composta pelo Partido Democrata Cristão (PDC), Partido Pela Democracia (PPD), Partido Radical Socialdemocrata (PRSD) e o Partido Socialista (PS). A coalizão venceu as primeiras eleições após o fim da ditadura, elegendo o democrata-cristão Patrício Aylwin para a Presidência da República. Nos 20 anos seguintes a Concertación governou o Chile elegendo quatro presidentes, dois democratas-cristãos (Aylwin e Eduardo Frei Ruiz-Tagle) e dois socialistas (Ricardo Lagos e Michelle Bachelet). Em 2010, pela primeira vez desde a redemocratização, a direita voltaria ao poder com a eleição de Sebastián Piñera, do partido Renovação Nacional. Nesse período a Concertación daria lugar a uma nova coalizão de centro-esquerda denominada Nueva Mayoria, que além dos partidos da antiga frente, contaria também com outras legendas como o Partido Comunista, a Esquerda Cidadã e o Movimento Amplo Social.

Quando irromperam os protestos estudantis de 2011, portanto, o país era governado por um presidente de direita. Mas as origens do movimento, como veremos mais à frente, remontam a uma primeira onda de protestos estudantis que tiveram lugar em 2006, quando governava Michelle Bachelet. A chamada "revolta dos pinguins" foi liderada pelos estudantes secundaristas e é considerada por muitos dos participantes dos protestos de 2011 como o primeiro sinal de insatisfação com o modelo educacional herdado do regime de Pinochet e preservado nos vinte anos de governos da Concertación.[63] Com efeito, a geração que impulsionou o movimento estudantil de

---

[63] Roa, G. "Chile: antigas perguntas, novos contextos. Uma visão do trânsito entre a rua e as instituições" em Leite, J. C. Uemura, J. Siqueira, F. *O eclipse do progressismo: a esquerda latino-americana em debate*. São Paulo: Editora Elefante, 2018.

2011 não havia vivido em outro Chile que não aquele governado pela coalizão liderada primeiro pela Democracia-Cristã e, depois, pelo Partido Socialista.

A Concertación foi, assim, a mais longeva experiência progressista dos últimos anos na América Latina. Foi também a que conviveu de forma mais amistosa com o neoliberalismo. Quando Tony Blair lançou o movimento por uma "terceira via" entre social-democracia e neoliberalismo, Ricardo Lagos, então presidente do Chile, abraçou a ideia com entusiasmo. Conceitos como Direita e Esquerda passaram a ser considerados ultrapassados. A modernização consistiria, a partir de então, na combinação dos mecanismos de mercado, controle do déficit público e da inflação, com preocupações com o desenvolvimento social, em um contexto de globalização acelerada.[64] Assim, há quem diga que a experiência da Concertación, seja em sua etapa democrata-cristã, seja em sua fase socialista, não poderia sequer ser considerada como progressista. Uma análise exagerada, sem dúvida. Assim, como Martins, consideramos que:

> Confrontada com a direita pura e crua chilena, elitista e autoritária como suas congêneres latino-americanas, a Concertación poderia ser considerada um caso particular de progressismo. Mas um progressismo resignado, ocupado com a gestão do neoliberalismo, temeroso de enfrentar os enclaves autoritários da Constituição de 1980, de promover a transformação política e social do país por meio de qualquer ruptura com o passado. (...) Sem o necessário ajuste de contas com o passado, o paradoxo supremo

---

[64] Martins, J. R. V. *Chile*. São Paulo: Editora Fundação Perseu Abramo, 2016.

> da Concertación foi que, em nome da consolidação democrática, ela acabou consolidando os... enclaves autoritários.[65]

A Concertación foi ao mesmo tempo a experiência mais longa e mais sólida do progressismo na América do Sul. Por "solidez" consideramos o peso das forças de centro-esquerda na coalizão, que contava com poucos partidos abertamente neoliberais. Era uma coalizão quase que puramente social-democrata, o que consolidou uma longeva hegemonia das posições progressistas na sociedade chilena e fez com que a integração à chamada "onda rosa" dos anos 2000 se desse quase que naturalmente.

No caso do Brasil, a experiência da centro-esquerda no poder foi mais breve e mais heterogênea. Ela durou de janeiro de 2003, quando Lula assume a Presidência da República, até abril de 2016, quando se consolida o golpe parlamentar contra Dilma Rousseff. A vitória de Lula nas eleições presidenciais de 2002 foi viabilizada por uma coalizão inicial de cinco partidos: PT, PCdoB, PCB, PMN e PL. Nessa eleição o PT adotaria uma estratégia de moderação política, unindo-se a um partido de centro-direita (o Partido Liberal, hoje controlado por Jair Bolsonaro), escolhendo um grande empresário do setor têxtil para compor a chapa presidencial ao lado de Lula como vice-presidente[66],

---

65 Ibid., p. 146.

66 José Alencar era um importante empresário de Minas Gerais, presidente da Coteminas. Em 1994 concorreu ao governo do estado pelo PMDB, ficando em terceiro lugar. No segundo turno daquela eleição apoiaria Eduardo Azeredo (PSDB), que venceria as eleições. Em 1998 se elegeria Senador e abandonaria o PMDB logo em seguida, filiando ao Partido Liberal (PL). Seu nome seria aprovado pela Convenção do PT para ser candidato a vice-presidente de Lula em 2002 por 34 votos favoráveis, 30 contrários e 7 abstenções.

assinando uma carta-compromisso com garantias ao capital e declarando-se o partido da união.[67]

Antes mesmo do final do primeiro mandato de Lula, porém, a coalizão liderada pelo PT já contava com vários partidos da direita tradicional, como PMDB, PP e PRB[68]. Nas eleições seguintes, com a candidatura de Dilma Rousseff (2010 e 2014) esse fenômeno se ampliaria. Na primeira eleição de Dilma a candidata petista contava com o apoio de dez partidos, e na reeleição, com oito legendas. Apesar da heterogeneidade, cabe notar que o PT exerceu liderança incontestável no interior da coalizão até pouco antes do impeachment de Dilma Rousseff. Daí porque podemos afirmar que o projeto lulista se inscreve dentro da chamada "onda rosa" dos progressismos latino-americanos.

Além de mais breve que a experiência do progressismo chileno (sete anos menos) e com uma formação mais heterogênea, os governos liderados pelo PT produziram um arranjo de forças inédito e colocaram em andamento uma ampla agenda de combate às desigualdades sem alteração substantiva da orientação neoliberal na gestão macroeconômica herdada dos governos FHC. De força hegemônica do campo do trabalho contra o capital, o PT passou à condição de principal partido de uma

---

67 Singer, A. "A ideia de lulismo" em Maringoni, G.; Medeiros, J. *Cinco Mil Dias: o Brasil na era do lulismo*. São Paulo: Boitempo/ Fundação Lauro Campos, 2017.

68 Nas eleições de outubro de 2006, Lula se reelegeu com uma coalizão ainda menor que a de 2002, composta apenas por PT, PCdoB e PRB, novo partido de José Alencar. Antes da posse para seu segundo mandato, porém, seu governo já havia recebido a adesão de vários partidos que se mantiveram neutros na eleição de 2006 (PMDB, PP, PSB) ou que tiveram candidatura própria no primeiro turno, mas apoiaram Lula no segundo (PDT).

coalização que tinha como método "arbitrar" os conflitos sociais "por cima". Segundo Armando Boito Jr., nos governos de Lula e Dilma

> A grande burguesia interna brasileira – inserida no agronegócio, na construção pesada, na construção civil, na indústria naval, na indústria de transformação, no setor bancário e no setor comercial – foi a fração burguesa hegemônica nos governos do PT. Porém, para construir tal hegemonia, essa fração teve de recorrer à formação de uma frente política, que denominamos neodesenvolvimentista.[69]

Os governos liderados pelo PT foram, portanto, governos de composição entre classes e frações de classe ligados ao mundo da produção com um conteúdo neodesenvolvimentista. Daí a oposição que sofriam dos partidos abertamente ligados ao capital financeiro – PSDB e DEM. Além disso, outra diferença importante em relação à experiência chilena diz respeito à origem do Partido dos Trabalhadores e seu enquadramento no sistema político brasileiro. Diferente dos partidos da Concertación, notadamente o Partido Socialista, o PT não endossou plenamente o processo de transição tutelada pelos militares. Após a derrota na campanha pelas eleições diretas, em 1984, o partido boicotou o pleito indireto via Congresso Nacional – que elegeria Tancredo Neves, do MDB – e não assinou a Constituição Federal de 1988. Seguiu sendo, por muito tempo, um partido de oposição (enquanto o PS tornou-se um partido de governo já em 1990) e manteve fortes vínculos com a esquerda revolucionária na América Latina e no mundo. Não à toa, a principal arti-

---

[69] Boito Jr, A. "O legado dos governos do PT" em Maringoni, G.; Medeiros, J. (orgs.). *Cinco mil dias: o Brasil na era do lulismo*. São Paulo: Boitempo / Fundação Lauro Campos, 2017. (p. 27-34)

culação internacional surgida como alternativa à Internacional Socialista dos partidos social-democratas, o Foro de São Paulo, contou com destacada presença do PT.

Diferente do Chile, a esquerda brasileira esteve por muito tempo hegemonizada por uma força política radical, que abrigou boa parte dos ativistas que participaram do ciclo de lutas sociais dos anos 1980 e da luta revolucionária contra a ditadura militar nos anos 1960/1970, buscando ser um polo alternativo tanto à social-democracia quanto aos partidos comunistas e sua defesa do chamado "socialismo real"[70]. Prova disso é que, em 1990, o VII Encontro Nacional do PT afirmaria que "com o sentido geral de nossa política – democrática e anticapitalista – perfeitamente assegurado, optamos pela construção progressiva de nossa utopia concreta, isto é, da sociedade socialista pela qual lutamos". Associadas às formulações do V Encontro, as resoluções apresentavam críticas mais nítidas à social-democracia – um projeto ideológico "que não correspondia às convicções anticapitalistas do PT, marcado pelo abandono do socialismo".[71] Como vemos, a adesão do PT a uma estratégia de convivência com a economia de mercado e abandono da perspectiva socialista evolui ao longo dos anos 1990 e se consolidou definitivamente apenas quando o partido chegou ao governo federal, a

[70] Não compartilho da ideia de que o conceito de "socialismo real" tem suficiente capacidade explicativa para analisar as experiências pós-capitalistas do Leste da Europa. O utilizo, mesmo assim, por fidelidade aos termos utilizados nos debates travados no interior do PT durante as primeiras décadas do partido.

[71] Partido dos Trabalhadores. Boletim Nacional, n.51, 1990, p. 432-43 em Gomes da Costa, I. "Os petistas e a crise do socialismo real: os desafios da renovação e as heranças das esquerdas tradicionais". Revista Brasileira de História, nº 33, 2013.

partir de 2003. Por isso podemos notar a mistura curiosa do discurso anti-imperialista e de defesa dos mais pobres contra "as elites" com sacrossanto respeito às regras da economia de mercado dos governos petistas

No caso do México, o país jamais havia vivido uma experiência progressista no poder até a vitória de Andrés Manuel Lopez Obrador, em 2019. Até então, o país conviveu com um sistema de três partidos principais,[72] em que o revezamento entre dois deles no poder só se tornou realidade no início deste século. O mais tradicional partido mexicano, o Partido Revolucionário Institucional (PRI), fundado em 1929, governou o México por 70 anos. Herdeiro da Revolução Mexicana de 1910-1917, o PRI foi construído tendo como base as organizações de massas dos setores operário, camponês, popular e de soldados, com a exclusão explícita da burguesia,[73] e exerceu forte controle sobre a vida política mexicana, transitando de um discurso nacionalista ao neoliberalismo, até a vitória do conservador Vicente Fox, do Partido da Ação Nacional (PAN) em 2000. O PAN governou o México até 2012, quando o PRI voltou ao poder com a eleição de Enrique Peña Nieto. Nesse período um terceiro partido, de centro-esquerda, ampliou sua influência política, chegando em segundo lugar em duas eleições presidenciais (2006 e 2012). O Partido da Revolução Democrática (PRD) foi criado em 1989 por uma dissidência do PRI, liderada por Cuauhtémoc Cárde-

---

[72] Como veremos no capítulo seguinte, existem outros partidos nacionais no México, além de alguns partidos regionais, permitidos pela legislação do país. Mas são apenas três os que alcançaram representatividade relevante.

[73] Laurell, A. C. "A democracia no México: o primeiro será o último?" em Lua Nova, nº 24, São Paulo, Set. 1991.

nas, ex-governador do estado de Michoacán e filho do ex-presidente mexicano Lázaro Cárdenas.[74]

Ao longo dos anos 1990 o partido assumiu a condição de terceira força política do país. Segundo seu programa, abertamente social-democrata, os objetivos do PRD são "a transformação pacífica, pela via eleitoral, do sistema capitalista e a busca de um modelo próprio de desenvolvimento e progresso para o conjunto da sociedade".[75] Além disso, se apresenta como integrante da Internacional Socialista e representante das sociedades em desenvolvimento que "buscam alcançar um sentido mais humano nas relações sociais de produção".[76] Assumindo uma perspectiva mais moderada, o PRD despontou no cenário partidário mexicano como a principal força eleitoral da centro-esquerda, representando as aspirações democráticas de parte da sociedade mexicana, em especial os setores médios progressistas.

Na última eleição presidencial que disputou, em 2000, Cuauhtémoc Cárdenas alcançou 16,64% dos votos, ficando atrás do candidato do PRI, Francisco Labastida, e do PAN, Vicente Fox. No pleito seguinte, se apresentaria pela primeira vez à disputa o cientista político e ex-chefe do governo do Distrito Federal mexicano, Andrés Manuel López Obrador.

---

[74] Lázaro Cárdenas (1895-1970) é considerado, ao lado de Benito Juárez, um dos presidentes mais populares da história do México. Além de criar o PRI, implementou medidas de caráter anticapitalista, como a reforma agrária idealizada pelo líder revolucionário Emiliano Zapata e a nacionalização dos recursos minerais do país, especialmente o petróleo. Essas medidas foram combinadas com medidas de ampliação da educação pública, do crédito aos pequenos camponeses e de apoio à indústria nacional, tornando Lázaro Cárdenas um dos mais importantes líderes nacionalistas do século XX.

[75] PRD. História del PRD, 2019.

[76] Ibid.

Contrariando as expectativas, Obrador alcançou 35,31% dos votos contra 35,89% de Felipe Calderón (PAN), uma diferença de apenas 0,64% numa eleição com inúmeras denúncias de fraude. Na disputa seguinte, seis anos depois, mesmo em rota de colisão com a direção do PRD, Obrador postulou novamente sua candidatura presidencial. Foi no meio do processo eleitoral de 2012 que explodiu o movimento #YoSoy132 contra a eleição do candidato do PRI, beneficiando a candidatura de Obrador, que termina derrotado novamente. Logo após sua posse, Peña Nieto convoca os partidos de oposição a assinarem o chamado "Pacto pelo México". O pacto consistia numa série de medidas neoliberais e reformas pró-mercado (reforma energética, reforma fiscal, reforma fazendárias, dentre outras) e é assinado pelos três grandes partidos. É denunciando a adesão do PRD a esse pacto que Obrador impulsiona a criação de seu próprio partido, o Movimento de Regeneração Nacional (MORENA), vencendo as eleições de 2018 e levando o México, pela primeira vez, a ser governado por uma coalizão de partidos do campo progressista.

Como vemos, a situação dos três países analisados neste trabalho em relação à experiência da centro-esquerda no poder é bastante variada. No Chile, quando irrompem os protestos estudantis de 2011, o país acabava de encerrar duas décadas de governos progressistas no poder. No Brasil, a coalizão liderada pelo PT – mais breve e heterogênea – estava no governo quando dos protestos de 2013. E no México, o movimento #YoSoy132 surge no meio do processo eleitoral de 2012 em aberta oposição ao candidato neoliberal do PRI, Enrique Peña Nieto, num país que jamais havia experimentado a presença de uma força social-democrata à frente do governo nacional.

Também é importante mencionar que a relação de cada um dos movimentos analisados com os partidos do campo progressista varia de país para país. Enquanto no México e no Chile os movimentos analisados neste trabalho surgem como uma resposta a problemas estruturais relacionados ao esgotamento do modelo neoliberal, no Brasil, o movimento sem-teto já tinha 15 anos de existência quando do início do ciclo de protestos que tem como marco o ano de 2013. Sua relação com o campo progressista já estava mais delimitada e havia uma leitura mais consolidada entre os dirigentes do movimento acerca dos limites da estratégia de conciliação de classes levada a cabo pelo PT.[77]

Apesar dessas particularidades, consideramos que a existência de governos progressistas se mostra relevante exatamente porque nos permite definir uma relação entre os movimentos sociais da nova esquerda e sua avaliação crítica em relação às forças que exerciam a condição de "partidos de governo". No caso do Chile, onde a experiência com o progressismo no poder foi mais longeva, os movimentos sociais da nova esquerda se mostraram, como veremos, muito mais críticos ao progressismo, reforçando posturas de independência e mesmo de concorrência que reforçaram tendências de institucionalização. Como resultado foram criados partidos políticos que passaram a concorrer com as velhas legendas da Concertación. No caso brasileiro, onde a experiência com o progressismo foi menos duradoura que no Chile, e onde foram preservadas relações pontuais de cooperação, o movimento social da nova esquerda analisado neste trabalho, o MTST, estabeleceu um processo de institucionalização de outra natureza, na forma de aliança política com um partido de esquerda que havia feito oposição aos governos petistas. E no caso do México, onde a social-democra-

[77] Boulos, G.; Simões, G., op. cit.

cia não havia governado o país, o movimento #YoSoy132 não se institucionalizou, predominando uma tendência à dispersão, com algumas poucas lideranças se vinculando posteriormente ao novo partido criado por Obrador.

A crise da democracia liberal, largamente abordada nos capítulos anteriores deste livro, é também a crise dos partidos que a sustentaram como modelo ideal de organização dos negócios públicos. A deterioração da legitimidade do sistema representativo arrasta consigo as forças mais ao centro do espectro político, que incorporaram a perspectiva de convivência amistosa com o sistema político que os conduziram a vitórias eleitorais. Como explica Lanzaro, referindo-se aos casos em que a centro-esquerda chegou ao poder no Brasil, Chile e Uruguai:

> Os diferentes caminhos geram consequências na forma de governar. Em todos eles, porém, se produz um revisionismo ideológico e programático que acompanha a competição no centro do espectro esquerda-direita. Essas esquerdas, que têm convivido em fraternidade com o movimento operário, abandonaram as pretensões de promover uma transformação profunda da sociedade capitalista e desenvolveram a condição de partidos pega-tudo (catch-all), de tipo eleitoral. Assim, perderam espessura como partidos de massa e, embora preservem o vínculo com os sindicatos, visam um público mais amplo e diversificado.[78]

Ao abandonar sua perspectiva anticapitalista – resumindo sua missão histórica a uma administração mais "humana" e "justa" da economia de mercado – os partidos da centro-esquerda acabaram por comprometer-se com os próprios limites impostos por um sistema político pensado para manter inalterados os pri-

---

[78] Lanzaro, J., 2008, op. cit., p. 49.

vilégios das classes dominantes. Quando surgem os movimentos sociais da nova esquerda não surpreende que eles entrem em choque com os governos progressistas de plantão. No período analisado neste trabalho isso não aconteceu apenas no Chile ou Brasil, mas também em outros países.[79] Com a adaptação dos partidos progressistas ao "sistema", as conquistas eleitorais e a chegada ao governo passam a ser seu *leitmotiv* central, remodelando essas legendas.[80] Assim como aconteceu na Europa Ocidental, os partidos progressistas na América Latina – que, como vimos, são partidos populares que se adaptaram ao sistema democrático-liberal – hegemonizaram o campo das esquerdas no continente nos últimos trinta anos, mantendo uma espécie de "convivência crítica" com o neoliberalismo.

Para operacionalizar uma medida que possa apontar a relevância da presença da experiência socialdemocrata no poder, utilizamos três referências. A primeira é o tempo de duração dos governos progressistas, que apresenta pesos distintos entre Chile (=2), Brasil (=1), México (=0). A segunda é a medição do impacto das políticas de combate à desigualdade social, considerando que quanto mais eficientes elas tenham sido, maior será o distanciamento de uma perspectiva neoliberal da gestão do Estado e, consequentemente, menores serão as contradições entre nova esquerda e progressismo.[81] Para quantificar esse ele-

---

[79] Ver Leite, J. C. Uemura, J. Siqueira, F.

[80] Lanzaro, J., 2008, op. cit., p. 50.

[81] Consideramos, assim, a hipótese de Albala (2020), segundo a qual quanto maior o intervencionismo estatal (portanto, quanto menos neoliberalismo) menor a autonomia dos movimentos sociais (e menor o conflito com os partidos progressistas).

mento utilizaremos a medição do Índice de Gini[82] no primeiro e último ano dos governos progressistas no Brasil e Chile. Por fim, consideraremos ainda a percepção dos ativistas entrevistados neste trabalho e seus pontos de vista sobre o significado dessas experiências em cada um dos países nos quais ocorreram.

Acessibilidade dos sistemas partidários

Outra condição que deve ser explorada é a acessibilidade dos sistemas partidários, isto é, as condições impostas pelo arcabouço legal de cada país para a formação de novos partidos políticos. Em outras palavras, buscamos verificar em que medida as características dos sistemas partidários dos três países analisados neste trabalho incidem obre a decisão dos movimentos sociais de se institucionalizarem ou não.

Esse aspecto é particularmente importante porque entender os sistemas partidários é fundamental para entender adequadamente os partidos – e não apenas o inverso. Isso porque os sistemas partidários não são apenas uma soma de suas partes, mas também porque os fatores conformadores dos sistemas partidários (tais como as leis eleitorais) em geral existem antes dos

82 "O Índice de Gini, criado pelo matemático italiano Conrado Gini, é um instrumento para medir o grau de concentração de renda em determinado grupo. Ele aponta a diferença entre os rendimentos dos mais pobres e dos mais ricos. Numericamente, varia de zero a um (alguns apresentam de zero a cem). O valor zero representa a situação de igualdade, ou seja, todos têm a mesma renda. O valor um (ou cem) está no extremo oposto, isto é, uma só pessoa detém toda a riqueza. Na prática, o Índice de Gini costuma comparar os 20% mais pobres com os 20% mais ricos." - do site do IPEA.

próprios partidos.[83] No caso da América Latina, a formação dos sistemas partidários surgidos dos processos de redemocratização em países como Brasil, Chile e Uruguai, veio acompanhada do surgimento de novos partidos.

Os sistemas partidários surgem em função da disputa em torno dos espaços de poder no Estado. Se, como no caso da maioria dos países da Europa, o acesso a esses espaços se dá a partir da disputa do parlamento, então a formação de partidos e coalizões e a própria estrutura do sistema partidário responderá a esse fim. Se, como no caso das democracias latino-americanas, a disputa dos espaços no Estado se dá tanto na disputa do parlamento quanto na disputa do Poder Executivo, então as dinâmicas de interação no interior do sistema partidário e sua estruturação obedecerão a essa realidade. Adicionemos a esse fator estrutural a formação histórica de cada país, as formas de competição eleitoral e a natureza dos sistemas políticos oriundos de processos de transição democrática e teremos alguns aspectos para a análise dos sistemas partidários no continente.

No início dos processos de transição democrática (1978-1990), a América Latina contava com quatro realidades distintas do ponto de vista dos sistemas partidários. A primeira remetia aos países com tradições partidárias sólidas, onde os partidos surgidos com o fim dos regimes autoritários reproduziam o quadro partidário pré-ditadura (Argentina, Uruguai e Chile). A segunda contemplava um modelo misto em que partidos antigos e partidos novos surgidos do próprio processo de transição passariam a conviver em um novo sistema partidário (caso do Brasil, Bolívia e Equador). A terceira reunia casos

[83] Eckstein, H. "Parties, political: party systems" em *International Encyclopedia of the Social Sciences*. Vol. 11. Nova York: Crowell, Collier & Macmillan, 1968.

caracterizados pela manutenção da existência de organizações, mas historicamente vazias do ponto de vista político e social (Paraguai, Honduras, Panamá). A quarta estava presente nos países em que, somando-se a debilidade histórica partidária aos efeitos dos tempos dos governos autoritários, mal havia um marco mínimo de partidos.[84]

Embora existam diferentes estudos sobre as formas de ingresso de indivíduos na disputa eleitoral,[85] praticamente não existem análises comparativas que estudem os mecanismos formais para o ingresso de movimentos sociais no sistema partidário. Carecemos, portanto, de um "índice de acessibilidade" que possa definir quais sistemas são mais permeáveis ao surgimento de novas forças partidárias e quais são menos. Por isso, nossa análise aqui parte dos requisitos formais para a criação de novas legendas partidárias no Brasil, Chile e México buscando estabelecer parâmetros de comparação.

O sistema partidário chileno, resultado do processo de transição do final dos anos 1980, reconstruiu os partidos existentes antes do golpe militar de 1973. Atualmente existem 15 agremiações constituídos legalmente. Destas, apenas sete existiam antes do levante estudantil de 2011, o que demonstra a energia liberada pela juventude chilena para o surgimento de novas legendas.

---

[84] Sáenz, M. A.; Freidenberg, F. "Partidos políticos na América Latina". Opinião Pública, Campinas, Vol.VIII, nº2, 2002, p.137-157.

[85] Duverger, M. *Os partidos políticos.* São Paulo: Zahar, 1970.; Cox, G. W. *Making Votes Count – Strategic Coordenation in the World's Electoral System.* Cambridge: Camdridge University Press, 1997.; Palfrey, T. "Spatial equilibrium with Entry". Review of Economic Studies, nº 51, 1984, p. 139-156.; Golder, M. *An Evolutionary Approach to Party System Stability.* Nova York: Nova York University Press, 2004.

Além disso, o grande fator que estimulou a incrível proliferação de partidos no Chile foi a reforma política concluída em 2015. Dos partidos constituídos no país até 2021, oito surgiram após 2016.[86] Até então, o sistema binominal, herdado do regime militar, fazia com que cada distrito eleitoral elegesse apenas dois candidatos no sistema majoritário, o que fazia com que as vagas se concentrassem nas duas grandes coalizões de centro-esquerda (a Concertación) e direita (a Alianza). A reforma, reivindicada pelo movimento estudantil durante os protestos de 2011, implicou numa profunda redefinição do mapa eleitoral do Chile, com incentivos para a criação de novos partidos políticos, além de uma lei de cotas que estabelece que a relação máxima entre candidatos homens e mulheres deve ser de 60% a 40%, respectivamente. A partir de então, o sistema partidário chileno se tornou mais acessível e representativo. A Ley Orgánica Constitucional de los Partidos Políticos (lei 18.603) é o texto legal que regulamenta a criação de partidos políticos no país e reúne os requisitos formais para a constituição de um partido legal (número mínimo de fundadores; declaração de princípios, nome e símbolo; prazos para legalização; número mínimo de filiados; número mínimo de regiões onde o partido precisa existir para assegurar o caráter de agremiação nacional). Como no Brasil, por lá também não são permitidos partidos regionais.

No caso brasileiro, o sistema partidário, regulamentado pela lei 9.096 de 1995, sofreu inúmeras alterações desde sua aprovação. Ela dispõe sobre a organização e funcionamento dos partidos; do seu registro junto à Justiça Eleitoral; do funcionamento parlamentar; dos documentos e da filiação partidária; da fusão e incorporação de partidos uns aos outros; das finanças e contabilidade dos partidos; da distribuição dos recursos do fundo

---

86 SERVEL. Informação sobre constituição de partidos no Chile.

partidário; do acesso gratuito ao rádio e à televisão e outros vários temas. É uma lei ampla, que define boa parte do funcionamento das decisões partidárias. Apesar das mudanças, em geral os requisitos para a criação novas agremiações mantiveram-se mais ou menos inalterados. Atualmente existem 33 partidos registrados junto ao Tribunal Superior Eleitoral, sendo que destes, 25 possuem assento na Câmara dos Deputados. Com as negociações para pôr fim ao regime militar (1964-1985) foi extinto o sistema bipartidário e permitido o direito de legalização de partidos. Daquele período datam a legalização dos atuais MDB, PT, PTB e PDT. A maioria dos partidos brasileiros, porém, nasce nos anos 1990, quando houve uma flexibilização da legislação: dos partidos existentes hoje, 14 surgiram nesse período (TSE, 2019).

Uma reforma dessa e de outras leis, promovida em 2015, deve impactar o sistema partidário brasileiro nos próximos anos. Ela institui uma cláusula de barreira que restringe o acesso dos partidos registrados junto ao TSE a recursos do fundo partidário e eleitoral, tempo no horário eleitoral gratuito e financiamento público de campanhas, àquelas legendas que não alcançarem um percentual mínimo de votos nas eleições para deputado federal de 2018 até 2026. A mesma reforma colocou fim às coligações proporcionais e criou o Fundo Especial para Financiamento de Campanhas (FEFC), substituindo o financiamento empresarial. Desde a reforma, três partidos deixaram de existir, através de fusões com outras legendas, e outros tantos deixaram de ter acesso a recursos públicos e tempo de TV.

O sistema partidário mexicano, por sua vez, tem apenas sete partidos nacionais: PRI, PAN, PRD, Partido Verde Ecologista, Movimento Ciudadano, Partido del Trabajo (PT) e MORENA. No entanto, o país conta com cinquenta partidos regionais, com presença em um ou mais estados, além de candidaturas independentes (sem partidos políticos) e Agrupações Políticas (organizações registradas junto ao Instituto Nacional Eleitoral que podem participar de processos eleitorais mediante acordos com um partido político ou coalizão). Os requisitos para criação e registro de cada uma dessas organizações é regulamentada pela Ley General de Partidos Políticos aprovada em 2014 como parte de uma grande reforma eleitoral. As regras são rígidas e os partidos podem perder o registro caso não cumpram requisitos como desempenho mínimo de 3% dos votos nas eleições para Presidente, senadores ou deputados; participação em um processo eleitoral ordinário; ou cometam falta considerada grave pelos órgãos competentes.[87]

Várias alterações foram incorporadas ao sistema político e eleitoral mexicano após as denúncias de irregularidades nas eleições gerais de 2006. Naquelas eleições, quando Felipe Calderón foi proclamado vencedor com apenas 25 mil votos a mais que seu adversário (num total de 41 milhões), uma onda de protestos contra a fraude eleitoral tomou o país. Convocadas por Obrador, mais de 300 mil pessoas se reuniram no Zócalo, principal ponto de protestos na capital mexicana, em apoio ao então candidato do PRD, o que fortaleceu o apelo por uma reforma eleitoral.[88] Essa reforma, no entanto, só ocorreria timidamente em 2013-2014, após novas denúncias de fraude na eleição presidencial de 2012.

Essa reforma criou o Instituto Nacional Eleitoral (INE) com forte poder sobre o sistema partidário e eleitoral, ampliando a

---

87 Instituto Nacional Electoral (INE). Actores Políticos. Partidos Políticos Nacionales. México, 2019.

88 Folha de S. Paulo. Obrador reúne 300 mil contra "fraude". Edição de 9 de julho de 2006.

centralização dos procedimentos eleitorais e de registro de novas agremiações. O novo órgão também passou a ter a prerrogativa de destituir autoridades eleitorais locais (equivalente ao juiz eleitoral de comarca), o que foi visto por muitos analistas como um risco de politização da justiça eleitoral.[89] Além disso, a reforma autorizou a reeleição de deputados, governadores, prefeitos e senadores; criou uma cláusula de barreira; permitiu o lançamento de candidaturas independentes (sem partido); estabeleceu a paridade de gênero nas listas partidárias entre homens e mulheres; e alterou regras para acesso a recursos públicos e tempo de rádio de TV. Uma reforma contraditória, que conta com medidas positivas, como a paridade de gênero, mas estabelece uma cláusula de barreira que, segundo Gallardo, "afeta diretamente as candidaturas de eleitores independentes e limitará a representação das minorias, sobretudo em um nível estadual onde não existe o multipartidarismo, além de que pode levar, de fato, a desaparição dos partidos de esquerda".[90]

Toda legislação que regulamenta os sistemas partidários apresenta exigências para a criação de partidos. Isso evita uma banalização da criação de partidos legais e o acesso aos recursos públicos disponíveis para o financiamento do sistema partidário por forças políticas pouco representativas. Em geral, essas leis exigem, para a legalização de um partido político, informações obrigatórias como número mínimo de fundadores, estatutos, declaração de princípios ou programa partidário, dentre outros. Além destas, há exigências que tem como propósito aferir o nível de legitimidade social das agremiações. Isso é feito a partir

---

[89] Gallardo, A. M. "A Reforma Política no México: uma análise crítica dos avanços e retrocessos nas novas leis eleitorais no país". Paraná Eleitoral. Vol. 3, nº 3, p. 491-520, 2015.

[90] Ibid., p. 517.

de percentuais mínimos de apoio ou de alcance territorial. Por isso, para aferir quais sistemas partidários são mais acessíveis, definimos uma medida que considera: a) os prazos exigidos para cumprimento das obrigações legais; b) a demanda de mobilização de apoiadores, representado pelo mínimo de filiados ou apoiadores exigidos por cada legislação nacional; c) o alcance regional mínimo requisitado. A partir desses dados, determinamos quais sistemas impõem mais dificuldades para o processo de institucionalização de movimentos sociais através um "índice de acessibilidade". Evidentemente, esse índice traz ponderações necessárias, como por exemplo, na relação entre número mínimo de filiados exigidos proporcionalmente à relação de eleitores totais, assim como o alcance mínimo regional exigido considerando a extensão e a divisão administrativa de cada país. O único requisito que pode ser tomado como referência geral é em relação aos prazos mínimos.

O papel da coesão interna

Nossa quinta e última condição diz respeito ao nível de coesão interna e seu impacto nos processos de institucionalização dos movimentos sociais. Partimos da hipótese de que, quanto maior a coesão política dos ativistas de um determinado movimento, maior são as chances de um processo de institucionalização. Mas como mensurar essa coesão? Nas entrevistas realizadas com ativistas dos movimentos sociais analisados neste trabalho fizemos a seguinte pergunta: "Considerando as condições de COESÃO INTERNA em seu movimento, numa escala de 1 a 10, sendo 1 = NADA COESO e 10 = MUITO COESO, como você classificaria seu movimento?". As respostas obtidas nos dão pistas para definir o nível de coesão percebida pelos próprios ativistas, mas também revelam as diferentes características de cada movimento social. No caso de um movimento como o MTST, que já existe há 22 anos e cujo padrão de funcionamento nos remete a um organismo político centralizado (com coordenações locais e nacionais eleitas), naturalmente a percepção quanto à coesão interna será maior que aquele encontrado nos ativistas que participaram do movimento #YoSoy132, que durou alguns meses antes de se dissolver. É difícil, portanto, definir o quão relevante é o fator "coesão interna" para a institucionalização de um movimento social. As respostas nos dão pistas valiosas, mas não são suficientes. Para isso, devemos recorrer aos estudos que abordam a coesão desde a perspectiva da formação de identidades. Nos anos 1990, os estudos sobre movimentos sociais convergiram para a ideia de que a mobilização social não surge apenas pela presença da desigualdade social nem pelo cálculo racional de interesses daqueles que se mobilizam: a ação dos movimentos sociais envolve tanto a ação estratégica – isto é, iniciativas que visam alcançar um objetivo final – quanto a formação de identidades coletivas e solidariedades.[91] Como vimos, para Laclau as identidades políticas cumprem um papel central na ação dos movimentos sociais, uma vez que elas não existem *a priori* em torno de determinantes estruturais, mas materializando-se através de uma construção discursiva a partir de uma série de experiências sociais e políticas.[92] Trabalhamos com a ideia de que as identidades expressam uma forma de "intersecção do envolvimento coletivo e do engajamento pes-

---

[91] Alonso, A. *As teorias dos Movimentos Sociais: um balanço do debate*. Lua Nova, São Paulo, 76, p. 49-86, 2009.

[92] Gadea, C. A., op. cit.

soal",[93] um processo no qual os ativistas se reconhecem uns aos outros como parte de um agrupamento mais amplo ou de um momento histórico.

Os movimentos sociais da nova esquerda, especialmente entre 2011 e 2013, ao mesmo tempo em que forjam sua identidade própria, compartilham referências comuns. Além dos aspectos abordados neste trabalho e que remontam à crítica aos limites da democracia liberal e à crise da globalização neoliberal, há uma série de referências compartilhadas pelos movimentos sociais na América Latina. Nas entrevistas realizadas com ativistas de movimentos sociais perguntamos: "Quais as referências internacionais, entre partidos e movimentos sociais, mais presentes nos debates do seu movimento entre 2011 e 2013?". Pedimos que os ativistas citassem, se possível, até três partidos ou movimentos. Quase todos, por exemplo, mencionaram a experiência do movimento dos Indignados, na Espanha, que mais tarde daria origem ao Podemos. Muitos ainda citaram movimentos sociais da nova esquerda latino-americana, bem como o movimento Occupy Wall Street. Poucos foram os ativistas, porém, que mencionaram experiências históricas mais distantes, como greves ou revoluções que marcaram a história política latino-americana.[94]

Acreditamos que identidades mais bem consolidadas operam em favor de uma maior coesão interna. Essa coesão pode ser um fator que facilita a decisão de enfrentar o processo de institucionalização, gerando comparativamente menos perdas

---

[93] Della Porta, D; Diani, M. "Collective Action and Identity" em Della Porta, D; Diani, M. *Social Movements: An Introduction.* Oxford: Blackwell, 2015, p. 94.

[94] A exceção, em termos estritamente temporais, diz respeito ao movimento #YoSoy132, onde as referências ao movimento estudantil de 1968 apareceram reiteradas vezes.

e dissidências que um movimento com baixo nível de coesão interna. Por isso perguntamos aos ativistas de movimentos sociais no Chile, México e Brasil se a decisão de estabelecer algum nível de institucionalização havia gerado tensões em cada movimento. Em geral, os ativistas que afirmam perceber maior coesão nos movimentos são os que notam menos tensões diante da possibilidade de interação com o sistema político. Isso se dá porque conseguem transformar mais facilmente a mobilização popular em vontades políticas.[95]

Para operacionalizar esta condição no nosso modelo, pedimos aos ativistas entrevistados que respondessem à pergunta sobre as condições de coesão interna, explicando a cada um o sentido da pergunta e a hipótese que a acompanhava. A partir da escala utilizada no questionário (1 a 10) realizamos uma média das respostas, identificando as diferenças em cada movimento e estabelecendo uma hierarquização entre os mais e os menos coesos. A partir das percepções dos ativistas produzimos uma escala de coesão, que será apresentada no capítulo seguinte.

Como analisar as condições para o surgimento de novos partidos?

Ao todo analisamos cinco condições: i) autonomia em relação ao sistema político; ii) confiança na democracia representativa; iii) experiência do progressismo no poder; iv) acessibilidade dos sistemas partidários; v) coesão interna. A partir da análise de cada uma verificamos o "resultado" sobre as condições necessárias ou suficientes para o processo de institucionalização dos

---

[95] Castells, M. *Redes de indignação e esperança: movimentos sociais na era da internet*. 1ª edição, Rio de Janeiro: Zahar, 2013.

movimentos sociais da nova esquerda nos três países analisados, operacionalizando-as da seguinte forma:

- *Autonomia* (AUT): definida a partir da verificação das respostas dadas pelos ativistas à questão sobre o tema e classificada com base no modelo de Hanagan.[96] Como se trata de um desenho teórico dividido em cinco partes, ao invés de recorrer à dicotomização (alto/baixo), estabeleceremos uma hierarquia que divide os resultados entre alto/médio/baixo (2/1/0), sendo considerado como alto nível de autonomia os resultados localizados na escala de conversão entre 7/8 e 9/10 (*independência* ou *competição*); médio nível de autonomia os resultados localizados entre 5/6 (*cooperação*) e baixo os resultados localizados na tabela de conversão entre 1/2 e 3/4 (*articulação* e *interpenetração*).
- *Confiança na democracia representativa* (DEM): mensurada a partir dos dados oferecidos pelo Latinobarômetro[97] sobre confiança na democracia. Neste caso, usaremos um modelo dicotômico tendo como referência o valor médio das respostas na América Latina. Para os países que estiverem acima da média será atribuído um valor = 1 e para os países abaixo da média será atribuído um valor = 0. Como referência usaremos apenas questões relativas diretamente à qualidade da democracia, como apoio à democracia, rejeição/aceitação de um regime autoritário, avaliação da qualidade da democracia, nível de satisfação com democracia e suas instituições, dentre outros. Na sequência iremos parametrizar cada resposta referente aos três países ana-

96 Hanagan, M., op. cit.

97 Latinobarômetro (2011 e 2013). Corporación Latinobarómetro, Santiago de Chile.

lisados nos anos a que se refere este trabalho e aferir as médias nos anos em que cada movimento surgiu ou ganhou projeção[98].

- *Experiência com governos progressistas* (PRO): aferida a partir de dois fatores. O primeiro será o tempo de duração dos governos progressistas, com a definição de pesos distintos entre Chile (=2), Brasil (=1), México (=0); o segundo será o impacto das políticas desses governos na diminuição da desigualdade social, através da medição do Índice de Gini no início e no final do período de cada ciclo progressista. Além disso, também analisaremos as respostas dos ativistas às questões relativas ao caráter do governo da época e suas relações com a social-democracia em cada país.
- *Acessibilidade do sistema partidário* (SIST): aferida a partir da análise de três condições legais exigidas em todos os países analisados para a criação de novos partidos políticos: os prazos exigidos para cumprimento das obrigações legais; o número mínimo de apoiadores ou filiados exigidos por cada legislação nacional; e a distribuição geográfica mínima requisitada pela lei. A partir da análise da legislação, criamos uma escala de acessibilidade considerando os dados levantados.
- *Coesão interna* (COE): aferida a partir dos resultados obtidos pelas entrevistas com os ativistas, formando uma escala de coesão interna (1 a 10), bem como verificando as respostas relativas às potenciais tensões internas geradas pela decisão de interagir/não interagir com o sistema político-partidário.

[98] Embora o movimento #YosSoy132 tenha surgido em 2012, não há dados do Latinobarômetro referentes a esse ano. Sendo assim, e considerando que o movimento durou pelo menos, em seu caráter nacional, até dezembro de 2012, usaremos como referência os dados relativos ao ano de 2013.

Temos um quadro analítico que combina modelos teóricos, pesquisas de opinião, análise da legislação e entrevistas com ativistas de movimentos sociais. Como a quantidade de casos é limitada, não buscamos oferecer um modelo interpretativo geral para os processos de institucionalização. Na tabela 2, inspirada em modelo semelhante elaborado por Albala,[99] compilamos as condições, suas relações com as hipóteses e fontes.

Tabela 2 – Apresentação das Condições

Condição	Hipótese	Mensuração	Fontes
AUT	*Quanto mais autônomo, maiores as chances de institucionalização de um movimento social da nova esquerda (Hanagan, 1998; Albala, 2020)*	Alto nível de autonomia = 2 Médio nível de autonomia = 1 Baixo nível de autonomia = 0	- Entrevistas de ativistas
DEM	*Quanto maior a confiança de uma sociedade na democracia representativa, maiores as chances de institucionalização de um movimento social da nova esquerda.*	Países acima/abaixo da média latino-americana de confiança na democracia (1/0)	- Latinobarômetro (2011 e 2013).

[99] Albala, A., op. cit.

PRO	*A existência de governos progressistas torna maiores as chances de institucionalização de um movimento social da nova esquerda.*	Duração das experiências progressistas no poder (longa/média/baixa), impactos na desigualdade e análise das entrevistas realizadas.	- Entrevistas; - Índice de Gini.
SIST	*Quanto mais acessível for o sistema partidário de um país, maiores as chances de institucionalização de um movimento social da nova esquerda.*	Índice de acessibilidade formado a partir da análise da legislação: alta (2), média (1) e baixa (0).	- Legislação partidária de Chile, México e Brasil.
COE	*Quanto mais coeso for um movimento social, maiores as chances de institucionalização.*	Escala de coesão interna (1 a 10).	- Entrevistas.

Fonte: elaboração própria.

Introdução aos casos selecionados

Embora não apontem saídas propriamente socialistas para a crise da globalização neoliberal, não há dúvidas de que os movimentos sociais que irromperam a cena política reivindicando mais direitos nos últimos anos na América Latina se colocam à esquerda do espectro político. Outra característica desses movimentos é sua desconfiança com as forças políticas tradicionais. Essa desconfiança, como vimos, muitas vezes se torna crítica aberta tanto às velhas legendas conservadoras quanto aos partidos de centro-esquerda. Nosso primeiro critério, portanto, foi selecionar casos na América Latina representativos de movimentos sociais que se veem como parte de uma nova esquerda.

O caso do levante estudantil chileno de 2011 talvez seja um dos mais emblemáticos, uma vez que tomou dimensões nacionais e rapidamente transformou as reivindicações endereçadas ao governo nacional em denúncia do neoliberalismo com a reivindicação de uma "refundação" da República. Segundo atestam as entrevistas realizadas, as referências internacionais dos ativistas eram o movimento dos Indignados, Ocuppy Wall Street e outros movimentos estudantis pelo continente. A plataforma do movimento foi se ampliando, do reajuste do vale-alimentação estudantil e do valor das passagens, à nacionalização do cobre e promoção de uma Assembleia Constituinte.[100] De acordo com um participante, comentando sobre as reivindicações dos estudantes:

> Não eram coisas que dividiam, mas eram coisas que uniam. E isso nos deu uma validade midiática, cidadã, que depois, quando começamos a falar das questões mais densas e profundas, permitiu que as pessoas nos dessem o benefício da dúvida (...). E lá fomos ampliando acerca do que era possível até chegarmos à defesa da educação gratuita, reforma tributária, nacionalização do cobre e uma nova Constituição (Entrevista 10 – realizada em 18/11/2019).

[100] Donoso, S. *La reconstrucción de la acción colectiva en el Chile post-transición: el caso del movimiento estudiantil*. Buenos Aires: CLACSO, 2014.

Estruturado originalmente nas tradicionais federações estudantis – órgãos representativos das universidades, equivalentes aos Diretório Centrais de Estudantes (DCEs) no Brasil – o movimento transbordou os limites de representação dessas entidades e se converteu num levante contra os limites do neoliberalismo. Não há dúvida, portanto, de que se trata um movimento social de esquerda, como reconhecem os próprios ativistas entrevistados para este trabalho. Foi a crescente convicção sobre a relação intrínseca entre os problemas do modelo educacional e os problemas do sistema político que possibilitou a convergência entre distintos agrupamentos que atuavam no movimento estudantil e a formação de uma esquerda alternativa à Concertación.[101]

Mesmo não tendo produzido processos de institucionalização, podemos verificar características semelhantes no movimento #YoSoy132. O movimento surge, como veremos detalhadamente, como um protesto dos estudantes da Universidade Ibero-Americana contra a tentativa do então candidato presidencial Enrique Peña Nieto de deslegitimar os estudantes envolvidos. No início, o movimento reivindicava a democratização dos meios de comunicação e a realização de um terceiro debate entre os candidatos das eleições presidenciais de 2012, e no final terminou apresentando um plano de seis pontos que incluía a transformação do modelo educacional, a mudança global da política de segurança pública, a garantia do direito à saúde, a mudança no sistema político e o fim do modelo econômico neoliberal.[102]

O MTST, por sua vez, nasce como uma frente de trabalho urbano da Via Campesina. A ideia era organizar os sem-teto e

---

101 Ibid., p. 41.

102 La Jornada. "Convoca #YoSoy132 a la transformación de México". Edição de 28/07/2012.

fortalecer a auto-organização popular na sociedade brasileira. Deste ponto de vista, o MTST é originalmente parte de um ciclo de lutas sociais que dificilmente poderia ser considerado como parte da "nova esquerda". Suas práticas, discursos e simbologias são muito semelhantes às dos movimentos sociais que surgiram nos anos 1980 e ganharam força na década seguinte na luta contra o governo neoliberal de Fernando Henrique Cardoso. À medida que o movimento vai se tornando mais autônomo em relação à Via Campesina, porém, ele incorpora novas práticas e perspectivas teóricas que o aproximam de experiências que transitam até o ciclo de mobilizações iniciado em 2011. As lutas territoriais na Argentina e Bolívia impactaram as formas de atuação do MTST, que passou a adotar novas táticas e formas de organizar seu trabalho nas periferias. Com a ampliação dos programas habitacionais e as obras de infraestrutura relacionados aos grandes eventos esportivos (Copa das Confederações, Copa do Mundo de Futebol e Olimpíadas) o movimento amplia suas mobilizações na primeira década deste século até que, em 2013, sua capacidade de mobilização se revela superior à de movimentos muito mais antigos.

Os três casos escolhidos, portanto, representam movimentos sociais da nova esquerda. Eles se diferenciam dos dois ciclos anteriores: o primeiro, quando surgem os "novos movimentos sociais" na América Latina (anos 1970 e 1980), como parte do florescimento da sociedade civil em resposta aos regimes autoritários; o segundo, com o nascimento dos movimentos territoriais e altermundialistas (anos 1990), vinculados à experiência do Fórum Social Mundial.[103] Os movimentos que ganham pro-

---

[103] Wallerstein, I. "Os movimentos: que significa hoje ser um movimento anti-sistêmico?" em Wallerstein, I. *O declínio do poder*

tagonismo após a crise de 2008 compõem um terceiro ciclo de movimentos vinculados às "revoltas de indignação", processos sociais que além de combater o neoliberalismo – como fizeram os movimentos dos dois ciclos anteriores – também buscam uma ressignificação da própria democracia, desnaturalizando a semântica política liberal para criar outras linguagens democráticas.[104] Mas eles não são os únicos. A América Latina viveu, a partir de 2011, uma explosão de lutas sociais. A escolha dos casos analisados neste trabalho, portanto, responde à necessidade de compreender quais os fatores que levam movimentos que estão "em confronto com a ordem" a inserir-se nessa mesma ordem. Para isso, o caso chileno é paradigmático.

Após o levante estudantil de 2011 surgiram candidaturas independentes ligadas ao movimento e começaram a nascer os primeiros partidos formados por lideranças estudantis. O processo de institucionalização foi relativamente rápido, provocando uma verdadeira revolução no sistema partidário chileno, que teve de promover uma "autorreforma" em 2014. No caso brasileiro, temos um fenômeno distinto: a interação do MTST com o processo político-eleitoral se deu primeiramente na forma de uma aliança entre uma frente de movimentos sociais e um partido já existente, através da candidatura presidencial de Guilherme Boulos pelo PSOL, em 2018. Só mais recentemente o movimento decidiu aprofundar seus laços de organicidade com o partido, com a filiação de diversos dirigentes e a criação de

---

americano: os Estados Unidos em um mundo caótico. Rio de Janeiro: Contraponto, 2004.

104 Santos, B. S., 2015, op. cit.; Aguiló, A. "Las Revuletas de indignación y las nuevas luchas por la democracia" em Santos. B. C. *Revueltas de Indignación y outras conversas*. La Paz: Stigma, 2015.

uma tendência interna.[105] No caso mexicano verificamos um fenômeno inverso. O movimento #YoSoy132, embora tenha demonstrado enorme capacidade de mobilização, rechaçou como regra qualquer interação com o sistema partidário – embora, como veremos, nem sempre tenha feito o mesmo com determinadas lideranças políticas – e optou por manter sua condição de movimento social apartidário até extinguir-se.

É verdade que a escolha dos casos sempre revela determinadas opções metodológicas e interesses do pesquisador. Poderíamos, por exemplo, ter analisado apenas casos de movimentos que optaram por não se institucionalizar, determinando suas motivações para tal. Seria o caso, por exemplo, do Movimento Passe Livre, principal ator dos protestos de 2013 no Brasil. Mesmo no caso do movimento estudantil chileno há uma parcela importante de ativistas que optou por não se institucionalizar. No entanto, consideramos que essa abordagem nos faria perder a riqueza das possibilidades que os processos de institucionalização trazem consigo e, principalmente, o que revelam em termos de projeto para o futuro das esquerdas. Evidentemente, há muitas diferenças entre os casos escolhidos, mas é justamente isso o que permite ampliar o repertório de nossa análise. Para não gerar distorções que nos levassem a comparar casos muito distintos dedicamos parte de nossa pesquisa de campo à definição de parâmetros de comparação. Por isso incluímos em nossos questionários, além de questões sobre o processo de institucionalização, questões gerais sobre a autoimagem do movimento. Foi onde encontramos as maiores semelhanças.

---

105 Criada em 2021, a Revolução Solidária é a tendência que reúne os militantes do MTST no PSOL. Ela compõe o bloco majoritário que venceu o último congresso do partido, realizado em setembro de 2021.

Nas entrevistas realizadas exploramos temas relativos a como os ativistas enxergavam a si mesmos e ao movimento a que pertencem ou pertenceram, suas referências internacionais, a relação com os governos no período analisado e suas percepções em relação às demais forças de esquerda e centro-esquerda. Foram entrevistados duas dezenas de ativistas brasileiros, chilenos e mexicanos. Quando perguntados se consideravam seu movimento "um movimento de esquerda" quase todos responderam positivamente. Apenas uma ativista chilena considerou que o movimento não era de esquerda, argumentando que, para isso, a totalidade dos estudantes deveria ter uma compreensão de que sua agenda era anticapitalista. Mesmo assim, ela admite o caráter antineoliberal do movimento e que havia uma influência importante de ideias de esquerda. Indo mais além, perguntamos aos ativistas se eles consideravam seus respectivos movimentos como "casos de nova esquerda". Novamente a resposta foi massivamente positiva. Entre os argumentos arrolados estão desde a postura das forças tradicionais de centro-esquerda – em geral pouco compreensivas com as novas dinâmicas de luta – até as formas inovadoras de organização política. Um ativista do MTST, confrontado com essa pergunta, afirma:

> Acho que sim. Nós conseguimos fazer uma síntese. Ser parte de um ciclo anterior, mas também apresentar uma síntese [com as novas lutas]. E uma síntese precisa ter um pé no ciclo anterior. A síntese é entender o cenário urbano, num processo histórico onde a gente conseguiu se localizar nesse processo de mudança, entre a centralidade do mundo do trabalho, da luta de classes, e a especificidade e a potência que é o território. (...) Isso nos coloca no lugar de uma organização política que ao mesmo tempo é mo-

> vimento social. Acho que, no Brasil, nós somos um caso inédito (Entrevista 5 – realizada em 4/11/2019).

Como vemos, existe no interior do próprio MTST uma leitura de que o movimento também é parte do "ciclo anterior" de lutas sociais contra o neoliberalismo, promovendo uma "síntese" com as novas agendas e novas formas de luta que se desenvolveram nos territórios. Entre os ativistas sem-teto entrevistados, todos afirmaram considerar o MTST um caso de movimento de nova esquerda. Questionado sobre o mesmo tema, um ativista mexicano enfatiza os aspectos de inovação que o movimento traz consigo, afirmando que o movimento #YoSoy132 representa um fenômeno de nova esquerda porque:

> O movimento entende que o ponto de ataque onde há muito pouco esforço e alto impacto é intervir na mídia e no audiovisual. E isso é algo que os movimentos anteriores não haviam entendido. De fato, os movimentos trabalhistas, sindicais e da velha esquerda que dividiam a praça com a 132 não tinham uma compreensão muito boa disso. (...) Se você cria uma tendência ou um movimento político articulado nas redes sociais, você pode fazer com que ele se transfira e se materialize na mídia tradicional. Assim, se você faz algo na rua e divulga nas redes sociais, pode aparecer no jornal (Entrevista 16 – realizada em 20/11/2019).

Nota-se que o próprio ativista usa a dicotomia "velha esquerda" em oposição ao que seria, do seu ponto de vista, a "nova esquerda". E a característica fundamental, para ele, seria o uso das novas tecnologias. Mas esse não foi o único argumento mobilizado pelos ativistas mexicanos em nossos diálogos. Outro deles, por exemplo, afirma que a diferença em relação ao que havia de esquerda até então está nos aspectos propriamente geracionais, no fato de que #YoSoy132 representou "uma nova geração de ativistas que alimentaram depois, individualmente ou em pequenos grupos, todo um outro conjunto de lutas, partidos, organizações... o mundo inteiro se alimentou dessa experiência" (Entrevista 15 – realizada em 2/12/2019). Embora não tenha predominado no interior do movimento a demanda pela institucionalização, notamos que há um reconhecimento de que, mesmo depois de seu fim, aquela experiência seguiu alimentando outras organizações.

Questionada sobre se considerava o movimento estudantil chileno um caso de "nova esquerda", a imensa maioria dos ativistas entrevistados que participaram do levante de 2011 afirma que sim. No caso dos ativistas chilenos notamos que tende a predominar uma demarcação mais nítida entre "velho" e "novo" através da contraposição aos partidos da Concertación. Um dos ativistas afirma que:

> Acredito que a razão pela qual esse simbolismo da Nova Esquerda está começando a emergir é porque, em geral, acredito, os progressistas latino-americanos estavam levemente em crise. E em particular no Chile. (...) tínhamos uma centro-esquerda chilena que não estava promovendo um programa de mudanças. (...) Embora a demanda do movimento estudantil chileno possa ser definida como um "Estado social-democrata europeu de bem-estar social", que não está no campo da nova esquerda, é uma demanda marcada em um contexto histórico que rejeita as regras estabelecidas pela globalização como a conhecemos no neoliberalismo. (...) Mais do que propor ideias muito novas, o que estava sendo gerado em 2011, é que se propunha uma esquerda que entende suas derrotas, entende seus fracassos e busca novos caminhos. Uma es-

querda não nostálgica. Uma esquerda crítica dos socialismos reais; uma esquerda crítica dos 20 anos da "terceira via" e com vontade de criar coisas novas (Entrevista 11 – realizada em 3/12/2019).

Além de se identificarem como movimentos de nova esquerda, outras semelhanças são compartilhadas entre os ativistas. Todos os entrevistados, por exemplo, atribuem um caráter nacional aos seus respectivos movimentos. Além disso, compartilham de referências internacionais comuns. Diante da pergunta "Quais as referências internacionais, entre partidos e movimentos sociais, mais presentes nos debates do seu movimento?" os ativistas entrevistados mencionaram, ao todo, quinze movimentos, partidos ou processos sociais ou históricos da Europa, Oriente Médio e Norte da África, Estados Unidos e América Latina. A referência mencionada mais vezes foi a Espanha, com o movimento dos "Indignados". Curiosamente para os ativistas do movimento #YoSoy132, depois dos "Indignados", o movimento mencionado mais vezes como referência foi justamente o movimento estudantil chileno do ano anterior. Já para os ativistas do MTST as duas referências internacionais mais presentes são o Podemos e o movimento piquetero da Argentina, de onde, segundo os militantes do MTST, vieram novas táticas para a luta nas cidades. Para os ativistas do movimento estudantil chileno as referências são muito variadas, se repetindo apenas a referência ao movimento Occupy Wall Street. Também foram mencionados, com menos força, a Primavera Árabe, o zapatismo e o bolivarianismo.

Outra semelhança entre os casos escolhidos diz respeito a como os ativistas enxergam o movimento em relação aos partidos progressistas. Para verificar a autoimagem do movimento em relação à sua localização no campo das esquerdas, pedimos que respondessem à seguinte pergunta: "Se dividirmos a esquerda numa escala de 1 a 10, onde 1 representa a esquerda social-democrata e 10 representa as organizações políticas de extrema-esquerda, onde você situaria seu movimento?". Os ativistas mexicanos classificaram o movimento #YoSoy132 como estando entre 5 e 8, portanto bastante distante de uma perspectiva social-democrata. O mesmo aconteceu com os ativistas do MTST, que localizaram o movimento entre 5 e 7. Já os ativistas do movimento estudantil chileno foram os que apresentaram uma classificação mais flexível, indo do 3 ao 7, mas em geral, se veem mais distantes que próximos das posições social-democratas.

Mas nem tudo são semelhanças. No Chile e no México, países governados por coalizões de direita quando da eclosão das mobilizações de 2011 e 2012,[106] os ativistas classificaram o governo da época como um "adversário" e definiram as relações entre movimento e Estado como "muito ruins". No caso do Brasil, onde havia um governo de centro-esquerda, os ativistas do MTST se dividiram. A maioria definiu as relações com o governo da época como "regulares" enquanto a minoria dos entrevistados definiu-as como "ruins". Nos casos chileno e mexicano, todos os entrevistados consideravam os governos da época como adversários do movimento. No caso brasileiro, os ativistas do MTST identificavam no governo um comportamento "contraditório" e não o viam como adversário ou aliado. Como se nota, apesar de terem trilhado caminhos distintos em relação ao processo de institucionalização, os casos escolhidos compartilham de características comuns e nos permitem explorar, com mais riqueza de detalhes, as condições que incidem sobre o processo de institucionalização.

---

[106] No Chile, Sebastián Piñera (2010/2015); no México, Vicente Calderón (2006-2012).

O movimento estudantil chileno e a construção da Frente Ampla

Já se tornou lugar comum afirmar que o Chile foi uma espécie de laboratório das políticas neoliberais na América Latina. Com o golpe militar liderado por Augusto Pinochet, em 1973, foi interrompida a experiência nacional-popular iniciada apenas três anos antes com a chegada de Salvador Allende[107] ao poder e promovida uma guinada na orientação econômica do Chile. Ao invés de um Estado de bem-estar social voltado à ampliação de direitos sociais, foi implementado um projeto econômico desestatizante liderado por um grupo de jovens economistas discípulos de Milton Friedman[108] apelidados de "Chicago Boys".

A receita neoliberal no Chile, aplicada com variações em toda a América Latina, consistia na privatização de setores estratégicos da economia, abertura ao mercado externo, desregulamentação das medidas de proteção ao mundo do trabalho, redução do investimento público e diminuição do papel do Estado na garantia de direitos sociais como saúde e educação. De acordo com as teses neoliberais, diminuindo a interferência

107 O médico Salvador Allende chegou à Presidência da República após ser derrotado em três eleições anteriores. Sua coalizão, a Unidade Popular, era composta por socialistas, comunistas, democratas-cristãos dissidentes e outros setores de esquerda e centro-esquerda. A UP defendia uma transição pacífica e democrática ao socialismo.

108 Professor da Universidade de Chicago, vencedor do Prêmio Nobel de Economia e considerado um dos principais ideólogos do neoliberalismo. Foi conselheiro dos presidentes estadunidenses Richard Nixon, Gerald Ford e Ronald Reagan. Defendeu a presença de um Estado mínimo, responsável apenas pela garantia da estabilidade monetária, das liberdades econômicas, da administração da Justiça e do direito de propriedade.

estatal na economia o livre mercado criaria formas de autorregulação baseadas na competição, oferecendo melhores preços e serviços e desonerando o Estado de suas obrigações. Assim, sob o governo autoritário de Pinochet, direitos sociais foram transformados em "serviços" e entregues à administração privada.

Concebendo o papel do Estado como mero subsidiário da garantia das políticas sociais, as reformas neoliberais extinguiram a ideia de acesso universal à saúde, educação ou previdência. O sistema de seguridade social foi entregue a fundos privados e foi adotado o regime de capitalização, onde cada trabalhador deveria fazer sua própria poupança junto às chamadas Administradoras de Fundos de Pensão (AFP) que cobram uma taxa de administração e competem entre si para controlar o maior número de contribuições possível. O sistema de saúde, antes controlado pelo Serviço Nacional de Saúde, foi descentralizado e aberto ao capital privado e a participação do Estado no financiamento do setor diminuiu, obrigando o pagamento por serviços privados.[109]

Na educação, a orientação privatista foi semelhante. Uma reforma educacional promovida em 1981 incorporou o setor privado como provedor de serviços educacionais financiados com recursos públicos, os chamados "colégios subvencionados". O financiamento às instituições públicas deu lugar a um subsídio por demanda e os professores das escolas estatais passaram a ser regidos pela legislação do setor privado, impactando as remunerações e tirando-lhes a estabilidade profissional. Nas universidades públicas, enquanto cursos eram fechados e estudantes expulsos, o governo autoritário impôs a Ley General de las Universidades. Ela determina que as instituições privadas (universidades, faculdades, centros de formação técnica) e as instituições públi-

---

[109] Ruiz Encina, C. E. *Conflicto social en el neoliberalismo: análisis de classe de la revuelta estudiantil en Chile*. Buenos Aires: CLACSO, 2013.

cas deveriam competir de maneira igualitária pelo financiamento estatal através de um aporte fiscal indireto sujeito à captação de estudantes de melhores rendimentos.[110] A competição por esses recursos estimula um regime de autofinanciamento para as instituições estatais que traz consigo a cobrança de mensalidades e a criação de um sistema de crédito voltado aos estudantes de menor renda que os endivida com o Estado.[111]

Além dessas medidas que impactaram os serviços públicos, outras tiveram impacto na dinâmica geral da economia chilena. Das mais de 400 empresas públicas existentes em 1973, sobram apenas 15 após o "choque neoliberal" de Pinochet. Áreas estratégicas da economia antes sob controle do Estado, como a exploração do cobre, foram entregues à exploração privada e a abertura econômica permitiu uma forte vinculação entre os capitais nacionais e a dinâmica especulativa do capital financeiro internacional.[112] Quando o regime de Pinochet chegou ao final o Chile era considerado um modelo de implementação das políticas neoliberais. Mas os resultados não foram animadores. Em termos de desigualdade, o país está na média da América Latina, região mais desigual do mundo. Em comparação com os países da OCDE, é o pior nesse quesito: 1% mais rico da população concentra 25% da riqueza nacional.[113] Os serviços públicos são subfinanciados e hoje o valor das aposentadorias pagas à

---

110 Ibid., p. 19.

111 Levy, D. *La Educación Superior y el Estado en Latinoamérica: Desafíos privados al predominio público.* Cidade do México: FLACSO-CESU, Colección Problemas Educativos de México, 1995.

112 Ruiz Encina, C. E., op cit.

113 Contreras, D. "No Chile, vitrine da América do Sul, 85% não podem pagar pela saúde". Entrevista. Revista Veja.

maioria dos chilenos varia entre 30% e 40% do salário-mínimo nacional, que é de 300 mil pesos chilenos (R$ 1.625).

O impacto das políticas neoliberais na educação não gerou reações imediatamente. Durante toda a primeira década de governos da Concertación, por exemplo, não foram registradas grandes mobilizações estudantis. Isso mudou abruptamente no começo do ano escolar de 2001, quando milhares de estudantes secundaristas realizaram massivos protestos em frente ao Ministério da Educação exigindo a diminuição do preço das passagens de ônibus, reajustado no ano anterior (UNICEF, 2014).[114] A revolta, popularmente conhecida por *mochilazo*, teve seu auge em abril de 2001, quando diversas organizações, encabeçadas pela Asemblea Coordinadora de Estudiantes Secundarios (ACES), promovem uma paralização que envolve mais de 400 mil estudantes em todo o país. Com a onda de protestos, o passe escolar metropolitano passou a ser administrado pelo governo nacional e se tornou gratuito para boa parte dos estudantes secundaristas e universitários.

Cinco anos depois, uma nova onda de protestos estudantis marcaria a cena política chilena. A chamada "revolta dos pinguins" (chamada assim devido à cor dos uniformes dos estudantes) articulava uma plataforma de reivindicações mais ampla e denunciava as más condições dos estabelecimentos públicos de ensino. As demandas incluíam mais e melhores alimentos nas merendas, gratuidade da prova de seleção universitária, gratuidade da passagem escolar para todos e oferecimento de bolsas para estudantes escolas técnicas e profissionais que realizavam seus estágios em empresas. No ano anterior o governo da Con-

---

[114] UNICEF. *La Voz del Movimiento Estudiantil 2011: Educación Pública, Gratuita y de Calidad.* Fondo de las Naciones Unidas para la Infancia, UNICEF, 2014. https://unicef.cl/web/wp-content/uploads/2014/07/Movimiento-estudiantil.pdf

certación já havia enfrentado protestos por conta da aprovação de uma Lei de Financiamento a Educação Superior que criou subsídios estatais para estimular a concorrência de grupos empresariais privados ligados ao mercado de serviços de crédito universitário. Esses protestos, porém, não chegaram a formar um contexto de instabilidade política como em 2006. A "revolta dos pinguins" chegou a paralisar metade das escolas chilenas e ampliou suas reivindicações. Como aponta estudo do UNICEF:

> À medida que mais estudantes se juntavam às mobilizações, reivindicações mais abrangentes se delineavam, conseguindo ir além do caráter meramente "sindical" observado no "Mochilazo" de 2001. Apareceram na opinião pública os questionamentos sobre a Jornada Escolar Completa e a qualidade geral da educação - especialmente aquela administrada pelos municípios, daí a centralidade das demandas relacionadas à desmunicipalização da educação - e a denúncia da forte desigualdade do sistema educacional em geral.

Com o intuito de encontrar uma saída para o conflito, o governo formou uma comissão ampla para discutir melhorias no ensino do país e reformular a Lei Orgânica Constitucional da Educação, herdada dos tempos de Pinochet. Em 2009, depois de muitos meses de negociação, uma nova lei educacional foi promulgada. O lento processo de implementação da nova lei associado a problemas crônicos envolvendo o financiamento da educação superior, impulsionariam, dois anos depois, um novo levante estudantil.

A revolta de 2011 reúne estudantes universitários e secundaristas, articulando reivindicações particulares de cada segmento (como aconteceu no mochilazo), demandas gerais relacionadas à qualidade da educação (como na revolta dos pinguins) e vai além, endereçando uma dura crítica à herança neoliberal do Chile de Pinochet. Embora a Concertación já não estivesse mais no poder – o conservador Sebastián Piñera havia assumido o mandato presidencial poucos meses antes – os protestos de 2011 expressavam uma dura crítica ao modelo preservado desde o processo de redemocratização do país. Frustrados pela lentidão das reformas e acossados pelo endividamento imposto pelo modelo de financiamento educacional, os estudantes buscavam encarnar o mal-estar presente na sociedade chilena.

Na primeira etapa, o movimento apresentou demandas bem específicas, como a reconstrução das escolas afetadas pelo grande terremoto do ano anterior, melhoria na qualidade das escolas técnicas, gratuidade da carteira estudantil durante todo o ano e uma reforma constitucional para devolver ao governo nacional a prerrogativa de administrar as escolas públicas. Em maio o movimento convoca uma grande marcha para o dia 1º de junho que reúne cerca de 20 mil participantes. O governo Piñera havia acabado de enviar ao congresso nacional uma proposta de reforma universitária e estabelecera negociações entre governo e o movimento. Radicalizados, os secundaristas iniciam uma série de ocupações de escolas. A iniciativa é apropriada pelos universitários, que também realizam ocupações em diversos prédios públicos. Em 16 de junho acontece uma marcha que reúne 100 mil pessoas em Santiago e a mesma quantidade espalhada pelo país. O governo se manifesta oferecendo canais de diálogo enquanto aumenta a repressão contra as manifestações. No fim do mês acontece a maior manifestação estudantil da história do Chile: 100 mil pessoas marcham em Santiago e outras 400 mil em todo o país. Assembleias estudantis se multiplicam, os porta-vozes do movimento – Camila Vallejo, Gabriel Boric e Giorgio Jackson – se transformam em verdadeiras celebridades[115]. No fim do mês de junho, o ministro da educação é demitido e novas marchas são convocadas. Pesquisas mostram que 80% da população rechaça a cobrança de mensalidades nas universidades. O movimento estudantil havia conquistado a maioria da sociedade para sua causa. Gradualmente, as reivindicações vão se ampliando e transbordam os temas educacionais, chegando à abolição da Constituição de 1980 e a nacionalização das reservas de cobre.[116] Questionado acerca das novidades trazidas pelo movimento estudantil de 2011 um ativista afirma:

> Foi a primeira mobilização social pós-ditadura que questionou, massivamente e com amplo caráter social, certos fundamentos do modelo político e econômico da transição. Porque questiona a mercantilização da educação; questiona o caráter subsidiário do Estado, e o faz pela primeira vez com grande massa, ou seja, com um apoio que misturava duas coisas: a reivindicação dos setores médios formados contra a ditadura, com as camadas consti-

---

[115] Hoje os três são, ao lado do prefeito comunista do município de Recoleta, Daniel Jaude, os principais nomes da coalizão Apruebo Dignidad, formada pela Frente Ampla e pelo Partido Comunista, responsável pela eleição de Boric à presidência do Chile em dezembro de 2021 com a maior votação da história do país.

[116] UNICEF. *La Voz del Movimiento Estudiantil* 2011*: Educación Pública, Gratuita y de Calidad.* Fondo de las Naciones Unidas para la Infancia, UNICEF, 2014; Donoso, S. *La reconstrucción de la acción colectiva en el Chile post-transición: el caso del movimiento estudiantil.* Buenos Aires: CLACSO, 2014; Bidegain, G. P., op. cit.; Büllow, M; Bidegain, G. P. "Se Necesitan Dos Para Bailar Tango: Estudiantes, Partidos Políticos y Protesta en Chile (2005-2013)" em Almeida, P; Ulate, A. C. *Movimientos sociales en America Latina: Perspectivas, tendencias y casos.* Buenos Aires: CLACSO, 2017.

> tuídas no calor do neoliberalismo e que não tinham tradição de mobilização. E o 2011 pela primeira vez une esses dois mundos. Há um caráter de classe diverso, de um Chile que está morrendo e de um Chile que está nascendo (Entrevista 9 – realizada em 19/11/2019).

O caráter antineoliberal do movimento é observado como uma característica quase que inerente ao levante estudantil de 2011. Os dirigentes enxergam aquelas mobilizações como parte de uma resposta ao esgotamento de um modelo político e econômico herdado do regime militar. Outra ativista, do interior do Chile, expressa um ponto de vista semelhante:

> Sempre achei que os movimentos estudantis são uma manifestação da finalização da transição em nosso país (...) sinto que os movimentos estudantis, e em particular o movimento de 2011, vieram para colocar em xeque a democracia fraca, ou seja, a concepção de democracia de transição, que é uma democracia de transição de baixíssima intensidade, onde os movimentos sociais são um elemento de tensão na institucionalidade, mas não um elemento deliberativo da política (Entrevista 8 – realizada em 20/11/2019).

As mobilizações continuaram ao longo de todo 2011 até o final do ano letivo. Os canais de diálogo entre movimento e governo estavam fechados e embora a maioria da opinião pública seguisse apoiando os estudantes, parte considerável começa a expressar sua reprovação em relação às formas de luta do movimento, como ocupação de prédios públicos ou marchas em locais não autorizados.[117] No final de 2011, o movimento arrefeceu, mas

[117] UNICEF, 2014, op. cit.

a energia desencadeada ao longo do semestre começa a buscar canais para se organizar. Um ativista entrevistado lembra que

> [O movimento estudantil] naquela época era muito politizado, no sentido de que havia muita militância política. Por um lado na juventude política, e por outro, nos coletivos, que eram uma forma que, no início dos anos 2000, se expandiu muito após a crise dos partidos de esquerda que começaram a perder muita legitimidade no movimento popular (Entrevista 9 – realizada em 19/11/2019).

Embora houvesse entidades estudantis reconhecidas e uma cultura de organização política em coletivos, a crise do sistema político alimentava a ideia de que era necessário construir instrumentos políticos próprios. Embora os partidos de esquerda tradicionais tivessem presença no movimento – basta notar que Camila Vallejo, uma das principais lideranças da Universidade do Chile, é filiada desde antes dos protestos ao Partido Comunista – a rejeição ao sistema de partidos tal como existia era grande. Como destacam Bülow e Bidegain,[118] durante os governos da Concertación sempre existiram no interior do movimento estudantil ativistas alinhados às posições da coalizão, em geral jovens militantes das juventudes dos partidos políticos de centro-esquerda. Porém, esses laços se debilitaram ou desapareceram depois da "revolução dos pinguins" de 2006 e a nova lei educacional de 2009.[119] Essa deterioração dos laços entre movimento estudantil e os antigos partidos de esquerda gera uma mudança geracional que impacta as identidades políticas. Segundo Ruiz Encina:

---

[118] Büllow, M; Bidegain, G. P., op. cit.

[119] Ibid., p. 330.

> Precisamente, são os novos grupos sociais que emergem na história recente deste "neoliberalismo avançado" aqueles em que explodem os graus mais acentuados de desidentificação política e os consequentes vazios de representação desse tipo, abrindo questões fundamentais sobre o processo político e social chileno em curso e sua compreensão em termos de classe.[120]

Os setores sociais que impulsionaram os protestos em 2011 – onde o peso dos segmentos médios era particularmente relevante – amadureceram rapidamente a compreensão de que a arena institucional era um espaço a ser ocupado. De acordo com a maioria dos entrevistados, em geral, o debate sobre a formação de novos partidos começou imediatamente após as manifestações, em 2012. Uma ativista afirma, por exemplo, que

> Nós acreditávamos que havia uma potencial emergência política de uma força antineoliberal. E, portanto, de institucionalização para se projetar, digamos, para os espaços de poder. E como vimos esse potencial, consideramos então que a disputa eleitoral que estava por vir, dois anos depois, era um primeiro passo para projetar e mostrar como era possível gerar certas fissuras no sistema institucional para que novos interesses entrassem na política (Entrevista 12 – realizada em 24/11/2019).

Diferentes partidos criados a partir de 2011 têm origem em movimentos políticos ou coletivos universitários que já existiam. Assim, nem todos os partidos que surgem do levante estudantil são propriamente "novos". Alguns deles, como veremos, aproveitaram as circunstâncias para colocar em andamento projetos

[120] Ruiz Encina, C. E., op. cit., p. 10.

de institucionalização que seriam impensáveis fora de uma conjuntura de conflito social agudo.

A Frente Ampla (FA), coalizão que reúne a nova esquerda chilena, era composta no final de 2019 por seis partidos e organizações políticas. Entre os partidos registrados junto ao Serviço Nacional Eleitoral do Chile estão Revolución Democrática, Comunes, Convergencia Social e Partido Liberal do Norte. Além deles, também compõem a FA o Partido Pirata e o Movimento Democrático Popular. Três partidos deixaram a frente no final de 2019 por divergências em relação ao acordo firmado com vistas à convocação de um processo constituinte, como resposta à recente onda de protestos no país: Partido Humanista, Partido Ecologista Verde e Partido Igualdade. Entre as legendas que permanecem na FA, três são herdeiras diretas dos protestos estudantis de 2008: Revolución Democrática, Comunes e Convergencia Social. Cada uma delas, curiosamente, estabeleceu uma dinâmica particular de institucionalização. Enquanto Revolución Democrática legalizou-se como partido cumprindo os requisitos exigidos pela legislação partidária após as eleições 2013, Comunes é resultado da fusão entre o movimento Izquierda Autónoma, integrado por líderes estudantis de 2011, e um partido legal chamado Poder Ciudadano. Já Convergencia Social, por sua vez, é resultado da junção de diferentes grupos da esquerda chilena oriundos do levante estudantil de 2011 que se uniram em 2018. No entanto, em sua primeira tentativa de legalização, o partido não cumpriu os requisitos para registro legal junto ao Serviço Nacional Eleitoral. Entre seus principais nomes está Gabriel Boric, um dos principais líderes do movimento estudantil de 2011, deputado pela região de Magallanes, extremo-sul do Chile, e recém-eleito presidente do país.

Revolução Democrática (RD) foi formado em janeiro de 2012, imediatamente após o auge dos protestos estudantis. Ele se define como um partido político "conformado por membros do movimento estudantil e outros grupos, protagonistas das mobilizações de 2011. Seu principal dirigente e líder é o deputado Giorgio Jackson Drago".[121] Giorgio, ao lado de Gabriel Boric e Camila Vallejo, é reconhecido como uma das principais lideranças dos protestos de 2011. Não por acaso todos se elegeram deputados nas eleições legislativas de 2013, sendo Giorgio o mais votado daquelas eleições em todo o país.

Em seus documentos, RD define como seus objetivos principais "superar a ordem neoliberal imposta à sociedade" e construir um "Estado social e democrático de Direito" afirmando que "a aliança entre Estado e cidadania se converte numa das ferramentas mais poderosas para a disputa entre o neoliberalismo e os direitos sociais".[122] Não há referências ao socialismo ou à superação do capitalismo. O partido só conseguiu seu registro em 2016. Até lá, fez oposição ao governo de Sebastián Piñera (2011-2014) e estabeleceu, durante os primeiros meses do governo de Michele Bachelet[123] o que o partido chamou de "colaboração crítica", ocupando alguns espaços no Ministério da Educação. Nas eleições de 2013, ainda sem registro legal, RD apoiou diferentes candidatos oriundos do movimento estudan-

---

121 RD. Nuestra História. Santiago, 2012.

122 Ibid.

123 Eleita para um novo mandato em 2014, Bachelet liderou uma nova coalizão que deu lugar à antiga Concertación. A chamada Nueva Mayoria reunia os partidos que faziam parte da Concertación e mais algumas poucas legendas, como o Partido Comunista. De resto, se manteve a hegemonia da aliança entre Partido Socialista e Democracia Cristã.

til, incluindo Boric (candidato independente em Magallanes) e Camila Vallejo (candidata pelo Partido Comunista, em Santiago). Giorgio Jackson foi eleito pelo Distrito 22, em Santiago, como candidato independente dentro da lista da Nueva Mayoria. Naquele distrito o Partido Socialista não lançou candidato, o que favoreceu Jackson. Após consulta realizada junto à militância, o partido decide iniciar o processo de registro formal junto à Justiça Eleitoral. Segundo dados disponibilizados em seu website, 23% da militância do partido posicionou-se contra a transformação de RD em partido legal, o que demonstra alguma resistência ao processo de institucionalização. Nos seus primeiros anos, RD era o partido que mantinha melhores relações com os antigos partidos de esquerda, até a ruptura com o governo de Bachelet, em 2016. O partido chegou a colaborar com a implementação da reforma universitária do governo da Nueva Mayoria, mas afastou-se e foi um dos principais impulsionadores da criação da Frente Ampla e da candidatura presidencial de Beatriz Sánchez (2017). Conta atualmente com oito deputados e deputadas na Câmara dos Deputados e é a segunda maior força dentre da coalizão frenteamplista.

Outro partido oriundo do movimento estudantil é Comunes. Resultado de uma recente fusão, o partido acolheu os militantes da Izquierda Autónoma, organização política oriunda dos coletivos estudantis anticapitalistas dos anos 2000. Ele se define como um partido "de esquerda, feminista, popular e democrático". Diferente dos grupos que formaram Revolución Democrática, muitos militantes da Izquierda Autónoma vêm da tradição marxista de vertente gramsciana. O grupo era um dos tantos coletivos universitários autonomistas que atuavam nas principais instituições de ensino superior do país, até que em 2011 seus líderes ganharam projeção nacional. Nas eleições de 2013 inscreveram três candidaturas independentes: Boric (Magallanes), Francisco Figueroa (Santiago) e Daniela López (Valparaíso). Dos três, apenas Boric conseguiu se eleger, o único dos líderes estudantis a conquistar uma vaga na Assembleia Nacional sem o apoio da Nueva Mayoria[124].

Desde então, Boric e seu grupo mantiveram uma posição de equidistância em relação ao bloco governista. No segundo turno das eleições presidenciais de 2015 ele sequer apoiou a candidatura de Bachelet.[125] Após várias divisões, os remanescentes da Izquierda Autónoma decidiram realizar uma fusão com um partido legal chamado Poder Ciudadano no início de 2019, dando origem a Comunes. O partido se define como parte dos processos de luta contra o neoliberalismo e afirma em sua declaração de princípios que seu objetivo é a construção de uma "democracia radical":

> (...) através de várias mobilizações sociais durante a última década, estudantes, feministas, aposentados, trabalhadores e comunidades de base colocaram no centro das preocupações do país as dívidas democráticas da transição e os direitos negligenciados da maioria. É contra esse processo de rearticulação e mobilização popular que as elites reagem, histéricas, à possibilidade de um maior protagonismo popular na política e à emergência de uma

---

124 Tanto Giorgio Jackson quanto Camila Vallejo foram eleitos em Santiago dentro da lista da Nueva Mayoria. O primeiro como candidato independente; a segunda como candidata do Partido Comunista.

125 El Dinamo. "Boric descarta apoyo a Bachelet em segunda vuelta". Santiago, 20 de novembro de 2013.

alternativa democrática à ditadura do mercado. É esse processo de autonomia popular que devemos revitalizar.[126]

A fusão, porém, reúne tradições políticas diversas. Enquanto Izquierda Autónoma vem do movimento estudantil de vertente marxista, Poder Ciudadano era um partido de centro-esquerda formado em 2015 por ex-apoiadores de Michele Bachelet. Em 2017 a legenda decide apoiar Beatriz Sánchez e ingressar na Frente Ampla e, em 2018, se iniciam as negociações para a criação de Comunes. Nas eleições de 2021 o partido elegeu seis parlamentares à Câmara dos Deputados.

Por fim, outro partido formado por ex-militantes estudantis é Convergencia Social. O partido é resultado da fusão de diferentes grupos políticos no interior da Frente Ampla, como o Movimiento Autonomista (uma dissidência da Izquierda Autónoma liderada por Boric), Izquierda Libertaria, Nueva Democracia e o movimento Socialismo y Libertad. Em abril de 2019 esses coletivos se unificam, formando o partido Convergencia Social. No entanto, a maioria deles já existia como organização política no interior da Frente Ampla. A fusão é resultado de uma série de debates travados no interior dos diferentes movimentos de tradição autonomista[127] que, em 2016, realizam uma conferência e decidem envidar esforços para criar um partido

[126] Comunes. Declaración de Princípios. Horizonte Común: una Democracia Radical, Feminista y Popular. Santaigo, 2019.

[127] O autonomismo é uma forte corrente política da esquerda estudantil chilena. Diferente do Brasil, porém, o autonomismo não é uma vertente do anarquismo, sendo melhor representada como uma corrente marxista independente (ou "autônoma") das antigas correntes socialista (PS) e comunista (PC chileno). A maioria dos militantes autonomistas estavam organizados em um movimento

político legal. O movimento, no entanto, se divide, com uma parte se somando à construção de Comunes e outra participando da criação de Convergencia Social. Em seus estatutos o partido afirma que

> A Convergência Social é uma organização política de cidadãos e cidadãs comprometidos e comprometidas com a construção de uma sociedade socialista, democrática, libertária e feminista, baseada no fortalecimento e aprofundamento da democracia econômica, social e institucional. (...) Neste quadro, um projeto socialista histórico deve consistir em transformações sociais e institucionais que envolvam a redistribuição do poder e a democracia radical para uma nova ordem social, enquadrada num projeto soberano, independente, nacional e continentalmente integrado, com pleno respeito, garantia e promoção dos direitos humanos garantidos na Constituição e nos tratados internacionais assinados e ratificados pelo Chile.[128]

Diferente de Comunes e RD, Convergencia Social afirma claramente que seu objetivo é a conquista de uma "sociedade socialista" ainda que alcançada pelo "aprofundamento da democracia econômica, social e institucional". O partido está em processo de legalização, cumprindo os requisitos exigidos pelo Serviço Nacional Eleitoral do Chile. Recentemente, viveu uma crise interna por conta do processo de negociação para convocação de um processo constituinte no país, levando à ruptura do prefeito de Valparaíso, Jorge Sharp, e à suspensão de Gabriel Boric, que apoiou o acordo. Nas eleições de 2021 tornou-se o partido com

---

chamado La Surda, que se dissolveu em diferentes agrupamentos no final da década passada.

128 Convergencia Social. Estatutos. Santiago: 2019.

maior presença na Câmara dos Deputados entre aqueles que compõem a FA, com nove parlamentares.

Como vemos, além de marcadamente antineoliberais, os partidos oriundos do movimento estudantil chileno afirmam princípios característicos da nova esquerda em outras partes do mundo: a defesa de uma democracia radical, o reconhecimento do feminismo e da perspectiva ecológica como elemento estruturante de suas estratégias políticas, a retórica tipicamente "populista". Além do mais, esses partidos são a coluna vertebral da Frente Ampla. Dos 37 deputados e deputadas eleitas em 2021 pela coalizão Apruebo Dignidad, 23 são oriundos das três legendas. Não é exagero dizer, portanto, que os partidos impulsionados pelo movimento estudantil chileno de 2011 estão entre os principais responsáveis pela criação da Frente Ampla e sua consolidação enquanto força política alternativa à coalizão progressista liderada pelo Partido Socialista. O resultado da primeira eleição presidencial da Frente Ampla (2017) com a candidatura da jornalista Beatriz Sánchez[129] mostra a relevância do espaço político conquistado por essas forças políticas. Foram 1.336.824 votos (20,27%) contra 1.497.118 (22,7%) do candidato da Nueva Mayoria. Em primeiro lugar ficou Sebastián Piñera, que alcançou 2.417.216 votos (36,64%). No próximo capítulo analisaremos os fatores que levaram a esse bem-sucedido processo de institucionalização que originou novas forças políticas oriundas do movimento estudantil de 2011.

---

[129] Beatriz Sanchéz Muñoz é uma importante jornalista política chilena. Trabalhou nas principais rádios de Santiago e foi convidada para ser candidata pela Frente Ampla em 2017. Ele venceu as primárias com 68% dos votos, apoiada por Revolución Democrática e os ativistas da Izquierda Autonomista.

MTST: de junho de 2013 à candidatura de Guilherme Boulos

Entre os movimentos analisados neste trabalho, dois deles são produto direto das chamadas "revoltas de indignação". São movimentos disruptivos que se impõem como reação à crise do modelo neoliberal. Embora seja verdade que o movimento estudantil no Chile contava com uma organização prévia através de suas entidades representativas (federações e confederações), o levante estudantil de 2011 extrapolou completamente o alcance que esses organismos exerciam até então.[130] No caso do MTST, o fenômeno é diferente. Quando a crise social de 2013 explode no Brasil, o movimento já tinha 13 anos de um trabalho árduo e paciente nas periferias de São Paulo.

Suas origens remontam ao final dos anos 1990. O Movimento dos Trabalhadores Rurais Sem-Terra (MST) era, então, o principal movimento social brasileiro, com forte influência na esquerda partidária, particularmente junto ao PT. Um ano após o massacre de Eldorado dos Carajás[131] o movimento realiza uma grande mobilização nacional, conhecida como Marcha Nacional por Emprego, Justiça e Reforma Agrária. Saindo de diferentes pontos do país, grupos de militantes do MST se deslocaram a pé até Brasília para lembrar o primeiro ano do massacre e denunciar os impactos das políticas neoliberais implementadas pelo governo de Fernando Henrique Cardoso. No dia 17 de

---

130 Donoso, 2014, op. cit.

131 O massacre de Eldorado dos Carajás, estado do Pará, ocorreu em 17 de abril de 1996. Numa operação para desobstrução de uma rodovia bloqueada por militantes do MST, foram assassinados 19 trabalhadores rurais, numa ação denunciada internacionalmente. O governo do Pará, à época, também era governado pelo PSDB.

abril de 1997 o movimento chega à capital reunindo milhares de pessoas na maior manifestação ocorrida até então contra o neoliberalismo no Brasil. A marcha se repetiria em 1999, quando ficaria conhecida como "marcha dos 100 mil".[132]

Após a marcha de 1997, o contato do MST com os centros urbanos por onde passaram os manifestantes estimula uma reflexão sobre a necessidade de interagir com os trabalhadores e trabalhadoras das cidades. A partir disso o movimento concluiria que a crescente urbanização promovia um processo de deslocamento da disputa política em torno da reforma agrária para as cidades. Em função disso o MST altera seu lema para "Reforma Agrária, uma luta de todos". É a partir daí que surge o MTST como instrumento de organização popular nas cidades.[133] O próprio movimento, em sua Cartilha do Militante, admite essa origem, quando descreve o MST como "um movimento sério que sabe que a maioria do povo pobre vive na cidade e não nas áreas rurais. Com isto, percebeu a necessidade de ajudar os trabalhadores urbanos a se organizarem para lutar também por melhores condições de vida".[134] O mesmo documento afirma ainda que o MTST tem origem direta do MST:

> Foi assim que, na marcha nacional que o MST realiza todos os anos, no ano de 1997, este movimento resolveu liberar militantes comprometidos com a transformação da sociedade para criar um movimento urbano. Estes militantes começaram a estudar os pro-

---

132 Folha de S. Paulo. "FHC enfrenta maior ato contra seu governo hoje". Edição de 26 de agosto de 1999.

133 Miagusko, E. Movimentos de Moradia e Sem Teto em São Paulo: experiências no contexto de desmanche. Tese (Doutorado). São Paulo: USP, 2004.

134 MTST. Cartilha do Militante. São Paulo: 2005.

> blemas que os trabalhadores viviam com mais dificuldade e perceberam que, naquele momento, dois eram os mais preocupantes: Moradia e Trabalho.[135]

O MTST surge como parte de uma análise consciente das transformações produzidas pela reestruturação das relações de produção sob o neoliberalismo e a necessidade de alcançar os trabalhadores e trabalhadoras dos centros urbanos que não podiam ser disputados pelas formas tradicionais de organização política do mundo do trabalho, os sindicatos. O MTST, portanto, diferente de outros movimentos de moradia em São Paulo, traz consigo o "DNA" de um movimento consolidado ao longo de 15 anos, que desenvolveu dinâmicas de luta eficientes no campo e que tinha um projeto político que ia além da conquista de casas para quem não as tinha. Como afirma um membro da Coordenação Nacional do MTST:

> O MTST nasce em 97 crítico a um certo grau de acomodação e de institucionalização que os movimentos sociais urbanos já tinham sofrido nos anos 1990 como resultado da escolha política do PT de recuar um tanto do processo de luta social para a disputa estritamente institucional. (...). Depois da derrota de 1994 [na eleição presidencial] essa opção é muito clara. Isso, obviamente, pega a área de influência do PT nos movimentos sociais, com exceção do movimento sem-terra, que se mantém na década de 90 como o movimento mais combativo do Brasil. O MTST nasce na esteira do movimento sem-terra, estimulado por militantes do MST para ocupar o espaço que estava vazio de movimento combativo para fazer grandes ocupações dentro dos centros urbanos (Entrevista 1 – realizada em 26/11/2019).

---

135 Ibid.

A primeira ação de organização de um acampamento realizada pelo MTST ocorreu no município de Campinas-SP, na ocupação do Parque Oziel, e serviu como experiência para a aplicação da forma de organização de acampamentos do MST em um contexto urbano.[136] Não estão claras as razões, mas a crescente autonomia do MTST em seus anos iniciais acaba por provocar um afastamento do MST. Ainda assim, a forma centralizada e vertical de organização do movimento, o esforço em garantir uma dimensão mais generalizada das lutas urbanas, a valorização da formação política permanente e a noção de "latifúndios urbanos improdutivos" mostram a presença de fortes referências oriundas da luta dos sem-terra.[137]

Até 2007, as ocupações do MTST focaram a região metropolitana de São Paulo. A ideia era formar um "cinturão de lutas" em torno da capital através da ocupação de grandes áreas e terrenos, ao invés de prédios desocupados, como fazem outros movimentos de moradia. A explicação, segundo um dos dirigentes entrevistados, tem a ver com a percepção do papel da circulação na nova dinâmica do capitalismo e com os aprendizados que o MTST assimila de outros movimentos territoriais na América Latina, em especial os piqueteros da Argentina:

> Quando a gente começa a dialogar com os *piqueteros* argentinos, que tinham a ideia de cercar a região metropolitana, ou seja, você não precisar estar dentro... se você cercar a região metropolitana, fazendo travamentos de rodovias, primeiro você cria um proble-

[136] Goulart. D. C. O anticapitalismo do Movimento dos Trabalhadores Sem-Teto (MTST). Tese (Doutorado). Marília: UNESP, 2011.

[137] Miagusko, E. Movimentos de Moradia e Sem Teto em São Paulo: experiências no contexto de desmancha. Tese (Doutorado). São Paulo: USP, 2004.

> ma pra circulação do capital; segundo, você cria um ambiente político... então a gente começa a atuar junto às principais rodovias de São Paulo, cercando a região metropolitana (...) Isso é uma inspiração piquetera. E isso no país não havia sido feito ainda, pelo menos não dessa forma (Entrevista 5 – realizada em 4/11/2019).

Além de inovações nas formas de atuação, o MTST também buscava se diferenciar dos demais movimentos de moradia – a própria definição do movimento é a de "movimento popular urbano" – a partir de determinados princípios que marcarão sua trajetória. Dois deles, merecem destaque. O primeiro afirma que o movimento não deve "nunca colocar a luta e o poder político institucional (partidos políticos, eleições, voto, cargos no governo, etc.) como parte principal do movimento".[138] O segundo afirma que o movimento "nunca cobrará nada de nenhum lutador sem teto". Como afirma a Cartilha do Militante do MTST, esses princípios "fazem com que ele seja diferente de tudo aquilo que já existia antes de sua construção e provam que o quanto ele é importante para as massas trabalhadores e desempregados pobres do país".[139] Sob todos os pontos de vista, o MTST busca se afastar do pragmatismo que marca muitos movimentos sociais de moradia no final dos anos 1990, afirmando um perfil marcado pela autonomia e combatividade. A crítica ao processo de "institucionalização dos movimentos sociais" que se organizam a partir da ordenação da lógica do Estado e suas políticas, fóruns e dinâmicas, também será uma diferença

---

138 MTST, op. cit.

139 Ibid.

que o MTST buscará demarcar em seus primeiros anos, como atestam diferentes trabalhos sobre o movimento.[140]

Com o fechamento de centenas de postos de trabalho da região metropolitana de São Paulo ao longo dos anos 1990, produto do processo de mecanização da produção e desindustrialização do país, o MTST passa a contar com um contingente crescente de trabalhadores e trabalhadoras em condições econômicas de vulnerabilidade. A primeira grande ocupação ocorreu em 2000 na cidade de Guarulhos-SP e foi batizada com nome da revolucionária catarinense Anita Garibaldi. Em poucas semanas o terreno ocupado chegou a contar com 12.000 pessoas cadastradas e até hoje ocupa uma área grande no município.[141] Outras ocupações vieram em seguida em Osasco (2002), São Bernardo do Campo (2003) e São Paulo (2003) todas despejadas de forma violenta.

A sequência de ocupações frustradas, no entanto, não foi em vão. Segundo Goulart, a agitação provocada pelo movimento, as marchas e a exposição midiática fez com que novos ativistas se aproximassem do MTST: "eram os ex-petistas, os desiludidos com a atuação sindical em retração, ou contrariados com os partidos de esquerda e os jovens universitários que não conheceram o ascenso das lutas populares". As ocupações Chico Mendes, em Taboão da Serra, e João Cândido, em Itapecerica da Serra, iniciaram uma nova fase no MTST. Mais experientes desde os despejos anteriores e mais organizados, os sem-teto fizeram uso constante de marchas, acampamentos e bloqueios para pres-

---

140 Lima. S. L. Metamorfoses na luta por habitação: o Movimento dos Trabalhadores Sem-Teto (MTST). Tese (Doutorado). Rio de Janeiro: IUPPUR/UFRJ, 2004.; Miagusko, 2004, op. cit.; Goulart, D. C., op. cit.

141 Goulart, D. C., op. cit.

sionar os três níveis de governos, articulando uma importante rede de apoio nos demais movimentos sociais. As perspectivas de conquistas começaram a aparecer, viabilizando um período de crescimento do MTST.

Reeleito em 2006, Lula lança em 2008 o programa "Minha Casa, Minha Vida" através do Ministério das Cidades. O número crescente de ocupações e a nacionalização do movimento fazem com que o MTST pressione o governo federal a assumir o compromisso de incluir as famílias acampadas no novo programa e a criar políticas efetivas de reforma urbana. Vale lembrar que o movimento, nesse período, mantinha uma posição abertamente crítica aos governos liderados pelo PT. Numa entrevista concedida em 2006, logo após a reeleição de Lula, o então coordenador estadual do MTST em São Paulo, Guilherme Boulos, afirmou que: "Não vejo nenhum sinal de mudança importante na política do governo Lula para o próximo mandato. Penso que será o complemento fiel do primeiro: mais reformas neoliberais, mais cortes de investimento, mais dinheiro para os investidores financeiros".[142]

Em 2009 o governo federal cria um segmento específico do programa Minha Casa, Minha Vida voltado ao atendimento das demandas de movimentos sociais de moradia. Nessa modalidade, os recursos para a construção das habitações passariam a ser gerido por entidades ligadas aos movimentos sociais de luta por moradia, que tinham autonomia para contratar construtoras ou promover mutirões de construção. O resultado foi um aumento da qualidade dos imóveis com custos mais baixos em compara-

---

142 Boulos, G. "O MTST é mais que um movimento de moradia". Entrevista. São Paulo: 2006.

ção com as unidades produzidas pelas empreiteiras.[143] Essas conquistas impulsionam do crescimento do MTST que vai se expandindo e promovendo um processo de nacionalização. Em 2012 a ocupação Pinheirinho, uma área abandonada que foi ocupada pelos sem-teto no município de São José dos Campos, é alvo de uma violenta operação de reintegração de posse promovida pelo então governador de São Paulo, Geraldo Alckmin (PSDB), dando visibilidade nacional à luta dos movimentos de moradia.

Apesar da implementação de novas políticas de habitação, a leitura do MTST em relação aos governos petistas segue sendo crítica. Enquanto outros movimentos sociais apoiam abertamente o governo de Lula – CUT, UNE, MST, dentre outros – o MTST mantém uma posição de equidistância. Nas eleições presidenciais de 2010, por exemplo, dirigentes do movimento declararam apoio à candidatura de Luciana Genro, do PSOL. Além disso, durante alguns anos o MTST integra a Coordenação Nacional de Lutas (Conlutas), embrião de central sindical e popular hegemonizada pelo PSTU. Como destaca Oliveira:

> Ao mesmo tempo, os dirigentes políticos do movimento afirmam que se por um lado as políticas desenvolvidas pelos governos petistas beneficiaram em certos aspectos os trabalhadores de sua base, e em outros aspectos os prejudicaram (como veremos mais adiante, na questão das políticas de moradia). E por isso no plano geral, afirmam serem críticos aos governos petistas, adotando uma postura de fazer oposição ao governo devido as limitações que enxergam nele.[144]

---

143 Freitas, C. "20 anos dos MTST: um formigueiro contra o neoliberalismo". Esquerda Online. São Paulo: 2017.

144 Oliveira, M. C. Minha Casa, Minha Luta: o MTST frente a ofensiva neoliberal. Dissertação (Mestrado). Uberlândia: Universidade

Outros movimentos de moradia que se mantiveram na órbita do PT eram menos críticos aos governos petistas. Era o caso, por exemplo, das entidades que participavam do Fórum Nacional de Reforma Urbana, como a Central de Movimentos Populares (CMP), a Confederação Nacional das Associações de Moradores (CONAM) e o Movimento Nacional de Luta pela Moradia (MNLM). Mesmo a entrega do Ministério das Cidades, responsável pelas políticas habitacionais, ao Partido Progressista (PP), não foi suficiente para um afastamento desses movimentos em relação aos governos petistas.

A eleição de Dilma Rousseff, em 2010, não melhora as relações com o MTST. Os primeiros impactos da crise econômica se fazem sentir no Brasil e os movimentos sociais cobram medidas de proteção aos mais pobres e aos trabalhadores. No primeiro ano do novo governo, o PIB mantém variação negativa, com queda de 7,5% em 2010 para 2,7% em 2011.[145] Ainda assim, o crescimento econômico, num contexto de recessão mundial, demonstra a eficiência das medidas anticíclicas tomadas pelos governos petistas a partir de 2008. Em 2012, porém, o crescimento fica abaixo de 1% e alerta para a possibilidade de fim do ciclo neodesenvolvimentista. A maioria dos movimentos sociais na órbita do petismo, apesar de críticos, não mostravam disposição de um maior enfrentamento. Como afirmam Boulos e Simões:

> É evidente que o alinhamento político [dos movimentos sociais] com o PT e o governo não significou ausência de tensões. Havia críticas às políticas adotadas, em especial à política econômica, assim como mobilizações, greves e ocupações. Mas, em última

---

Federal de Uberlândia, 2018.

145 Banco Central do Brasil (BCB). Resultado Primário e Nominal do PIB (2009-2019).

> instância, prevalecia o alinhamento, reforçado pela ideia de que um conflito maior poderia fortalecer os setores da direita que, mesmo com todas as concessões, permaneceram refratários aos governos petistas.[146]

Por isso, quando explodem as manifestações de 2013, poucos movimentos sociais possuíam tanta legitimidade social quanto o MTST. Afinal, sua autonomia era salvo-conduto para apontar os limites que o projeto do progressismo brasileiro começava a demonstrar.

De uma primeira fase, menor e mais homogênea ideologicamente, os protestos de 2013 passaram a uma segunda fase, mais ampla, complexa e difusa. Nessa segunda etapa as reivindicações não se resumiam ao aumento das tarifas do transporte: criticavam os empreendimentos para as Olimpíadas e a Copa do Mundo de Futebol, defendiam mais investimentos para saúde e educação, denunciavam a corrupção e o modelo de governabilidade. Em sua terceira e última etapa, o movimento vai se pulverizando em diferentes pautas e dois blocos vão se cristalizando: um representando uma nova direita, radicalmente liberal, e outro representando uma nova esquerda.[147] Nesse segundo bloco emerge o MTST como principal movimento social urbano do país.

Pelas origens do movimento de 2013, nada mais natural que o MPL ocupasse espaço crescente na política brasileira, convertendo-se na principal voz dos movimentos sociais da nova esquerda. Mas as divisões internas do movimento e sua rejeição à interação com o sistema político e partidário fizeram com que isso não ocorresse. Assim como outros movimentos que se

---

146 Boulos, G, Simões, G., op. cit.

147 Singer, A. "Brasil, Junho de 2013: Classes e ideologias cruzadas". Novos Estudos; São Paulo: Novembro de 2013.

desenvolveram ao longo da primeira década dos anos 2000 influenciados pela agenda antiglobalização, o MPL afirmava um caráter assumidamente antineoliberal e buscava articular outras lutas por transporte que eclodiam em diferentes regiões do Brasil. Em 2003, a chamada "Revolta do Buzu" – que virou tema do documentário de mesmo nome, dirigido por Carlos Pronzato – e a "revolta da catraca", no ano seguinte em Florianópolis, mostraram o potencial de mobilização que a luta em torno da mobilidade urbana, em geral, e da tarifa zero, em particular, poderia ter, especialmente entre os jovens.

Não é o propósito deste trabalho tecer um balanço aprofundado dos significados de junho de 2013 no Brasil. No entanto, acredito que, à sua maneira, a onda de protestos que atingiu o país naquele ano se inscreve na sequência de levantes populares que atingiram muitas metrópoles pelo mundo denunciando a falência da democracia liberal.[148] O MTST, como um dos movimentos sociais que melhor souberam interpretar o potencial de junho de 2013 em termos de possibilidades para a organização de uma nova esquerda, capitalizou fortemente aquele processo. Um ativista do movimento afirma que, entre os processos políticos que mais inspiraram os dirigentes do MTST a partir de 2013 está a criação do Podemos.

> Nós entendemos que ali havia uma experiência muito interessante. Por quê? Porque foi a construção de um novo campo crítico ao que era a social-democracia europeia, expressa no PSOE, vindo de movimentos sociais – inclusive com uma centralidade muito grande de movimentos de moradia, como a plataforma dos atingidos por hipotecas – (...) e claro o movimento dos indignados, que foi o "disparador" daquilo tudo. O Podemos soube construir uma

148 Safatle, V., op. cit.

> dinâmica de partido-movimento a partir de um fenômeno social, de baixo para cima (Entrevista 1 – realizada em 26/11/2019).

Não foi por acaso, portanto, que o MTST passou a ocupar crescente espaço na política brasileira. O movimento passou a compreender, a partir de 2013, que a dinâmica da luta política no Brasil estava em transformação. Isso pode ser dimensionado em termos quantitativos: em um ano, a base social do MTST triplica. Sua capacidade de convocatória aumenta e, com isso, as manifestações convocadas pelo movimento passam a ter outra dimensão. Para o mesmo ativista:

> Esse é um aprendizado de 2013. Porque 2013 abre um ciclo de mobilização de rua "para o bem" e "para o mal". O crescimento do MTST é expressão disso, mas também as ocupações de escolas pelos secundaristas, o [movimento] "Ocupa Estelita" vai ser expressão disso... Uma série e movimentos que surgem e se articulam nesse período pós-2013. E o MTST compreendeu rapidamente que, para esse processo ter uma consequência maior – inclusive vendo a experiência do Movimento Passe Livre – não dava para fazer isso de maneira isolada e sem buscar composições no campo da esquerda. E aí o movimento se aproxima dos partidos políticos. O resultado dessa aproximação é a Frente Povo Sem Medo em 2015 (Entrevista 1 – realizada em 26/11/2019).

Vemos que 2013 é considerado um marco para os próprios dirigentes do MTST. Ainda que o movimento, em 2014, não tenha alterado significativamente sua posição em relação ao processo eleitoral – apoiando o PSOL no primeiro turno e o PT no segundo – a partir de então há uma mudança de qualidade no papel do MTST. Tendo como referência os partidos-movimento da nova esquerda, o movimento estimula a formação de um campo político alternativo àquele hegemonizado pelo PT e seus aliados progressistas. A criação da Frente Povo Sem Medo[149] é descrita como parte do esforço de formação de um espaço que pudesse articular as novas lutas sociais em curso e unificar aqueles que compartilhavam do desejo de reorganizar a esquerda no Brasil sob outras bases políticas, ideológicas e organizativas.

A vitória de Dilma Rousseff, em 2014, por uma diferença de pouco mais de 3% dos votos, era um sinal das dificuldades que se avizinhavam para a coalizão progressistas. Antes mesmo da posse para um segundo mandato,[150] Dilma inicia uma série de medidas de ajuste fiscal que aprofundam a dinâmica de recessão na economia. A elevação contínua da taxa básica de juros, a contenção do investimento público, o aumento da taxa de retorno nas concessões, a diminuição das restrições ao capital especulativo e a retomada das privatizações representaram um banho de água fria[151] naqueles que esperavam o aprofundamen-

[149] A FPSM, criada em outubro de 2015, congrega diversos movimentos sociais e compete, em relevância, com a Frente Brasil Popular (FBP), liderada pelo MST e claramente identificada com o campo do petismo. O MST não participa da FPSM, enquanto o MTST não compõe a FBP.

[150] No dia 28 de dezembro de 2014 o então ministro-chefe da Casa Civil, Aloísio Mercadante, vem a público anunciar a edição de duas medidas provisórias – MP 664 e MP 665 – que introduziam uma série de alterações no acesso a direitos trabalhistas e previdenciários, como o Seguro-Defeso e a Pensão por Morte.

[151] O próprio ex-presidente Lula reconhece o problema, quando afirma num evento do PT que "Ganhamos as eleições com um discurso e, depois, tivemos que mudar o discurso e fazer o que dizíamos que não íamos fazer. Isso é fato conhecido pela nossa querida presidente Dilma Rousseff".

to das medidas anticíclicas adotadas no auge da crise econômica. As denúncias de corrupção apresentadas pela Operação Lava Jato e amplificadas pelos veículos de comunicação contra o PT criaram um ambiente cada vez mais propício para que as forças conservadoras, derrotadas nas eleições de 2014, implementassem um plano de deposição da presidenta. Em três anos a aprovação do governo de Dilma havia despencado de 60% para algo em torno de 10%. Os partidos da centro-direita que foram criados (PSD, PROS, PRB) ou atraídos para o governo (PMDB, PP, PR) foram rompendo com a coalizão liderada pelo PT e passando para a oposição. Enfraquecida diante da onda golpista que se aproximava, Dilma convocou os movimentos sociais ao Palácio do Planalto para discutir a gravidade da situação.[152]

Entre os movimentos que foram ao encontro da presidenta estava o MTST. Mesmo crítico aos governos petistas, o movimento integrou-se de corpo e alma na campanha contra a deposição de Dilma Rousseff. Com isso, aproximou-se das bases sociais do petismo[153] e ampliou ainda mais sua relevância política. Uma vez consumado o processo de impeachment, o MTST apostou todas as fichas no fortalecimento da Frente Povo Sem Medo e na oposição ao governo de Michel Temer (PMDB). No interior do movimento surgiram os primeiros debates sobre a necessidade de ir além. Como afirma uma ativista:

---

152 Agência Brasil. Integrantes de movimentos sociais discursam no Planalto em defesa de Dilma. Brasília, 30/03/2016.

153 O mesmo acontece com o PSOL. Mesmo se afirmando como "oposição de esquerda" aos governos petistas o partido conclui que o impeachment contra Dilma representava um golpe e se soma às mobilizações contra a deposição de Dilma. Na Câmara dos Deputados toda bancada do PSOL vota contra o afastamento da presidenta. Esse processo aproxima ainda mais o partido do MTST.

> Há um processo de amadurecimento do MTST, a partir do momento em que ele se coloca como um ator nacional e assume várias responsabilidades frente a uma nova esquerda. Acho que também tem a ver com uma avaliação do movimento de que não bastam só as ruas mais. Isso tem a ver com um processo de amadurecimento que tem isso como consequência. De compreender que as ruas são fundamentais, mas que não são decisivas sozinhas (...) E uma segunda coisa que tem a ver mais com os partidos, que é a necessidade de um projeto político do movimento (Entrevista 4 – realizada em 12/11/2019).

No interior do MTST ganham força duas ideias-chave: i) que a esquerda brasileira precisava enfrentar um processo de reorganização que passava pelo fortalecimento de um campo de forças alternativo ao progressismo; ii) que o movimento sozinho era incapaz de impulsionar esse processo e que, por isso, precisava formar um campo de aliados (Entrevista 3, 2019). Esse campo era identificado com setores do petismo críticos à estratégia de conciliação defendido pela direção majoritária do PT, com o PSOL e com outros movimentos sociais, como a Articulação dos Povos Indígenas do Brasil (APIB), a Mídia Ninja, a Intersindical, o Círculo Palmarino, movimentos de juventude ligados ao PSOL (Manifesta, Rua, Afronte!) dentre outros.

O resultado das eleições de 2016 reforça a hipótese de um processo de reorganização da esquerda. Enquanto o PT perdeu quase dois terços dos governos municipais sob controle do partido, o PSOL elegeu várias lideranças jovens, mulheres e negras, incluindo Marielle Franco. Mesmo que numericamente pouco expressivo (o partido elegeu apenas 53 parlamentares em todo o país) o resultado apontava na direção de um processo de renovação geracional e de perfil dos quadros da esquerda institucional.

A partir disso, MTST lança uma plataforma programática chamada "Vamos" que tinha como propósito ser um instrumento de discussão de programa para uma síntese política superior aos partidos existentes até então. Essa iniciativa, no entanto, tem pouca adesão e o movimento começa a discutir, em meados de 2017, a hipótese de uma aliança entre partidos e movimentos nas eleições gerais do ano seguinte. A proposta consistia na filiação de lideranças sociais ao PSOL para disputa da Presidência da República: Guilherme Boulos, do MTST, como candidato a presidente, e Sônia Guajajara, da APIB, como vice. A proposta encontrou resistência em setores do PSOL e teve de ser submetida a uma Conferência Eleitoral em março de 2018. Concorrendo contra outros três pré-candidatos do partido, Boulos e Sônia foram escolhidos por 70% dos delegados do PSOL e a aliança político-eleitoral foi aprovada. O Partido Comunista Brasileiro (PCB) também se somaria à aliança inédita entre partidos e movimentos. O processo de institucionalização do MTST assumiu um caráter limitado nesse primeiro momento, já que o movimento e seus ativistas não ingressam massivamente no PSOL, limitando as filiações a alguns quadros políticos como Boulos. Esse processo só avançaria em 2020, quando o movimento tomaria a decisão de construir e fortalecer o partido.

Os jovens mexicanos e o movimento #YoSoy132

Nosso terceiro caso remete ao movimento #YoSoy132 que irrompeu inesperadamente no México entre maio e dezembro de 2012. Naquele período os partidos mexicanos estavam em plena campanha presidencial e nenhum deles poderia supor que um movimento tão potente, com características semelhantes àquelas encontradas nas chamadas "revoltas de indignação" emergiria no cenário político mexicano, revelando as próprias transformações em curso na sociedade e no sistema político do país. A partir de um episódio aparentemente secundário, surgiu um movimento social de massas que incidiu fortemente sobre o processo eleitoral, ainda que não tenha alterado seus resultados, como desejado. Antes de apresentar uma cronologia do movimento, analisemos os antecedentes que preparam o terreno para o surgimento de #YoSoy132.

Como abordado neste capítulo, a política mexicana esteve por 70 anos sob controle do Partido Revolucionário Institucional (PRI), herdeiro da revolução de 1910. Se em suas primeiras décadas esse controle foi exercido através de uma sólida hegemonia política e social, nos anos que precederam a vitória do opositor PAN, no ano 2000, se sustentava na manipulação de resultados eleitorais e no controle do aparato estatal. Especialistas não chegam a um consenso sobre quando teria começado a "transição" do sistema de partido hegemônico ao atual regime pluripartidário de competição eleitoral. Enquanto alguns afirmam que ela teria iniciado em 1997, quando o PRI perde pela primeira vez a maioria dos assentos no Congresso da União, o parlamento mexicano, outros afirmam que, de fato, seu início remonta às eleições presidências de 1988, quando a crise no partido do governo leva a uma dissidência dos setores nacionalistas do PRI e à criação da Frente Democrática Nacional, encabeçada pela candidatura de Cuauhtémoc Cárdenas, derrotada após uma mega fraude eleitoral.[154]

---

[154] Diferentes pesquisas indicam que a votação aproximada de Cárdenas foi de 41%, do PRI de 35%, do PAN 22%, e do PDM e PRT de 2%. O governo demorou uma semana para falsificar os dados e, depois, reclamou 50,4% da votação para o PRI, o mínimo necessário para obter maioria no Colégio Eleitoral, composto por supostos

Não há dúvida, no entanto, que essa transição se consolida de fato com a eleição de Vicente Fox em 2000. Com uma campanha centrada no discurso da mudança, em favor de uma melhor distribuição da riqueza, contra a corrupção e o narcotráfico, o candidato do PAN apresentou um programa neoliberal que combinava consolidação da transição democrática, fortalecimento do setor privado e reformas do Estado. Durante seu mandato, além de apresentar-se como um dos grandes defensores da Área de Livre Comércio das Américas (ALCA), proposta pelo governo dos Estados Unidos, Fox promove a chamada "Ley Televisa",[155] uma alteração na Lei Federal de Comunicações que tirava do Estado a responsabilidade por outorgar concessões de rádio e TV, além de extinguir os órgãos de regulação e controle, cujas atribuições ficariam a cargo de um Conselho Nacional de Telecomunicações. Ignorando mais de 1.400 sugestões da sociedade civil, a "Ley Televisa" foi aprovada por consenso no parlamento mexicano e fortaleceu ainda mais os monopólios da

---

deputados e senadores, que qualificou a eleição e deu a vitória a Salinas. À FDN, a secretaria de Governo atribuiu 31% dos votos, e ao PAN 18%. Isto significa que a fraude atingiu 5 milhões de votos, ou 27% do total dos votos supostamente depositados. Para saber mais sobre a fraude de 1988 ver Laurell, A. C. "A democracia no México: o primeiro será o último?". In: Lua Nova, nº 24, São Paulo, Set. 1991. Guerrero, M. D. El movimiento #YoSoy132 y su intervención en el proceso electoral del 2012 en México. Tese (Doutorado). Universidade Complutense de Madri. Madri, 2016.

155 A Televisa é um conglomerado de mídia fundado em 1973 a partir da fusão do Telesistema Mexicano com a Televisión Independiente de México. A empresa tornou-se conhecida no mundo inteiro por exportar programas de televisão, em especial telenovelas. Em 2013, a Televisa foi apontada como a 18ª maior empresa de mídia do mundo pelo *ranking* "Top Thirty Global Media Owners".

comunicação, um dos fatores que impulsionaria o movimento #YoSoy132 anos mais tarde.[156]

Em 2006, diante de novas eleições presidenciais, a transição democrática dá um passo adiante: pela primeira os candidatos considerados "favoritos" à vitória não são do PRI. Pelo governista PAN concorreu Felipe Calderón; pelo oposicionista PRD, concorreu Andrés Manuel López Obrador. Com uma campanha marcada por denúncias de compra de votos e uso da máquina eleitoral, o resultado oficial contrariou todas as pesquisas, que apontavam a vitória de Obrador. Após diversas paralisações no processo de contagem dos votos e com uma diferença de menos de 1% em relação a seu adversário, o candidato governista, para a surpresa de todos, foi declarado eleito. O fantasma da fraude, novamente, ressurgia nas eleições mexicanas. Imediatamente Obrador denunciou o resultado, exigindo a recontagem de todos os votos e convocando uma manifestação no Zócalo. Segundo o jornal *El País*, mais de um milhão de pessoas atenderam ao chamado do candidato do PRD:

> "Proponho que fiquemos aqui em assembleia permanente, até que o Tribunal decida, que fiquemos dia e noite até que os votos sejam contados e tenhamos um presidente eleito, com o mínimo de legalidade que nós mexicanos merecemos", disse López Obrador em um Zócalo lotado de pessoas ao longo das ruas adjacentes. "Informo que também viverei neste local enquanto estivermos em assembleia permanente", acrescentou.[157]

---

[156] Alcalá, F. G.; Bonilla, J. F. "La Ley Televisa de México". Chasqui, nº 94, Quito: 2006, p. 40-45.

[157] El País. "Más de un millón de personas apoyan a López Obrador en la Plaza del Zócalo".

O movimento contra a fraude se organizou na forma de 47 acampamentos em todo país. A Justiça Eleitoral autorizou a recontagem de votos em apenas 9,2% das urnas, rejeitando o pedido do PRD de recontagem total. O documentário *Fraude: México* 2006 mostra o desenrolar da crise política até o arquivamento das denúncias pela Instituto Federal Eleitoral, em agosto[158]. Este episódio é importante porque, seis anos depois, a desconfiança com o sistema eleitoral e o "sequestro" da narrativa sobre a democracia mexicana em algumas poucas vozes serão fundamentais para compreender o movimento #YoSoy132.

Em 2012, após seis anos de governo de Felipe Calderón, o México estava diante de uma nova eleição presidencial. Os candidatos estavam em plena campanha e o candidato do PRI, Enrique Peña Nieto, liderava todas as pesquisas de opinião. O candidato do PRD era novamente López Obrador, enquanto a deputada Josefina Vásquez Mota representava o governista PAN. Peña Nieto era um quadro da nova geração de políticos do PRI e havia governado o Estado do México entre 2005 e 2011. No segundo ano de seu governo foi responsável por uma violenta repressão a um protesto de vendedores de flores na cidade de San Salvador Atenco. Ao todo, foram presas 146 pessoas, com graves denúncias de violações aos direitos humanos cometidas pela polícia local. Segundo relatório divulgado pela Corte Interamericana de Direitos Humanos, as autoridades mexicanas – incluindo o governo do Estado do México, então comandado por Peña Nieto – foram responsáveis por detenções ilegais e arbitrárias, torturas físicas, psicológicas e sexuais, além de interdição do

---

158 *Fraude: México* 2006. Direção de Luiz Mandoki. Cidade do México: Conra el Viento Films, 2007.

acesso à Justiça, dentre outras violações aos direitos humanos.[159] Esse episódio seria relembrado durante a campanha presidencial e seria o estopim para o surgimento do movimento #YoSoy132.

Durante um evento de campanha realizado na Universidad Iberoamericana, respeitada instituição privada da Cidade do México, um grupo de estudantes intitulado Los Presidenciables decidiu fazer questionamentos aos candidatos que visitariam a instituição. Além de perguntar sobre o chamado "massacre de Atenco" os estudantes também fariam uma intervenção lúdica, tingindo de vermelho suas mãos e roupas, usando máscaras do ex-presidente Carlos Salinas de Gortari e levando consigo algumas placas alusivas à repressão desencadeada por Peña Nieto seis anos antes. Através dessa performance, queriam chamar a atenção para o caráter antidemocrático do candidato do PRI.[160]

Acontece que o evento tomou desdobramentos inesperados. Questionado sobre a violência em Atenco, Peña Nieto defendeu a ação policial. Sob vaias e gritos de repúdio, o ex-governador teve de deixar as instalações da Universidade às pressas. O evento, gravado, foi difundido rapidamente nas redes sociais e amplamente divulgado. Como resposta ao desgaste provocado pelo episódio, líderes da coalizão de Peña Nieto vieram à público deslegitimar os estudantes que participaram do protesto. O presidente do PRI, Pedro Joaquín Coldwell, afirmou em um canal de TV que a manifestação havia sido liderada por "um punhado de jovens, que não são representativos da comunidade universitária" e que talvez eles sequer fossem estudantes da Iberoameri-

---

159 CIDH. Informe nº 74/15. Caso 12.846. Fondo Mariana Selvas Gomez e outras. México, 28/10/2015.

160 Saavedra, M. E., op.cit.

cana.[161] O porta-voz do Partido Verde Ecologista, apoiador do candidato do PRI, Arturo Escobar, afirmou que o movimento era liderado por "um grupo minoritário, encabeçado por gente de Andrés Manuel López Obrador" e que "os senhores não tão jovens que lideraram este grupo minoritário que buscou insultar o grupo de campanha de Peña Nieto, vinha motorizado, armado e orquestrado por Andrés Manuel López Obrador".[162]

A tentativa de desqualificar os manifestantes como "gente de Obrador" não se limitou aos líderes políticos ligados a Peña Nieto. Em muitos veículos de comunicação, especialmente televisivos, o argumento encontrou guarida, mostrando a flagrante preferência dos monopólios da comunicação pelo candidato do PRI. A reação dos formadores de opinião deixou os estudantes surpresos.

> De tal forma que sentiram um grande espanto ao verificar a reação da mídia e, sobretudo, a forma como manipularam as informações sem fazer qualquer tentativa profissional de corroborar os dizeres dos políticos, muito menos tentar ouvir os pontos de vista dos alunos. Em outras palavras, estavam indignados com a calúnia que foi expressa descaradamente sobre isso.[163]

A indignação, porém, logo deu lugar a uma potente reação. Ao todo, 131 jovens produziram vídeos reivindicando a condição de estudantes da universidade. A edição do vídeo de onze minutos foi concluída no dia 14 de maio. Sem saber, os estudantes

---

161 Sierra, F. M. El movimiento estudiantil #YoSoy132: Antología hemerográfica. Dissertação (Mestrado). Universidade Iberoamericana. Cidade do México: 2014, p. 34.

162 Ibid., p. 35.

163 Saavedra, M. E., op. cit., p. 90.

da Iberoamericana iniciavam a primeira manifestação em rede do México.[164]

No mesmo dia começou a se formar uma rede de solidariedade entre universidades – primeiro privadas, depois públicas – sob a hashtag #YoSoy132. Nos dias seguintes à publicação do vídeo foram convocadas as primeiras reuniões de estudantes para pensar ações para além das redes sociais[165] e uma marcha foi anunciada para o dia 18 do mesmo mês. Nas redes sociais o apoio à manifestação é avassalador e ao meio-dia a hashtag #YoSoy132 já era a mais comentado no Twitter em todo o mundo.[166] No dia 23 uma nova marcha é convocada na Cidade do México e outras acontecem em diferentes regiões do país. Além de passeatas também eram realizadas assembleias onde o movimento discutia suas ações. Nessas primeiras manifestações a denúncia principal é endereçada à concentração da informação e sua manipulação por parte dos grandes monopólios, como a Televisa. Como destaca Guerrero sobre as particularidades do movimiento:

---

164 Guerrero, M. D. El movimiento #YoSoy132 y su intervención en el proceso electoral del 2012 en México. Tese (Doutorado). Universidade Complutense de Madri. Madri, 2016.

165 Diferente do Brasil, onde existem dos Centros Acadêmicos (CAs) de cada curso, os Diretórios Centrais de Estudantes (DCEs) de cada universidade, e a UNE, que representa todos os estudantes universitários do país; ou mesmo do Chile, onde existem as federações estudantis (equivalentes aos DCEs) e a Confederação de Estudantes do Chile (CONFECH), equivalente à UNE, no México não há tradição de organizações estudantis formais.

166 Sierra, F. M., op. cit.

> Sua primeira particularidade foi o setor socioeconômico ao qual os jovens estudantes pertenciam. Esta foi a primeira vez que, como grupo, estudantes universitários do setor privado participaram de um processo político ou eleitoral. A segunda distinção era que a referida marcha seria realizada sob um "código de ética": marchariam nas calçadas, o nome de qualquer partido ou candidato não seria apoiado e ações violentas não seriam permitidas; sua condição educacional foi notada. Em terceiro lugar, foi o primeiro protesto político dirigido a uma empresa privada – neste caso a um meio de comunicação – e não a uma instituição do setor público ou político.[167]

O movimento se converte, pouco a pouco, numa ampla frente em defesa da democratização do Estado e da sociedade mexicana. Numa declaração de princípios apresentada durante um protesto em frente as instalações da Televisa e publicada no jornal *La Jornada*, o movimento proclama sua identidade com as lutas populares do México, afirmando que "quando chegamos, o mundo estava lá e já éramos um povo faminto com séculos de opressão. Nós éramos um aglomerado de descontentamento, éramos fraudes eleitorais sem revolução, éramos Chiapas e 500 anos sem nome em armas".[168] Nessa declaração o movimento também se caracteriza como "um movimento estudantil, social, político, apartidário, pacífico, autônomo, antineoliberal, independente dos partidos, candidato e organizações que respondem a um programa eleitoral; um movimento democrático onde a tomada de decisões emana de suas assembleias".[169] Nessa mesma declaração o movimento apresenta uma plataforma ampla de seis pontos:

---

167 Guerrero, M. D., 2016, op. cit., p. 180.

168 La Jornada, op. cit.

169 Ibid.

1. Democratização e transformação dos meios de comunicação, informação e difusão;

2. Mudança do modelo educativo, científico e tecnológico;

3. Mudança do modelo econômico neoliberal;

4. Mudança do modelo de segurança pública;

5. Transformação da política e maior vinculação desta com os movimentos sociais;

6. Pleno cumprimento da garantia do direito à saúde.

Como se nota, a exemplo do movimento estudantil chileno, que transbordou suas reivindicações para além da agenda educacional, e do MTST, que se reivindica "mais do que um movimento de moradia, um movimento político",[170] o movimento #YoSoy132 propõe uma transformação global da sociedade mexicana. E essa transformação começava por deter o retorno do PRI à Presidência da República. Como afirmou um dos ativistas entrevistas, "quando dissemos 'não deixe o PRI voltar', estávamos defendendo os movimentos que sofreram repressão do PRI, como o de Atenco, e estávamos denunciando Peña Nieto por seu papel ali" (Entrevista 13 – 2019).

Como se pode imaginar, como o movimento surge em contraponto ao retorno do PRI, que liderava as pesquisas, #YoSoy132 logo foi acusado de ser um instrumento a favor da candidatura de Lopez Obrador. Embora o movimento não propusesse o voto no candidato do PRD, ele naturalmente acabava beneficiando-o. Um ativista descreve a relação do movimento com a esquerda partidária durante o período que antecedeu as eleições, afirmando que:

[170] Boulos, G., op. cit.

> Toda a oposição saudou o movimento. O PRD saudou pela voz de seu candidato à presidência, que via o movimento como uma continuidade geracional da oposição, da esquerda, da luta social... Mas depois disso o PRD não apareceu mais, porque o movimento em suas primeiras assembleias se declarou apartidário. (...) Havia rejeição a todos os partidos (Entrevista 14 – realizada em 10/12/2019).

A exemplo do que identificamos no Chile, também no caso mexicano o rechaço aos partidos da ordem estava presente. Mas como López Obrador estava em rota de colisão com a direção do PRD e já começava a organizar seu novo partido, alguns jovens se aproximaram do movimento. Segundo esse mesmo ativista, "o MORENA começou a crescer e ser apoiado por muitos jovens, e aqui está o detalhe: o MORENA não era um partido, mas um movimento, e muitos de seus militantes estavam ligados ao #132". Após algumas tensões dessa "dupla militância" o movimento reafirmou sua completa independência em ralação à campanha de López Obrador e seguiu organizando manifestações e assembleias. Ainda assim, como nota Guerrero, é impossível não reconhecer o impacto de #YoSoy132 no cenário eleitoral: quando o movimento começou, em maio, a vantagem de Peña Nieto em relação à segunda colocada, Josefina Vásquez, era de cerca de 20% nas pesquisas de intenção de voto. Quando as urnas foram abertas, em 1º de julho, a diferença em relação ao segundo colocado foi de pouco mais de 6%.[171]

Com a vitória do candidato do PRI o movimento foi perdendo força. Sua última grande iniciativa foram os protestos convocados contra a posse de Peña Nieto, em dezembro, violentamente reprimidos pela polícia. Depois disso foi se diluin-

---

171 Guerrero, M. D, 2016, op. cit., p. 278.

do pouco a pouco, embora alguns grupos resistissem usando a denominação #YoSoy132 até 2015. Hoje existem muitas interpretações dos motivos que fizeram com que o movimento não se firmasse de forma duradoura no cenário político mexicano ou se institucionalizasse como partido político. Além das condições que analisamos neste trabalho, Saavedra destaca que a constituição de #YoSoy132 se deu sob fortes tensões organizativas, diferenças políticas e lutas pelo poder. Além disso, a autonomia real das assembleias universitárias, por exemplo, fazia com que cada uma delas tivesse sua própria agenda, que nem sempre coincidia com as prioridades gerais presentes na origem do movimento.[172] Segundo o autor, as divergências faziam com que fossem emitidos constantes "esclarecimentos" e notas públicas, o que ensejou diferenças e tensões.

> Outras tensões organizacionais em 132 tiveram a ver com a liderança do movimento. Em seus primórdios, 132 contava com um coordenador interuniversitário praticamente autoeleito, mas muito ágil e eficiente na tomada de decisões e nos acordos. No entanto, essa instância foi questionada por alguns setores do 132, pois viam nele o início da centralização do poder em poucos, que podiam começar a tomar decisões sem representação e legitimidade.[173]

Como podemos perceber, as condições que analisaremos no próximo capítulo não encerram todas as abordagens possíveis para compreender a dinâmica de funcionamento de um movimento tão inovador como #YoSoy132. Por isso, nossa prioridade será analisar especificamente os fatores que fizeram com que, não obstante toda a relevância política conquistada nos meses

---

172 Saavedra, M. E., op. cit., p. 109.

173 Ibid., p. 110.

em que atuou, o movimento não tivesse sequer cogitado a hipótese de institucionalização.

Essa opção, porém, não chega a ser uma novidade. O movimento Occupy Wall Street, referência para muitos ativistas mexicanos, tampouco se institucionalizou, ainda que tenha reforçado a narrativa antissistema do candidato da esquerda democrata, Bernie Sanders, nas primárias do partido. Embora seja incorreto dizer que #YoSoy132 não tenha mantido relações com o sistema partidário, uma vez que de lá saíram ativistas que disputaram eleições e a aproximação com a campanha de López Obrador chegou a ser considerável, de fato estamos diante de um fenômeno bastante diferente daquele que vimos no Brasil ou no Chile. Ainda assim, não é o único caso, como destacamos na última sessão deste capítulo.

A outra face da nova esquerda: camponeses, indígenas e feministas

Não é possível desenvolver um trabalho sobre movimentos sociais e nova esquerda na América Latina sem mencionar alguns dos mais importantes processos sociais dos últimos anos. Ainda que não sejam objeto deste trabalho, vale mencionar que as tensões entre luta social e institucionalização política estão presentes em muitos outros movimentos. Mencionemos, rapidamente, apenas três deles: o movimento camponês na Colômbia, o movimento indígena na Bolívia e Equador, e o movimento feminista na Argentina, Chile e Brasil.

Entre os exemplos mencionados nesta seção, apenas um – a Greve Nacional Agrária – ocorreu no período analisado neste trabalho (2013). Os demais se deram no decorrer da última década como expressão do fortalecimento de dinâmicas de resistência e luta social que ganharam enorme protagonismo em todo o mundo. Como vimos, a crise do progressismo é um desdobramento de dimensões estruturais da crise capitalista – econômica e política – e se revela tanto pelo fim do ciclo expansionista que impulsionou a agenda neodesenvolvimentista, quanto pelas derrotas políticas acumuladas nos últimos anos. O enfraquecimento do progressismo, no entanto, abre espaço para o fortalecimento de causas que marcam o novo ciclo de protestos em toda a América Latina. Nesse ciclo, três movimentos aparecem com enorme protagonismo: o movimento camponês, o movimento indígena e o movimento feminista.

O movimento camponês, em 2013, protagonizou um dos mais importantes levantes populares da década. Em meio às negociações de paz para pôr fim ao conflito armado entre a insurgência guerrilheira e o Estado colombiano, os camponeses se rebelaram contra o governo de Juan Manuel Santos exigindo o cumprimento dos acordos firmados junto aos produtores de café. O que parecia uma reivindicação de um setor específico, logo se tornou uma mobilização que envolveu milhares de pessoas numa grande greve nacional dos produtores agrícolas contra a política econômica neoliberal de Santos. As manifestações rejeitavam os acordos de livre comércio e reivindicavam subsídios por parte do governo, assim como o corte dos impostos de matérias-primas e dos insumos agrícolas importados. Menos de dez dias após o início da greve, Bogotá estava paralisada por mobilizações de diferentes setores como sindicatos, camponeses e estudantes expressando solidariedade com os camponeses e, ao mesmo tempo, reivindicando suas demandas próprias.[174]

---

[174] Bermeo, D. M.; Pinheiro, W. D. "Ações coletivas e suas configurações antiutilitaristas: o caso colombiano da Marcha Patriótica".

Em setembro de 2013, um encontro agrário, camponês e popular, realizado na Universidade Nacional da Colômbia, em Bogotá, aprova uma declaração que afirma que a greve nacional "representa a mobilização mais importante e contundente dos últimos anos no país. (...) nós mulheres e homens camponeses conseguimos mostrar à sociedade colombiana nosso poder de convocação para defender nossa dignidade e nossos direitos".[175] Além da demanda por "dignidade", marca das revoltas de indignação, chama a atenção a amplitude do movimento e sua capacidade de reunir, num curto espaço de tempo, diferentes setores sociais contra o neoliberalismo, enfrentando os monopólios midiáticos e as constantes ameaças de violência por parte das forças paramilitares de extrema-direita e do próprio governo.

No entanto, o uso de novas tecnologias para a convocação de protestos, o rechaço ao neoliberalismo e ao sistema político, a ampliação do movimento para além de uma agenda corporativa, podem ser consideradas características de movimentos sociais de nova esquerda. Porém, a natureza das reivindicações – essencialmente econômicas – e a própria composição social do movimento – liderado por camponeses – remetem ao ciclo de lutas anterior, posicionando a greve nacional agrária como um caso *híbrido*.

Isso também se pode dizer em relação à luta dos povos originários na América Latina. Se há um movimento com séculos de resistência, é o movimento indígena. Difícil, portanto, caracterizá-lo como um caso de nova esquerda. Não há dúvida, porém, que estamos diante de um novo ciclo de protesto indígena, a partir da crise do progressismo na Bolívia e Equador, e dos ata-

---

Revista Interritórios. Universidade Federal de Pernambuco. Vol. 5, nº 8, Caruaru: 2019, p. 163-176.

[175] Coscione, M.; Pinzón, V. G., op. cit., p. 186.

ques aos povos originários no Chile, Argentina, Peru e Brasil. Na Bolívia, esse novo ciclo teve início com a luta indígena pela aprovação da chamada "lei das autonomias" e contra a construção de uma rodovia que cruzaria a Terra Indígena Parque Nacional Isiboro Sécure – TIPNIS, com a ruptura entre o governo do MAS e parte das entidades indígenas[176] provocada pela repressão policial a uma marcha convocada contra o empreendimento.[177] No Equador, o rompimento entre a poderosa CONAIE e o governo de Rafael Correa pôs em evidência os impasses do progressismo diante dos impactos de sua agenda neodesenvolvimentista sobre os povos tradicionais e o meio ambiente. O auge dos conflitos ocorreu em 2015, quando o governo de Rafael Correa enfrentou uma série de protestos indígenas que culminaram com a prisão de mais de duzentas pessoas.[178] Como pano de fundo estava a polêmica envolvendo as reservas de petróleo encontradas no Parque Nacional Yasuní e as divergências entre indígenas e governo sobre a exploração dessa commodity. Os protestos contra o governo se intensificaram em 2019, com o cerco dos indígenas à capital, Quito, e a troca da sede do governo para Guayaquil, no

---

[176] O governo de Evo Morales é acusado por parte do movimento indígena de estimular divisões em suas entidades representativas. A Confederación de los Pueblos Indígenas de Bolivia (Cidob) e o Consejo de Ayllus y Markas del Qullasuyu (Conamaq) foram diretamente atingidas por essas divisões, segundo demonstra Pannain (2018).

[177] Pannain, R. N. "A reconfiguração da política boliviana: reconstituição de um ciclo de crises". Lua Nova, São Paulo, nº 105, pp. 287-313, 2018.

[178] Acosta, A.; Guijarro, J. C. "Estruturas incertas após uma falsa revolução: o Equador legado pela década correísta" em Leite, J. C. Uemura, J. Siqueira, F. *O eclipse do progressismo: a esquerda latino-americana em debate*. São Paulo: Editora Elefante, 2018.

marco da luta indígena e popular contra as reformas neoliberais propostas pelo governo de Lenín Moreno.

No Peru, o ciclo de protestos se intensificou durante o governo de Ollanta Humala[179] (2011-2016) em torno de conflitos socioambientais e de demarcações de terras envolvendo multinacionais. A luta contra o Projeto Conga[180] mobilizou milhares de indígenas e ativistas ambientais em todo o país. O governo de Humala desencadeia, a partir de 2012, uma violenta repressão, com a morte de vários manifestantes e prisão do prefeito de Cajamarca, acusado de colaborar com os movimentos sociais.[181] Nesse contexto de resistência, movimentos indígenas, rurais e urbanos firmam novas alianças e impulsionam mobilizações que culminam na criação da Frente Ampla por Justiça, Vida e Liberdade. Essa frente entre partidos e movimentos disputa as eleições presidenciais em 2018, alcançando 18,74% dos votos através da candidatura de Verónika Mendoza, configurando um

---

[179] Eleito pelo Partido Nacionalista Peruano após derrotar a principal nome da direita peruana, Keiko Fujimori, Humala foi um dos líderes latino-americanos eleitos na chamada "onda rosa" dos progressismos na América Latina. No governo, manteve a orientação neoliberal da política econômica e terminou seu mandato com menos de 20% de aprovação. Acusado de corrupção, passou nove meses em prisão preventiva entre 2017 e 2018. Aguarda sentença em liberdade.

[180] O projeto permitia à empresa mineira Yanacocha – subordinada à multinacional Newmont – a exploração de uma gigantesca mina de ouro a céu aberto, com presumível aumento da poluição, contaminação de rios, e ameaça às formas de vida das comunidades afetadas.

[181] Löwy, M. "Lutas ecossociais dos indígenas na América Latina". Crítica Marxista, n.38, p.61-69, São Paulo: 2014.

caso semelhante àquele envolvendo MTST e PSOL, com a institucionalização parcial de alguns movimentos e ativistas sociais.[182]

No Chile, a luta do povo Mapuche ganhou projeção internacional com os protestos de 2017 e com a explosão social de 2019. Ativistas indígenas queimaram mais de 200 caminhões, dezenas de templos religiosos e instalações governamentais. Os ataques realizados na região de Araucanía foram reivindicados pelo "Weichan Auka Mapu", ou "Luta do território rebelde", um grupo mapuche que atua na região. Reduzidos a 700 mil indivíduos – dos 17 milhões que habitavam o sul do Chile e da Argentina – a luta mapuche é uma das mais antigas resistências do continente. Desde 2018 o presidente, Sebastián Piñera, buscava ampliar a lei antiterrorismo no Chile para criminalizar ainda mais o protesto indígena. A morte do jovem mapuche Camilo Catrillanca durante uma operação policial reascendeu a luta indígena naquele ano. Os indígenas reclamam suas terras ancestrais, o direito ao uso da água, autonomia e a proteção de seus lugares sagrados. Na recente onda de protestos que varreu o Chile, a bandeira Mapuche tornou-se símbolo das manifestações.[183]

No Brasil, o movimento indígena ganhou novo impulso a partir da realização do Acampamento Terra Livre (ATL), em 2005, e da criação da Articulação dos Povos Indígenas do Brasil (APIB), no mesmo ano. A APIB congrega diversas entidades e articulações regionais dos povos indígenas em todo o Brasil e desde sua criação é responsável pela realização, todos os anos, do ATL, na Esplanada dos Ministérios, em Brasília. Mas a consolidação da APIB é apenas um exemplo na retomada das lutas indígenas no Brasil. A luta dos Guarani Kayowá no Mato Grosso do Sul foi uma das primeiras a ganhar projeção nacional nos

---

182 Taddei, E. H., op. cit.

183 Bidegain, G. P., op. cit.

últimos anos. Essa etnia, que vive em condições precárias de vida à beira de rodovias, vítima da violência de fazendeiros da região, impulsionou uma campanha nacional de solidariedade que chegou às redes sociais, com milhares de pessoas adicionando "Guarani-Kayowá" aos seus perfis no Facebook. Após reclamações de usuários, porém, o aplicativo proibiu esse gesto de solidariedade.

No Pará, a construção da Usina Hidrelétrica de Belo Monte, na volta grande o Rio Xingu, opôs diversas etnias ao governo federal, à época comandado pelo PT. O empreendimento, idealizado nos anos 1970 pelo regime militar, sempre teve a oposição de indígenas e ambientalistas da região. Nos anos que antecederam o início das obras diversas etnias se mobilizaram, realizando encontros e ocupando o canteiro de obras da Usina.[184] Ao longo de todo o período, confrontos entre órgãos ambientais, FUNAI, governo e movimentos sociais foram uma constante. O consórcio que administra Belo Monte, a Norte Energia S.A, responde por inúmeras ações judiciais e o movimento indígena segue mobilizado.

No sul da Bahia, a luta dos Tupinambá pela demarcação de suas terras e contra as ameaças endereçadas ao cacique Babau e seus familiares, mobilizou centenas de ativistas em todo o país. Desde 2004 os tupinambás iniciaram um processo de retomada de terras que estavam nas mãos de fazendeiros, instaurando um conflito que sofreu por diversas vezes a intervenção da Polícia Federal e que tem como propósito a demarcação de novas áreas indígenas na região. Durante 2021, a luta contra o chamado "marco temporal" em julgamento no STF produziu uma das

[184] Em 2010, após um encontro de lideranças indígenas de diferentes etnias, participei de uma dessas ações de ocupação, ao lado de militantes e dirigentes do PSOL do Pará.

mais importantes mobilizações populares contra o governo Bolsonaro e seus aliados em plena pandemia do coronavírus.

A luta dos camponeses e indígenas ganhou notável impulso na última década, motivada tanto pelos impactos das políticas neodesenvolvimentistas sob seus modos de vida, quanto pela contraofensiva neoliberal. Mas nenhum movimento ganhou tanta relevância nos discursos, práticas sociais, políticas públicas e no DNA da nova esquerda quanto o movimento feminista. Movimentos como Ni Una Menos, realizado em 2015 no Chile, Argentina e Uruguai; #EleNão, em 2018 no Brasil; o movimento #24A no México, contra a violência de gênero; os recentes protestos pela descriminalização do aborto no Chile e Argentina, demonstram a potência que a luta feminista tem alcançado na última década. Não é propósito deste trabalho analisar com profundidade os impactos da nova onda feminista na agenda da nova esquerda, entretanto, nos parece fundamental mencionar esses processos como parte de um novo ciclo de lutas sociais que questiona as estruturas de poder e colocam em xeque as formas tradicionais de organização. Se o feminismo não gerou processos de institucionalização, ele está transformando a política de fora para dentro. A eleição de centenas de novas lideranças mulheres no Brasil, a comoção gerada pelo assassinato de Marielle Franco, o desempenho de candidatas mulheres da nova esquerda em recentes processos eleitorais; são sinais de que algo está acontecendo a partir da crise dos paradigmas políticos, sociais, sexuais, raciais e culturais dominantes desde a Revolução Francesa.

III. NOVA ESQUERDA E PARTIDOS POLÍTICOS

Podemos ser gradualistas, reformistas; podemos ser revolucionários, ultrarrevolucionários; pacientes ou impacientes. Podemos até pensar que nossas ideias criam a história, podemos pensar o que quisermos. Mas qualquer que seja o nosso grau de paciência ou de impaciência, o movimento está na frente e ele exige de todos que a definição intransigente do inimigo seja uma definição correta.

Florestan Fernandes

Os movimentos sociais que, a partir da crise do neoliberalismo, optaram por formar partidos políticos não se sentiam representados pelas organizações partidárias existentes. Durante duas décadas os tradicionais partidos progressistas lutaram para governar. Nesse caminho, produziram um revisionismo ideológico que acompanhou o fortalecimento de visões mais moderadas de respeito ao livre mercado e aos limites do consenso liberal-democrático. Mesmo experiências inovadoras de participação popular, implementadas em nível local por esses partidos, foram ignoradas quando eles chegaram ao governo nacional.

Com os limites impostos ao progressismo pela crise do neoliberalismo e pelo retorno das lutas redistributivas na periferia e semiperiferia do capitalista, há uma reconfiguração de papeis, fazendo com que movimentos sociais já não queiram manter a dinâmica do ciclo anterior, onde predominava uma divisão entre os partidos, que cuidavam da política institucional, e os movimentos sociais, que organizavam os excluídos para a luta social ou eram simplesmente compreendidos como "base de apoio" dos governos progressistas. A nova esquerda já não quer outorgar aos velhos partidos de centro-esquerda a condição de representantes de suas demandas e busca, ela mesma, organizar uma agenda de enfrentamento ao neoliberalismo.

Neste processo de autonomização dos movimentos sociais em relação aos velhos partidos de esquerda, parte deles optou pela formação de seus próprios instrumentos partidários, engendrando novas formas alternativas de interação com o sistema político. Isso se deve, fundamentalmente, à incapacidade dos partidos tradicionais em interpretar corretamente as mudanças promovidas pela combinação entre as crises da globalização neoliberal e do sistema democrático-liberal. Entre os três casos analisados neste trabalho, dois são ilustrativos desta opção. No caso do Chile, o movimento estudantil de 2011 deu origem a três novos partidos políticos que hoje compõem a Frente Ampla, coalizão que reúne as legendas da nova esquerda chilena. No caso brasileiro, os sem-teto construíram uma aliança eleitoral com o PSOL e o PCB e apresentaram seu principal dirigente às eleições presidenciais de 2018. Nas eleições municipais de 2020 apresentaram candidaturas pelo PSOL em vários municípios e se engajaram definitivamente na construção do partido, aprofundando ainda mais a interação com o sistema político. No México, por sua vez, temos um caso em que a nova esquerda não se institucionalizou. Apesar da potência do movimento, #YoSoy132 se deparou com diferentes obstáculos que sequer permitiram que o debate sobre o futuro do sistema partidário pudesse florescer. Vejamos o que levou cada movimento a trilhar esses caminhos.

A autonomia no centro da questão

Como vimos no capítulo anterior, há diferentes formas de interação dos movimentos sociais com os sistemas partidários e distintas abordagens teóricas sobre o tema. Tomando como referência o modelo teórico de Hanagan,[1] os movimentos sociais podem estabelecer cinco dinâmicas distintas em relação aos partidos, que vão desde a total dependência (modelo de articulação) até a competição aberta entre movimentos e partidos no campo institucional (modelo de competição). Nas entrevistas realizadas com ativistas dos três movimentos sociais analisados neste trabalho, fizemos a seguinte pergunta: "Considerando as condições de autonomia e dependência do movimento em relação ao Sistema Político, numa escala de 1 a 10, sendo 1 = MUITO DEPENDENTE e 10 = MUITO AUTÔNOMO, como você classificaria seu movimento?". A partir dela, produzimos a escala de conversão apresentada no capítulo anterior. Evidentemente, essa escala diz respeito à autoimagem que os ativistas têm dos seus movimentos, e não expressa uma medida *objetiva* capaz de mensurar o nível real de autonomia de cada movimento em relação ao sistema político. No entanto, nos parece fundamental considerar esse elemento, digamos, *subjetivo*, na interpretação dos fatores que levam um movimento a desenvolver uma postura de maior ou menor autonomia em relação ao sistema político, já que, em geral, a literatura sobre o tema costuma desconsiderá-lo.

No caso do MTST, mais da metade dos ativistas entrevistados respondeu ao questionamento sobre autonomia/dependência localizando o movimento numa posição de maior autonomia, com grande parte das respostas variando entre 7 e 8. Na tabela de conversão, esses indicadores correspondem ao modelo de *in-*

[1] Hanagan, M., op. cit.

dependência, que expressa uma separação nítida entre movimento social e partidos políticos, com prioridade para as estratégias que se traduzem na forma de enfrentamento e pressão de um movimento sobre o sistema político. Uma parte minoritária dos ativistas sem-teto indicou o número 6 da tabela, que na escala de conversão corresponde ao modelo de *cooperação*, onde partidos e movimentos sociais mantém suas fronteiras bem delimitadas, mas estabelecem formas de trabalho comum e de aliança. Apenas uma ativista afirmou que o movimento estaria localizado no extremo de menor autonomia, correspondendo ao modelo de *interpenetração* (indicando a posição 4 na tabela). Segundo ela, porém, sua visão expressa uma percepção mais ampla, que incorpora todas as instituições do Estado:

> O Brasil tem uma tradição dos movimentos serem mais dependentes porque não conseguem ter políticas autônomas que resolvam os problemas concretos. Isso pra nós é até uma questão interessante, porque a gente sempre defendeu o poder popular, o que pra nós significa um poder paralelo, com uma condição de viabilizar políticas de forma mais autônoma (...) Eu acho que a dependência é muito grande, porque a gente tem uma Constituição garantista em que a moradia é dever do Estado... então estamos nessa fase ainda, de cobrar do Estado o dever de fazer valer a moradia como um direito, assim como a alimentação, o trabalho... Acho que esse é um desafio importante pro movimento (Entrevista 4 – realizada em 12/11/2019).

Curiosamente, embora considere o movimento mais dependente que autônomo, por conta da necessidade de endereçar ao Estado suas reivindicações, a ativista acaba reforçando a perspectiva segundo a qual, onde o Estado tem uma ação menos decisiva no desenvolvimento econômico e social – como é o caso do Brasil – os movimentos desenvolvem uma dinâmica de ação maior autônoma. A própria ativista reconhece isso, ao afirmar que o movimento está na fase de "cobrar do Estado o dever de fazer valer o direito à moradia", o que demonstra que há um reconhecimento implícito de que o movimento mantém diferentes formas de interação com o sistema político.

O caso do MTST, em particular, guarda características muito específicas se comparado com os demais movimentos analisados neste trabalho. Como sua ação tem um objetivo concreto – consolidar o direito à moradia – que só pode ser viabilizado com a participação ativa do Estado, o movimento desenvolveu estratégias de diálogo com os partidos progressistas em diferentes níveis, de governos locais até o Governo Federal. Não espanta, portanto, que uma parte dos ativistas caracterize a forma de interação com o sistema político como sendo de *cooperação*, uma vez que os resultados do movimento só podem ser atingidos através de políticas públicas desenvolvidas por governos[2]. Um ativista descreve bem a diferença entre a autonomia em relação aos atores partidários e a dependência em relação à promoção das políticas públicas de habitação:

> Politicamente, a dependência do movimento é zero. O movimento não pauta as suas posições pela atuação dos atores do Estado. Não tem adaptação da luta em um local porque o governo é mais

---

[2] Para uma análise das políticas públicas de moradia e a interações com movimentos sociais no nível federal no período dos governos petistas ver Viana, R. Programa Minha Casa, Minha Vida – Entidades: um olhar para a ação dos atores em torno das controvérsias. Dissertação (Mestrado em Ciência Política). Universidade de Brasília, Brasília, 2017.

> "dialogável" ou não. Isso não existe. Agora, em relação às políticas públicas, isso é diferente. Ter governos que tenham políticas públicas e que moldem essas políticas de acordo com a pressão das ruas, isso influencia nossa capacidade organizativa de forma muito forte (...). Mas esse grau [de dependência] é muito influenciado pela capacidade que nós temos de arrancar do Estado políticas públicas e conquistas (Entrevista 6 – realizada 27/11/2019).

Esse mesmo ativista afirma que a profundidade do conflito social está diretamente ligada à presença do Estado na promoção e políticas sociais, como aponta Albala[3] em seu modelo teórico. Para ele, "se nós temos um Estado que não faz nada, o grau de radicalização e de conflito é maior" (Entrevista 6), reconhecendo que a autonomia não é determinada apenas pela posição política de cada movimento, mas também pelas demandas que o movimento endereça ao Estado e, particularmente, ao sistema político (partidos e instituições eleitas). Um exemplo é dado por outro ativista, que afirma que a mobilização pela aprovação do Plano Diretor do município de São Paulo, na Câmara de Vereadores, e a formulação do Programa "Minha Casa, Minha Vida 3", foram divisores de águas na relação entre o movimento e o sistema político.

> A aprovação do Plano Diretor de São Paulo, em 2014, foi onde o movimento incidiu diretamente e definiu artigos e pontos de avanço no Plano; e a formulação do "Minha Casa, Minha Vida 3" em nível nacional, em 2015, ainda que pela crise econômica e pelo golpe nunca tenha saída inteiramente do papel, foi onde o MTST incidiu de maneira bem direta na formulação de uma

3 Albala, A., op. cit.

política habitacional em nível nacional (Entrevista 1 – realizada em 26/11/2019).

Essas conquistas só foram possíveis, segundo os ativistas, porque o MTST estabeleceu algum nível de cooperação com o sistema político, especialmente através dos partidos de centro-esquerda, mais sensíveis às suas reivindicações. Mas, enquanto isso, o movimento reafirmava sua condição de "autonomia política", isto é, seu direito de expressar suas reivindicações e defender suas posições sem subordiná-las a um partido ou governo. A ocupação realizada em frente ao condomínio do ex-presidente Lula, em 2009, além de outras mobilizações junto à Caixa Econômica Federal e ao Ministério das Cidades, seriam, segundo os ativistas, demonstrações de que as primeiras grandes conquistas do movimento – a construção do Condomínio João Cândido, em Taboão da Serra (SP), maior empreendimento do programa "Minha Casa, Minha Vida", e do condomínio Zumbi dos Palmares, em Sumaré (SP), veio a partir de diálogo, mas também do enfrentamento (Entrevista 1). Assim, o movimento se vê como autônomo em relação ao sistema político, mas reconhece que precisa estabelecer relações com os atores políticos para viabilizar conquistas.

Os ativistas do movimento estudantil chileno, embora tenham apostado na institucionalização, também reivindicam uma condição de elevada autonomia do movimento de 2011 em relação ao sistema político. Nas entrevistas realizadas para este trabalho, todos os ativistas descrevem o movimento como altamente autônomo. A maioria das respostas varia entre 8 e 9, o que representa uma dinâmica de relação com o sistema político que varia entre a independência e a competição. Apenas um ativista localizou o movimento como adepto do modelo de cooperação. Ainda assim, ele admite que isso se deve mais à tradição política do Chile que à natureza do movimento estudantil:

> Esse dilema, de autonomia e dependência, está no cerne da Frente Ampla e do que foi a experiência de 2011. A força social é muito autônoma: não obedece aos ritmos nem aos mecanismos de participação estabelecidos pelo Estado. Por exemplo, há muitos movimentos que criam suas próprias representações, que não são as federações oficiais das universidades. É assim que convive o social, cada vez mais afastado da política e do Estado (Entrevista 9 – realizada em 20/11/2019).

A afirmação é apenas aparentemente contraditória. No fundo, ela expressa uma situação semelhante àquela vivida pelo MTST. O movimento estudantil chileno, como o brasileiro, tem estruturas de representação muito consolidadas: as federações estudantis (correspondente aos DCEs no Brasil) e a CONFECH (equivalente à UNE) são reconhecidas pelo movimento como entidades representativas. São elas, portanto, que assumem a voz dos estudantes em movimento no ano de 2011 e direcionam suas reivindicações aos organismos do Estado. Mas o movimento era muito mais amplo do que jamais havia sido, trazendo consigo muitos jovens que não participavam das formas tradicionais de ação política nas escolas e universidades ou que consideravam insuficientes as formas existentes de representação. Com isso, as lideranças mais vinculadas aos partidos tradicionais foram cedendo espaço a outras que representavam de forma mais fidedigna a massa de jovens que se somava ao movimento.[4] A autonomia em relação aos partidos, portanto,

---

[4] Donoso, S., op. cit.

se deu de forma dupla, fora e dentro do próprio movimento. Como destaca Bidegain:

> É possível afirmar que durante o ano de 2011 houve um processo de autonomia da liderança universitária. Enquanto no início do ano os setores próximos aos partidos políticos lideravam o movimento, no final do ano foram os setores mais afastados dos partidos que conseguiram articular um maior número de federações.[5]

O movimento tornou-se cada vez mais autônomo após 2011, embora mantivesse, a exemplo do MTST, uma relação contraditória de rejeição e interação com o sistema político. Um dos ativistas confirma isso, afirmando que "havia repressão, havia muitos problemas, mas havia pontes. Sentávamos à mesa com o governo, íamos às suas reuniões e tratamos de construir viabilidade para nossas reivindicações" (Entrevista 10 – realizada em 18/11/2019).

No caso do movimento #YoSoy132 identificamos fenômeno semelhante. A maioria dos ativistas entrevistados também aponta um alto grau de autonomia do movimento em relação ao sistema político. Observando os resultados das entrevistas, a maioria situa o movimento, numa escala de 1 a 10, entre 7 e 9 (o que corresponde, na nossa tabela de conversão, ao modelo de *independência*). Chama a atenção que, diferente dos ativistas do movimento estudantil chileno ou do MTST, nenhum dos ativistas de #YoSoy132 que colaborou com este trabalho aponta valores abaixo de 7, o que significa que os entrevistados acreditam que o movimento jamais chegou a estabelecer um modelo de *cooperação* com o sistema político. Isso não significa, no entanto, que militantes partidários não participassem do movimento,

---

[5] Bidegain, G. P., op. cit., p. 231.

ou ainda, que não tenha havido algum nível de interação com a campanha de López Obrador. Um ativista lembra que, nos dias que precederam as maiores mobilizações, aconteceram eventos de campanha com jovens que, em seguida, engrossariam as fileiras do movimento #YoSoy132:

> Nos dias depois que Peña Nieto foi ao Ibero, e a questão [ou movimento #YoSoy132] começou formalmente, Obrador realizou um comício com os jovens na Plaza de Las Tres Culturas, Plaza Tlatelolco, onde ocorreu o massacre de 1968, um lugar icônico de mobilização estudantil. E foi um encontro lindo, com muita força, muita energia. E todas essas pessoas acabaram em 132 (Entrevista 15 – realizada em 2/12/2019).

Esse mesmo ativista lembra que, apesar do movimento jamais ter cogitado transitar a um processo de institucionalização[6], a relação com o PRD e a campanha de Obrador era um tema que gerava tensões no interior de #YoSoy132.

> Foi uma tensão bem forte, passamos horas discutindo. O movimento se declara político e apartidário, se declara anti-PRI e anti-PAN e a tensão era: e nos declaramos anti-PRD, sim ou não? Alguns disseram "sim, bem, somos contra todos eles, todos os políticos são iguais". Nós dissemos "sim, mas quem é claramente o inimigo é o PRI e o PAN". Mas se você não se declara anti-PRD, está implicitamente apoiando López Obrador. Sim, houve grande tensão com a pressão para demonstrar publicamente que o movimento não foi "operado" por López Obrador (Entrevista 15 – realizada em 2/12/2019).

---

[6] Como veremos, até surgiram propostas nesse sentido em algumas assembleias, mas com apoio marginal.

O que podemos aferir dessa declaração é que, diferente do caso do Chile ou mesmo do Brasil, o movimento #YoSoy132 sofreu as tensões de ter que se relacionar, ainda que indiretamente, com uma agremiação progressista que representava uma alternativa política e eleitoral às forças neoliberais. No caso brasileiro, como sabemos, a situação era absolutamente distinta, uma vez que o partido hegemônico nas esquerdas estava à frente do Governo Federal em 2013, enquanto no Chile, embora na oposição à Piñera, o PS estava longe de representar uma alternativa de poder para a juventude que saiu às ruas em 2011.[7] Além disso, agreguemos ainda o fato de que o movimento #YoSoy132 surge no meio de um processo eleitoral, embaralhando as cartas e diminuindo drasticamente a vantagem do então candidato do PRI, que no início da campanha parecia marchar rumo a uma vitória tranquila. Outro ativista, mais experiente, afirma que, apesar da tensão, a desconfiança em relação a López Obrador e ao sistema político falou mais alto. Questionado em relação aos motivos que fizeram com que o debate sobre a institucionalização não avançasse no interior do movimento #YoSoy132, ele afirma:

> Acho que prevaleceu, sobretudo, o descrédito dos partidos. E, além disso, o próprio problema da atitude de López Obrador em relação ao movimento. Porque, por um lado, a direita acusou 132 de ser manipulado por López Obrador; mas, por outro, além de não ser verdade, López Obrador também não confiava no 132. Então, o teste político é o momento da eleição. (...) López Obra-

---

[7] Isso é o que podemos aferir a partir das entrevistas realizadas com ativistas que deram origem a novos partidos de esquerda no Chile. Porém, não é uma afirmação que pode ser tomada como absoluta. Basta ver o resultado das eleições presidenciais seguintes, que reconduziram Michelle Bachelet à Presidência da República.

> dor continua denunciando a fraude e o movimento 132 convoca uma convenção nacional contra a imposição [de Peña Nieto] em Atenco. E então todos os movimentos sociais antineoliberais chegaram a Atenco. Há uma segunda sessão dessa convenção em Oaxaca, mas ao mesmo tempo, López Obrador pede a constituição formal de um novo partido, que é o MORENA. Então a ideia de um novo partido se estabelece. Mas quem a estabelece é López Obrador (Entrevista 13 – realizada em 13/11/2019).

A autonomia do movimento #YoSoy132 pode ser verificada, portanto, não apenas a partir do descrédito com que o movimento encara o sistema político, mas também pela independência que manteve frente à enorme pressão exercida em favor de uma adesão formal à campanha de López Obrador. Quando o ex-candidato do PRD utiliza a comoção gerada pelas novas denúncias de fraude eleitoral para impulsionar a criação de seu novo partido, a maioria do movimento rejeita seu chamado e reafirma sua condição apartidária. Como veremos, porém, essa postura não impede que alguns integrantes de #YoSoy132 acabem aderindo ao MORENA.

Em termos comparativos, a média das respostas dos ativistas do MTST ficou em torno de 6,5 (autonomia média/alta), o que indica uma dinâmica de relação com o sistema político que varia entre a *cooperação* e a *independência*. No caso do movimento estudantil chileno de 2011, as respostas ficaram em torno de 8 (autonomia alta), o que representaria uma posição bastante nítida de *independência*. Lembremos, porém, que o MTST era um movimento consolidado em 2013, com praticamente 15 anos de existência e uma dinâmica de relações com o sistema político que precedia o ciclo de protestos que chegou ao Brasil em 2013. O movimento estudantil chileno, embora consolidado em entidades representativas, viveu uma explosão em 2011, que levou às ruas milhares de ativistas sem qualquer participação política anterior. O MTST, por sua vez, estava muito mais consolidado, já que é um movimento que "recruta" seus participantes como uma verdadeira organização política. Já o movimento estudantil chileno de 2011 foi arrastado para o centro de um levante antineoliberal que até hoje ecoa na política chilena. A diferença entre os dois movimentos é mais que suficiente para explicar as distintas percepções que os ativistas expressam, embora todos eles ressaltem mais as características de autonomia que dependência em seus movimentos. No caso mexicano, como observamos, também predomina uma forte percepção de autonomia, que se mistura com rechaço aberto aos partidos e à política institucional.

Notamos, assim, que entre os ativistas dos movimentos analisados neste trabalho a percepção de maior autonomia em relação ao sistema político é preponderante. Optamos por usar a classificação dos movimentos a partir da autoimagem dos próprios ativistas e sua percepção individual sobre os movimentos porque consideramos que ela ajuda a compreender a natureza da nova esquerda social que não se vê representada pelos tradicionais partidos políticos forjados pelo sistema democrático-liberal. É, portanto, uma abordagem complementar àquela elaborada pelo modelo de Adrián Albala em seu *Partidos políticos y movimientos sociales en América Latina (*2011-2016*)*. Como vimos, esse modelo de aferição de autonomia não considera a autoimagem, mas utiliza a combinação de dois outros fatores: presença do Estado no desenvolvimento econômico (relação entre gasto público em relação ao PIB) e força das clivagens políticas em cada sistema partidário. Em resumo, a hipótese consiste na ideia de que o incremento do gasto social e a existência de clivagens ideológicas fortes geram maior proximidade entre partidos e movimentos, enquanto uma menor presença do Estado no investimento público e uma clivagem mais fraca incentivam a autonomia dos movimentos sociais.

Entre os países que viveram ondas de protestos massivos a partir de 2011 analisados por Albala, Chile e México são os que apresentam os piores índices de investimento público em relação ao PIB. Para estabelecer uma linha de corte entre um Estado com maior ou menor presença na economia, Albala utilizou como referência a média de investimento dos países da região (31,5% de investimento/PIB), criando uma função em que 1 = países com gasto público superior à média regional e 0 = países com gasto público inferior a essa mesma média, onde se localizam Chile e México. Já o Brasil, entre os nove países analisados, encontrava-se então acima de média regional. No entanto, no que se refere às clivagens ideológicas entre os partidos, o país ostentava ao lado da Colômbia os piores indicadores. Para medir o quanto as clivagens políticas são visíveis, Albala criou uma ponderação em três níveis, sendo: 2 = sistema político com forte clivagem ideológica e clara identificação das ofertas políticas; 1 = sistema político com clivagem moderada; e 0 = sistema político com uma clivagem fraca e pouca identificação das ofertas políticas.[8] As clivagens foram aferidas a partir dos dados do Latinobarômetro de 2011 e de questões relativas à confiança nos partidos políticos. De acordo com esses indicadores, Chile, México e Brasil, além da Colômbia, apresentaram um sistema político de clivagens fracas ou moderadas. Sua conclusão, portanto, é que os três países analisados neste trabalho reúnem as condições necessárias para uma maior autonomia dos movimentos sociais em relação ao sistema político, comprovando a percepção dos ativistas entrevistados.

---

8 Albala, A., 2020, op. cit., p. 49.

Com isso, notamos que a autonomia está no centro dos processos de surgimento de movimentos sociais da nova esquerda. Ela é percebida pelos ativistas como uma condição para o surgimento desses movimentos, mas não é suficiente para ser considerada determinante nos processos de institucionalização, uma vez que tanto movimentos que formaram seus próprios partidos (como o caso dos ativistas do movimento estudantil chileno) quanto movimentos que não se institucionalizaram (como o movimento #YoSoy132) são produto de processos de autonomização verificados nos três países. A autonomia, nesse caso, apesar das diferenças percebidas entre os atores, é uma característica fundamental dos três movimentos sociais da nova esquerda aqui analisados. Mesmo assim, não se mostra condição necessária ao processo de institucionalização.

Confiança na democracia e suas instituições: Chile, Brasil e México

O clico de protestos que se iniciou em 2011 na América Latina tem características comuns a seus homônimos europeus: a crítica aos limites da democracia representativa e a profunda desconfiança com o sistema político. Ainda que que a crise iniciada em 2008 tenha como marco a quebra do banco Lehman Brothers, ela não havia provocado grandes impactos na região até 2011. No entanto, o mal-estar diante da privatização dos serviços públicos (Chile) ou de sua precarização (Brasil), ou ainda, contra a manipulação da informação (México), estava latente e foram suficientes para alimentarem processos de mobilização. Delas surgiram movimentos inspirados na defesa de uma "democracia real" ou uma "democracia dos 99%", mas também novos movimentos de direita e extrema-direita que diziam se opor ao *establishment* representado pelos velhos partidos de centro-direita e centro-esquerda.

Mas como explicar que, apesar de toda a crítica endereçada ao sistema político e aos partidos, ainda assim movimentos sociais da nova esquerda tenham optado por se institucionalizar e participar, eles próprios, do sistema político que tanto criticavam? Como vimos na seção anterior, apesar dos entrevistados enfatizarem a elevada autonomia desses movimentos em relação ao sistema político, alguns deles – notadamente o movimento estudantil chileno e o movimento sem-teto no Brasil – já mantinham algum nível de interação com as instituições do Estado e os partidos políticos. Se pode dizer o mesmo de outros movimentos impulsionados naquele período, como o movimento camponês colombiano e o movimento indígena de Equador e Bolívia. Autonomia, portanto, não significa o mesmo que ausência de interação com o sistema político. Seja como for, essa interação pressupõe algum grau de reconhecimento e legitimação das instâncias estatais de mediação dos conflitos.

Para analisar este aspecto, consideramos que a confiança na democracia é um elemento que pode nos dar pistas sobre o processo de institucionalização, a partir da hipótese de que *quanto maior a confiança na democracia e em suas instituições, maior a chance de institucionalização de movimentos sociais da nova esquerda.* Essa "confiança" diz respeito às tradições políticas enraizadas em cada país, isto é, à cultura de reconhecimento de que a democracia, mesmo em sua versão dominante – liberal – é um sistema capaz de incorporar e conviver com as visões de mudo da nova esquerda. Como afirma Chantal Mouffe, "apesar de terem sido relegados pelo neoliberalismo, os valores democráticos ainda têm um papel significativo no imaginário político de nossas sociedades".[9]

[9] Mouffe, C., 2019, op. cit., p. 72.

Para aferir esse nível de confiança, recorremos aos dados do Latinobarômetro em 2011 e 2013 sobre o funcionamento do sistema democrático, usando um modelo dicotômico e tendo como referência o valor médio das respostas sobre o tema na América Latina. Para os países que estão acima da média regional foi atribuído um valor = 1 e para os países abaixo dessa média foi atribuído um valor = 0. Como referência usamos questões relativas diretamente à qualidade da democracia (apoio à democracia, preferência entre um regime democrático e um não democrático, rejeição/aceitação de um regime autoritário, avaliação da qualidade da democracia, nível de satisfação com democracia, a quem serve o governo e a democracia, reconhecimento das instituições democráticas).

Os dados de 2011, em geral, apontam uma queda do apoio à democracia em toda a região. Dos 18 países pesquisados, apenas quatro perceberam um aumento do apoio à democracia no período (Argentina, Paraguai, República Dominicana e Uruguai). O mesmo aconteceu em relação à imagem de progresso econômico da região, que teve queda em 14 dos 18 países pesquisados. Como podemos notar, 2011 é um ano paradigmático na mudança de humor das sociedades em todo o Continente. No Chile, chama a atenção uma queda acentuada na percepção da condição econômica futura dos cidadãos em relação ao levantamento anterior:[10] em 2010, 48% dos chilenos e chilenas acreditavam que sua situação econômica melhoraria nos doze meses seguintes; em 2011 esse percentual despencou para apenas 30%. Para efeito de comparação, no Brasil a queda foi muito mais

---

[10] Foi perguntado aos entrevistados: ¿Y en los próximos doce meses, cree que su situación económica y la de su familia será Mucho mejor, Un poco mejor, Casi igual, Un poco peor, o Mucho peor que la que tiene hoy? (Latinobarômetro, 2011).

sutil, mantendo elevados índices de confiança em relação ao progresso pessoal: 70% em 2010 e 64% em 2011.[11] Verificamos fenômeno semelhante em relação à percepção de para quem se governa. No caso do Chile, questionados sobre se o governo está à serviço do bem da maioria do povo, em 2011 um total de 29% dos entrevistados afirmou que sim, contra 55% do levantamento do ano anterior, demonstrando uma enorme insatisfação com o funcionamento da democracia. Esses dados, porém, não devem nos enganar. É fato que eles nos ajudam a explicar o mal-estar relevado pelos protestos estudantis daquele ano. No entanto, os índices de confiança geral na democracia no Chile ainda se mostravam maiores que aqueles presentes nos demais países analisados neste trabalho. Além disso, como aponta o relatório do próprio Latinobarômetro:

> O retrocesso no desempenho dos governos não deve ser interpretado como um retrocesso na consolidação da democracia, mas sim como um impacto positivo da demanda por mais democratização. As exigências são maiores, as atuações não podem permanecer as mesmas. O sucesso do virtuoso quinquênio eleva o piso das demandas.[12]

No caso do Chile essa afirmação se revela ainda mais verdadeira. Em 2011, apesar de uma ligeira queda, o país alcança um índice de apoio à democracia de 61%, o segundo maior da série histórica que se iniciou em 1995, acima da média regional da América Latina (58%) e bastante acima dos números verificados no Brasil e México naquele ano (45% e 40%, respectivamente). Quando questionados sobre a preferência pela democracia em

---

[11] Latinobarômetro, 2011, op. cit., p. 33.

[12] Ibid., p. 37.

relação a outros sistemas de governo, os chilenos novamente aparecem acima da média regional. Enquanto na América Latina 76% dos entrevistados afirmam que, apesar dos problemas, a democracia é o melhor sistema de governo, no Chile esse índice chegava a 80%. Em relação à legitimidade dos partidos políticos e do Congresso Nacional, novamente os dados coletados entre os chilenos e chilenas revela um reconhecimento acima da média regional. Enquanto na América Latina 59% reconhecem que não pode haver democracia sem a existência do parlamento, no Chile esse índice chega a 65%, quinto maior entre os 18 países pesquisados. O mesmo acontece quando a questão se refere à existência de democracia sem partidos políticos. Enquanto no Chile 60% das pessoas reconhece que a existência de partidos é uma condição para um sistema democrático, a média na América Latina é de 58%. Perguntados o quão democrático é o Chile, numa escala de 1 a 10, a média das respostas dos chilenos e chilenas ficou em 6,9, enquanto a média da região ficou em 6,4.

Como vemos, em todos os indicadores que se referem ao reconhecimento da democracia como sistema de governo os dados do Chile aparecem acima da média da América Latina, revelando uma sólida preferência pelo sistema democrático e um reconhecimento se sua superioridade em relação às demais formas de governo. No informe divulgado dois anos depois, quando os partidos da Frente Ampla começam seu processo de institucionalização, o apoio à democracia alcançará um recorde de 63%.[13]

No caso do Brasil e do México, usamos os indicadores oferecidos pelo informe do Latinobarômetro de 2013, considerando que não há dados disponíveis especificamente para o ano de 2012, quando eclodiram as mobilizações do movimento #YoSoy132. No caso do Brasil, em 2013, 49% dos brasileiros

---

[13] Latinobarômetro, 2013, op. cit.

e brasileiras entrevistados afirmaram que preferem um sistema democrático a um sistema autoritário, enquanto 19% afirmaram preferir um governo autoritário e 21% afirmaram não haver diferença relevante entre ambas as formas de governo. No mesmo levantamento, realizado no México, apenas 37% afirmaram que a democracia é preferível,[14] mesmo percentual dos que afirmam não ver diferença entre um sistema democrático e um sistema autoritário. Por sua vez, 16% afirmam preferir um sistema de governo autoritário. O caso do México é dos poucos em que a alternância de poder – iniciada em 2000 com a vitória do PAN – não produziu um impacto significativo sobre o apoio à democracia. Segundo dados do Latinobarômetro, o país perdeu 12 pontos percentuais de apoio à democracia no período entre 1995 e 2013.[15] Considerando a média da América Latina, que foi de 56% em 2013, tanto México como Brasil estão bem abaixo do índice regional. Porém, quando questionados sobre o célebre conceito de Churchill, de que apesar dos problemas, a democracia ainda é a melhor forma de governo, 81% dos brasileiros e brasileiras entrevistadas em 2013 disseram concordar com a afirmação do histórico líder conservador, enquanto no México esse índice chegou apenas a 66%. Considerando a média da América Latina (79%) o Brasil estava levemente acima, enquanto o México aparecia em penúltimo lugar, à frente apenas de El Salvador.

Em relação ao sistema partidário, tema particularmente relevante em nosso trabalho, quando questionados se pode haver

---

14 Para efeito de comparação, na mesma pesquisa, o país que mais reconhece a democracia como preferível (Uruguai) alcançou 71% de apoio a essa forma de governo, chegando a ter índices acima dos 80% durante os anos 1990.

15 Latinobarômetro, 2013, op. cit., p. 19.

democracia sem partidos políticos, 45% dos mexicanos e mexicanas afirmaram que sim. É o maior índice entre os países pesquisados, muito acima da média regional de 2013, que foi de 31%. No caso do Brasil, os dados também estavam levemente acima da média regional (34%). Para efeito de comparação, no Chile, 25% das pessoas concordaram com a afirmação de que é possível haver democracia sem partidos. O mesmo acontece em relação à afirmação de que é possível haver democracia sem a existência de Congresso Nacional. Enquanto na América Latina, em média, 27% dos entrevistados disseram concordar com essa afirmação, no México esse índice chegou a 38%, despontando como o país com maior rejeição ao parlamento. No Brasil, a concordância com a afirmação de que é possível haver democracia sem a existência de Congresso Nacional alcançou 34% em 2013, também acima da média. Novamente, naquele ano, Chile esteve abaixo da média regional, com 20% dos entrevistados concordando com a afirmação.

Por fim, o Latinobarômetro de 2013 oferece pela primeira vez um indicador relacionado à satisfação com a democracia em cada país. Enquanto na América Latina a média de satisfação era de 39%, no México, mais uma vez, os indicadores demonstraram uma grande insatisfação com o sistema democrático: apenas 21% dos entrevistados afirmaram estar satisfeitos com a democracia. Enquanto no Brasil esse índice era um pouco maior (26%), também abaixo da média regional, no Chile 38% disseram estar satisfeitos.

Em praticamente todas as abordagens analisadas nesta seção (apoio à democracia, preferência pela democracia em relação a outros sistemas, legitimidade dos partidos e instituições parlamentares, satisfação com a democracia, dentre outros) os dados repetem mais ou menos a mesma tendência. Enquanto no Chile os indicadores revelam que em 2011, apesar dos protestos, havia um relevante apoio à democracia, em geral acima da média da América Latina, em 2013, após os protestos de junho no Brasil e da eleição presidencial de 2012 no México, o apoio à democracia e suas instituições alcançavam patamares abaixo da média dos demais países pesquisados. No caso do Brasil e México cabe destacar, ainda, que o México ostentava alguns dos piores indicadores em relação à democracia entre todos os países pesquisados em 2013, enquanto o Brasil, em geral, apesar de apresentar um nível de confiança e satisfação bem abaixo da média regional, tinha números mais positivos.

Evidentemente não é possível afirmar de forma definitiva que esses números indicam padrões de comportamento para os movimentos sociais, uma vez que as entrevistas realizadas pelo Latinobarômetro utilizam uma amostra representativa de toda a sociedade e não apenas de ativistas. No entanto, acreditamos que essas informações relevam tendências que dialogam com a cultura política de cada país, e consequentemente, de cada movimento. Por exemplo, é de se supor que a crise política que sucedeu a eleição de Enrique Peña Nieto, no México, com as acusações de fraude endereçadas pelo candidato da oposição, López Obrador, tenham degradado ainda mais a confiança dos mexicanos nas instituições democráticas. Por que esse ambiente não influenciaria os ativistas do movimento #YoSoy132 que tinham diferentes origens sociais? No Brasil, como vimos, a confiança com o sistema democrático está abaixo da média da região. Porque imaginar que essa condição não tenha influenciado os ativistas sem-teto ao decidirem promover um tipo de interação com o sistema político que não considerava a criação de um partido do MTST? No caso do Chile, além dos dados apresentados nesta seção, chama a atenção que a decisão de se institucionalizar tenha gerado relativamente poucas tensões no interior do movimento estudantil, segundo a percepção dos ativistas entrevistados para este trabalho.[16]

A análise desta condição, portanto, indica que o reconhecimento do papel da democracia e suas instituições – incluindo o sistema de partidos – é fator relevante nos processos de criação de partidos oriundos dos movimentos sociais da nova esquerda. No Chile, onde se verifica o surgimento de novos partidos, havia um elevado nível de confiança na democracia. No Brasil, onde esses níveis estavam abaixo da média regional, o processo de institucionalização se deu parcialmente, assumindo a forma inicial de uma aliança entre movimentos sociais e atores que estavam dentro do sistema político (PSOL e PCB), enquanto no México, onde os níveis de desconfiança com a democracia estavam entre os maiores entre os países pesquisados, o processo de institucionalização do movimento #YoSoy132 não apenas não ocorreu, como foi amplamente rechaçado, segundo revelam os ativistas entrevistados.

---

[16] Esta percepção, compartilhada pela imensa maioria dos ativistas entrevistados, é contestada por Bidegain (2015) que ressalta as tensões vividas pelos ativistas após a criação dos seus partidos. Seu trabalho destaca as críticas endereçadas especialmente aos líderes de *Revolución Democrática* quando da decisão de colaborar com o governo Bachelet. Nossas entrevistas, no entanto, focam o momento *anterior* à institucionalização (enquanto Bidegain tem como período de análise o momento *posterior* à decisão de criar partidos). A pergunta presente no questionário é expressa: "A decisão de interagir/não interagir com o sistema político-partidário gerou tensões no interior do movimento? (SIM/NÃO)" e "[Em caso afirmativo] Essas tensões geraram dissidências no movimento?"

O progressismo no poder: Chile, Brasil e México

Como destacamos no capítulo anterior, utilizamos três dados para medir o impacto da experiência progressista no poder como condição para os processos de institucionalização de movimentos sociais. O primeiro é a duração de cada uma dessas experiências; o segundo é a variação do Índice de Gini (diminuição da desigualdade); e o terceiro é percepção dos ativistas entrevistados sobre os governos e partidos progressistas. Quanto à duração de cada experiência há importante variação entre os três casos. Enquanto a Concertación governou o Chile por duas décadas (1990-2010), a coalizão política encabeçada pelo PT no Brasil esteve à frente do governo federal por treze anos[17]. No México, a experiência de um governo progressista teve início apenas em 2019, fora do período analisado neste trabalho.

As duas primeiras décadas deste século foram marcadas por uma importante redução da desigualdade em diferentes países da América Latina. O fenômeno, portanto, não diz respeito apenas aos governos de caráter progressista. Segundo a CEPAL,[18] a desigualdade no continente caiu significativamente entre 2002 e 2017 graças ao ciclo de crescimento econômico mundial que beneficiou a região. Dados do relatório *Panorama Social de América Latina* 2018, no entanto, mostram que ela diminuiu num ritmo mais acelerado na primeira década:

---

17 Em termos estritamente quantitativos, significa que o PT governo 35% menos tempo que a coalizão liderada pelos socialistas e democratas-cristãos no Chile.

18 CEPAL. Comisión Económica para América Latina y el Caribe. “Panorama Social de América Latina – 2018”. Santiago, 2019.

> A média simples dos índices de Gini para 18 países da América Latina caiu de 0,543 em 2002 para 0,466 em 2017. No entanto, a taxa de redução diminuiu nos últimos anos: entre 2002 e 2008 a queda média anual do índice foi de 1,3%; entre 2008 e 2014, 0,8%, e entre 2014 e 2017, 0,3%.[19]

No caso do Chile, houve uma queda de quase 15% da desigualdade, enquanto no Brasil o índice de Gini caiu 5,2% no período. Na Argentina despencou 18% e na Bolívia a desigualdade caiu 23%, passando de 0,61 para 0,47.[20] Na comparação entre Chile e Brasil, portanto, há que se reconhecer que enquanto os governos liderados pelo PT conviveram na maior parte do período em que estiveram no poder com um contexto de crescimento econômico, os governos da Concertación só vivenciaram essa realidade na segunda metade dos anos em que estiveram à frente do governo. Evidentemente, além de condições objetivas favoráveis, o sucesso de uma política de diminuição das desigualdades sociais deve dispor de condições subjetivas, isto é, vontade política de aproveitar os "bons ventos" na economia, razão pela qual não devemos atribuir todo o sucesso das políticas sociais dos governos progressistas apenas ao contexto internacional favorável.

Para mensurar o impacto das políticas de combate à desigualdade há diferentes indicadores disponíveis, tais como crescimento da renda *per capita*, relação investimento público/PIB, participação da renda do trabalho na riqueza nacional – o que indica uma menor dependência do capital financeiro – dentre outros. Nossa opção pelo Índice de Gini se dá pela facilidade de manuseio dos dados, que já consideram boa parte desses indi-

19 Ibid., p. 19.

20 Ibid.

cadores, e, também, por apresentar uma síntese dos efeitos da desigualdade social.

No Brasil, segundo dados do Banco Mundial, em 2003, ano em que Lula assumiu a Presidência da República, o Índice de Gini estava próximo a 0,58.[21] Ao final de seu segundo governo, esse índice foi reduzido até 0,53. Já em 2015, último ano do governo Dilma Rousseff antes do golpe parlamentar, o índice havia sido reduzido a 0,51, numa tendência de redução menor que aquela percebida nos governos de Lula. No caso do Chile, o Índice de Gini em 1990, logo após o fim da ditadura militar de Augusto Pinochet, era de 0,57. Em 2010, com o fim do governo de Michelle Bachelet e o ciclo de governos da Concertación, o índice havia caído para 0,48.[22] Uma redução das desigualdades de 0,9 ponto, levemente maior que a do Brasil (0,7). No caso chileno, embora a diminuição da desigualdade tenha sido maior nos governos da Concertación em comparação com os governos petistas, devemos observar que ela foi menos intensa, pois se deu ao longo de 20 anos, com uma relativa estabilização a partir de 2006, quando o índice chileno alcança os mesmos valores que durarão até o fim do governo de Bachelet. Também é importante considerar que no período em que a região viveu o *boom* das commodities, apenas Uruguai e o Chile tinham uma taxa de pobreza extrema abaixo de 5% da população no início da década de 2000, o que também impactou positivamente o processo de diminuição das desigualdades no país andino.[23] No caso brasileiro, o ciclo de diminuição das desigualdades, segundo podemos perceber através da medição do Índice de Gini, começa em 1996. A partir desse ano, até 2015, o Brasil percebe

---

21 Banco Mundial. Índice de Gini (Brasil, Chile). 2019.

22 Ibid.

23 CEPAL, op. cit.

uma diminuição dos indicadores ano após ano. A desigualdade só voltaria a crescer em 2016, após o golpe parlamentar que destituiu Dilma Rousseff.[24]

Percebemos, portanto, que tanto as políticas da Concertación, como aquelas desenvolvidas pelos governos liderados pelo PT, tiveram impacto na redução das desigualdades sociais no Chile e no Brasil. Embora a experiência do progressismo chileno tenha logrado uma diminuição levemente maior das desigualdades sociais no período em que esteve no governo, essa diferença é pouco expressiva. Por isso, não consideramos que ela possa ser determinante para definir diferenças nos processos de institucionalização de movimentos sociais nos dois países.

Por fim, questionamos os ativistas entrevistados sobre a relação entre seu movimento social e o governo da época em que ocorreram os ciclos de mobilização analisados neste trabalho. Diante da pergunta "Como você definiria as relações com o governo nacional do período entre 2011 e 2013?" apresentamos sete alternativas de respostas: a) ótimas; b) muito boas; c) boas; d) regulares; e) ruins; f) muito ruins; g) péssimas. Também perguntamos, após essa definição, como cada ativista caracterizaria o governo da época e oferecemos três opções: aliado/adversário/outro.

No caso mexicano, onde governava uma coalizão de direita, a maioria esmagadora dos ativistas entrevistados afirmou que as relações com o governo de Felipe Calderón eram "muito ruins". Apenas um ativista afirmou que considerava as relações péssimas e todos afirmaram que viam o governo como um adversário. No caso dos ativistas chilenos, que também se enfrentaram contra um governo de direita, todos afirmaram que a relação com a administração de Sebastián Piñera era "muito ruim" e que a postura do governo em relação ao movimento era de ad-

[24] Banco Mundial, op. cit.

versário. No caso do Brasil, onde governava uma coalização de centro-esquerda, a percepção majoritária dos ativistas sem-teto é de que as relações com o governo eram "regulares". Alguns afirmam que as relações eram "ruins", mas nenhum sustenta que as relações eram boas ou muito boas. Evidentemente, a existência de políticas sociais e de diálogo institucional no período em que ocorreram as manifestações no Brasil influenciou positivamente a imagem que os ativistas têm em relação aos governos petistas. Essa percepção é ressaltada, naturalmente, pelo enorme contraste entre os governos petistas e o governo de Jair Bolsonaro, inimigo declarado dos movimentos sociais. O mesmo ocorre diante da pergunta se o governo era "aliado" ou "adversário". A imensa maioria dos ativistas entrevistados evitou se posicionar dicotomicamente, optando pela alternativa "outro". Um deles, inclusive, chega a mencionar a delicada posição do MTST no cenário dos movimentos sociais brasileiros:

> O MTST era um ponto fora da curva. Porque o governo era do PT, e o PT tinha uma hegemonia muito forte no movimento social (e no movimento de moradia em particular). De repente aparece um "patinho feio", um movimento que começa a crescer, se torna maior que os movimentos de moradia ligados ao PT, com maior capacidade de mobilização e, óbvio, isso gerou uma concorrência entre os movimentos. (...) Por isso as relações [do governo] com o MTST eram mais tensas (Entrevista 1 – realizada em 26/11/2019).

Ou seja, o MTST se batia contra a hegemonia do PT nos movimentos sociais de moradia, mas não chegava a considerar, por conta disso, que os governos petistas fossem adversários. Esse aspecto nos leva a uma reflexão importante sobre o papel do PT junto aos movimentos sociais brasileiros. A manutenção de sua hegemonia nas esquerdas, construída ao longo dos anos 1980 e 1990, fez com que o partido, mesmo à frente de uma coalização governamental que incluía forças de direita e centro-direita, mantivesse uma forte influência sobre os movimentos sociais. É como se o processo de *aggiornamento* do PT, que o transformou em "partido de governo",[25] praticamente não tivesse abalado a liderança do partido junto a esses movimentos. Por isso o processo de surgimento de novos atores sociais se dá, em geral, numa perspectiva crítica ao lulismo, mas raramente em oposição aberta a ele.

A existência de governos progressistas no Brasil e Chile, no entanto, expôs os limites das políticas de diminuição das desigualdades, reforçando uma perspectiva de autonomia da nova esquerda em relação aos partidos e governos liderados por essas coalizões e estimulando indiretamente o processo de institucionalização – cada um à sua maneira – do movimento estudantil no Chile e do MTST no Brasil. Essa comparação faz sentido quando colocamos, lado a lado, Chile, Brasil e México. Nos dois países onde houve a experiência de governos progressistas de convivência com o neoliberalismo, a nova esquerda produziu processos de institucionalização, enquanto naquele país onde não houve experiência de um governo progressista no período que antecedeu as manifestações de 2012 o movimento não produziu processos de institucionalização.

Diante dos três elementos analisados nesta seção – longevidade da experiência progressista no poder, impacto das políticas de diminuição da desigualdade e percepção dos ativistas em relação aos governos – podemos concluir que, mais que a longevidade, a simples existência de governos progressistas é relevante para a ocorrência de processos de institucionalização

---

25 Secco, L., op. cit.

de movimentos sociais da nova esquerda, como demonstra a diferença entre os processos no Chile e Brasil, de um lado, e no México, de outro. Ao mesmo tempo, observamos que as diferenças entre Chile e Brasil em relação ao impacto das políticas de diminuição da desigualdade ou à duração desses governos não são significativas. Para alcançarmos resultados mais expressivos, a comparação deveria se dar entre países que aderiram ao reformismo fraco[26] – como Brasil, Chile ou Uruguai – e aqueles que apostaram, no mesmo período, na via do reformismo revolucionário: Venezuela, Equador e Bolívia. Talvez, nesse caso, poderíamos concluir que a existência de uma forte presença do Estado no combate às desigualdades pode desestimular o surgimento de novos partidos oriundos de movimentos sociais.[27] Por fim, as entrevistas realizadas permitem concluir que, em geral, predomina entre esses atores uma insatisfação generalizada com os limites dos governos progressistas (no Chile e Brasil) e das propostas dos partidos de centro-esquerda (no México), embora a maioria dos ativistas – salvo algumas poucas exceções – não vejam os partidos da velha esquerda como adversários.[28]

---

26 Singer, A. *Os sentidos do lulismo*. São Paulo: Companhia das Letras, 2012.

27 Albala, A., 2020, op. cit.

28 Nas entrevistas realizadas com ativistas dos movimentos sociais analisados neste trabalho fizemos a seguinte pergunta: "Em termos de partidos, considerando o maior partido de esquerda ou centro-esquerda hoje, você o identifica como: a. Aliado; b. Adversário; c. Outro. A maioria das respostas optou pela alternativa "c". Quando a pergunta se referia aos governos, as predominaram as respostas negativas.

Chile, Brasil e México: acessibilidade dos sistemas partidários

Outra hipótese que levantamos no capítulo anterior é a de que as regras para a criação de novos partidos impactam o processo de institucionalização. Para testá-la, criamos um índice de acessibilidade que considera as obrigações legais exigidas para a formação e o registro de partidos políticos no Chile, Brasil e México. Esse índice leva em conta três fatores, todos baseados na legislação eleitoral e partidária de cada país analisado neste trabalho, que considera representatividade e implantação nacional. São eles:

- Prazo máximo para o cumprimento das obrigações mínimas exigidas para o registro de um novo partido;
- Quantidade mínima de filiados ou apoiadores exigidos pela lei;
- Alcance ou implantação regional mínima exigida.

Essas regras, em geral, são produto de embates entre as forças que estão dentro e aquelas que estão de fora do sistema partidário; sofrem a influência do Poder Judiciário e do sistema eleitoral, assim como respondem a processos sociais mais amplos. Como vimos no capítulo anterior, o sistema político de um país é produto de suas lutas e conflitos. O modelo transicional chileno, por exemplo, concentrava o sistema partidário em poucas legendas até 2014; já o sistema partidário que nasce do processo de redemocratização no Brasil dos anos 1980 respondia à estratégia do regime militar de dividir os partidos de oposição em diferentes legendas, o que gerou um sistema crescentemente pulverizado. No caso mexicano, o sistema partidário é produto de décadas de controle político por um único partido, o que ajuda a explicar as regras draconianas que restringem o ingresso de novas legendas no sistema partidário.

No Brasil, especialmente nos últimos anos, a suposta facilidade com que os partidos políticos se legalizam e a consequente fragmentação eleitoral que esse processo acarreta tem sido alvo de muitas críticas.[29] Não é raro, portanto, ver entre analistas e formadores de opinião uma associação negativa entre acessibilidade do sistema político e qualidade da democracia. Diante da complexidade das sociedades modernas e da heterogeneidade de interesses, é cada vez mais difícil garantir um processo de representação que expresse os interesses da totalidade dos cidadãos. No entanto, como afirma Robert Dahl, é justamente a capacidade de inclusão da maior parte das preferências dos representados que define o grau de *representatividade* de um sistema político. Infelizmente, esse tema foge ao escopo de nosso trabalho. Mas parece importante registrar que não acreditamos ser possível determinar se um sistema partidário é melhor ou pior (ou, melhor dizendo, mais ou menos democrático) apenas pela quantidade de partidos que ele pode abarcar.[30] O impor-

[29] Payne, J. M. "Party systems and democratic governability" em Payne. J. M. et al. *Democracies in development*. Washington: Inter-American Development Bank. 2007; Dalton, R.; Farrell, D.; McAllister, I. Political parties and democratic linkage. Oxford: Oxford University Press, 2011.; Carreirão, Y. S. "O sistema partidário brasileiro: um debate com a literatura recente". Revista Brasileira de Ciência Política, nº14. Brasília, 2014, pp. 255-295.

[30] Este argumento tem sido feito por uma parte da literatura que segue o caminho inaugurado por Sartori, segundo o qual um "pluralismo limitado e moderado" compreende "de três a cinco partidos relevantes". Sartori, G. *Partidos e Sistemas Partidários*. Rio de Janeiro: Zahar, 1982.

tante, a nosso ver, é que ele permita a manifestação da maior pluralidade de vozes possível. Por isso, nosso índice de acessibilidade não tem como propósito hierarquizar qualitativamente os sistemas partidários, mas avaliar em que medida as regras de acesso a cada um deles ajuda a explicar as distintas trajetórias de institucionalização de movimentos da nova esquerda nos países analisados neste trabalho.

Como vimos, entre as obrigações definidas para ao acesso de uma agremiação ao sistema partidário, as mais comuns são a quantidade de apoiadores ou filiados, o alcance regional mínimo e os prazos a serem cumpridos para a legalização ou registro. Comecemos pela quantidade mínima de filiados e apoiadores, considerada uma forma de atribuir *representatividade* ao partido que busca seu ingresso no sistema político. No México, onde pode haver legendas regionais ou nacionais, nossa análise se concentrará no segundo grupo. Para formar um partido nacional, a Ley General de los Partidos Políticos, em seu 12º artigo, afirma que devem ser realizadas assembleias em pelo menos 20 dos 32 entes federativos do país ou em 200 distritos eleitorais. Cada assembleia estadual deve reunir, no mínimo, três mil filiados. No caso de assembleias distritais, elas devem reunir ao menos 300 pessoas. Com isso, a lei exige um número mínimo de 60 mil participantes reunidos em assembleias para que um partido possa assegurar seu processo de legalização.

> Art. 12. O número de membros que compareceram e participaram da assembleia estadual ou distrital, que em nenhum caso poderá ser inferior a três mil ou trezentos, respectivamente, observado o disposto nesta Lei; que assinou o documento de manifestação formal de filiação; que compareceram livremente; que conheceram e aprovaram a declaração de princípios, o programa

> de ação e os estatutos; e que elegeram os delegados proprietários e suplentes à assembléia nacional constitutiva.[31]

As assembleias deverão ser obrigatoriamente acompanhadas por um fiscal do Instituto Nacional Eleitoral (INE), que verificará documento pessoal e comprovante de residência dos participantes, e as listas de presença deverão ser entregues ao órgão para verificação.[32] Além disso, a lei ainda exige que o partido tenha, no ato do seu pedido de registro, um número de filiados equivalente a, no mínimo, 0,26% dos eleitores que tenham participado das eleições para deputado federal no pleito anterior. Tomando as eleições de 2012 como referência, isso significaria ao menos 220 mil filiados. Para efeito de comparação, isso corresponde quase ao número total de filiados do PSOL, partido que tem 15 anos de existência num país com mais de 100 milhões de eleitores. Ou seja, diferente do Brasil, onde a legislação exige um número mínimo de apoiadores – e não de filiados – no México o partido já deve surgir com um número de mais de 200 mil membros e reunir ao menos 60 mil deles em assembleias públicas.

No Chile, a legislação exige que o partido apresente um número mínimo de filiados correspondente a 0,25% do eleitorado que tenha participado da eleição para a Câmara dos Deputados em cada uma das regiões onde o partido está sendo legalizado. Não é possível, portanto, determinar um número absoluto de filiados mínimos, já que o partido pode escolher em quais regiões irá se legalizar. Segundo a legislação, é necessário que o processo de constituição do partido se desenvolva em pelo menos oito das dezesseis regiões administrativas entre as quais o Chile se

---

31 México. Ley General de los Partidos Políticos. Câmara de Diputados del Congreso de la Unión. Publicada em 13/08/2015.

32 Ibid.

divide, ou alternativamente, três regiões geograficamente contíguas. Para efeito de comparação, nas últimas eleições parlamentares de 2017 foram computados 5.997.250 votos válidos para a Câmara de Deputados (entre os mais de 14 milhões de eleitores aptos). O percentual mínimo exigido pela legislação chilena corresponderia, numa média aplicada a todas as regiões do Chile, a pouco menos de 15 mil eleitores. Como o Chile está dividido em 16 regiões – umas muito densas, como Santiago, e outras pouco habitadas, como a Patagônia – em média, o partido que queira se legalizar teria que filiar algo em torno de 8 mil eleitores (caso opte pelo sistema de filiação em oito regiões diferentes) ou 3 mil (caso opte pelo sistema em regiões contíguas). Claro que, se entre as regiões contíguas estiver Santiago, esse número será muito maior.

No Brasil, como nos demais países, a lei dos partidos políticos combina número mínimo de apoiadores e distribuição geográfica. Para legalizar-se, o partido deve receber "o apoiamento de eleitores não filiados à partido político, correspondente a, pelo menos, 0,5% (cinco décimos por cento) dos votos dados na última eleição geral para a Câmara dos Deputados, não computados os votos em branco e os nulos, distribuídos por um terço, ou mais, dos Estados, com um mínimo de 0,1% (um décimo por cento) do eleitorado que haja votado em cada um deles".[33] Como se vê, a lei brasileira não exige que o partido tenha um número mínimo de filiados, mas de eleitores que assinem um documento apoiando a criação do novo partido, o que facilita enormemente o processo de legalização. Em termos quantitativos, considerando a eleição de 2018 como referência, o percentual de 0,5% corresponderia a cerca de 492 mil eleito-

---

33 Brasil. Congresso Nacional. Lei 9.096 de 1995.

res.[34] Se comparado com Chile e México é um número muito mais expressivo, mas como destacamos, coletar a assinatura num documento de apoiamento é mais fácil que filiar o eleitor ao partido, ou ainda, como no caso do México, levá-lo a uma assembleia. Seja como for, nos parece que no quesito "quantidade de apoiadores ou filiados" o sistema partidário mexicano é aquele que impõe as maiores dificuldades.

Aliás, também em termos de alcance regional mínimo, a legislação mexicana é a que apresenta as exigências mais duras. Ao impor a realização de um mínimo de 20 assembleias com, pelo menos, três mil filiados em cada uma delas, a lei obriga os partidos a terem presença em 62% de todos os estados da federação já no seu nascimento. O sistema chileno, ao contrário, tem as exigências menos rígidas em termos de representatividade regional: presença em metade das 16 regiões do país ou, alternativamente, três regiões contíguas (18,75% do total). Significa que com uma quantidade de filiados em percentual equivalente a 0,25% do total de eleitores em três regiões, o partido terá praticamente alcançado os requisitos mais exigentes da lei. No caso do Brasil, a lei exige presença de apoiadores em pelo menos nove unidades da federação, o que corresponde a 33% do total. Além disso, embora a lei brasileira proíba expressamente a existência de partidos regionais, uma legenda pode funcionar com instâncias regionais de direção em apenas algumas regiões do país, assim como no Chile.

No que se refere aos prazos para a legalização dos partidos, o Brasil é o que apresenta maior tempo para cumprimento das obrigações necessárias ao seu registro: a partir do início dos trâ-

---

34 Nas eleições de 2018 foram computados 98.403.044 de votos válidos para a Câmara dos Deputados no Brasil (TSE, 2018). TSE. "Você sabe o que é preciso para criar um partido político?".

mites legais o partido tem dois anos (730 dias) para alcançar os requisitos para sua legalização. No Chile, por sua vez, esse tempo é de apenas 200 dias corridos.[35] No caso do México, a legislação não prevê um prazo mínimo para o cumprimento das obrigações exigidas para o registro de um partido nacional. O que existe é uma espécie de "janela" para que os partidos possam pedir sua legalização junto aos órgãos competentes. Essa janela se abre nos anos que precedem as eleições presidenciais, que acontecem a cada seis anos. Assim, diferente da legislação brasileira ou chilena, que estabelece um prazo para o cumprimento dos requisitos para o registro de um partido, na lei mexicana o que existe é uma espécie de prazo mínimo para o pedido de registro. Assim, todos os partidos do México requisitam seu registro ao mesmo tempo: no mês de janeiro do ano que precede a eleição presidencial. O que pode parecer uma vantagem, no entanto, pode se revelar uma grande dificuldade. Aguardar até seis anos para o registro de um partido pode significar uma desmobilização da força social que impulsiona a criação da nova legenda. No caso de MORENA, partido do atual presidente López Obrador, é de se supor que as dificuldades impostas pela legalização tenham sido mínimas, já que o partido nascia sob o signo do principal líder opositor do país, com mandatos parlamentares e prefeitos em todo o México, e logo após as denúncias de fraude na eleição presidencial de 2012. Mas nas entrevistas que realizamos, ficou claro, como veremos, que na percepção dos ativistas mexicanos construir um partido é tarefa próxima do impossível.

Sistematizando os três dados escolhidos para formar nosso índice de acessibilidade dos sistemas partidários de México, Chile e Brasil, chegamos ao seguinte resultado:

---

[35] Servel, 2022, op. cit.

Tabela 3 – Índice de Acessibilidade dos Sistema Partidário - Resultados

	Chile	**Brasil**	**México**
Prazo máximo para cumprimento das obrigações legais.	200 dias	700 dias	2190 dias
Quantidade mínima de filiados ou apoiadores exigidos pela lei.	0,25% (15.000)	0,5% (492.000)*	0,26% (220.000)
Alcance regional mínimo exigido.	18,75% das Regiões	33% dos Estados	62% dos Estados

**Apoiadores que firmam um documento de apoio à legalização do partido, não filiados.*

Fonte: Elaboração própria.

Parece inequívoco que o sistema partidário do México é de longe o menos acessível. Para que um movimento crie seu próprio partido ele precisa ter forte implantação nacional, com presença em quase dois terços dos estados do país. Além disso, precisa ter uma quantidade expressiva de filiados no momento da criação e contar com uma potente capacidade de mobilização, já que ao menos 60 mil deles deverão comparecer a assembleias para aprovação dos estatutos do partido. A legenda ainda precisara contar com alguma sorte: seu processo de legalização não pode ser nem tão rápido a ponto de criar uma longa espera até a janela de legalização, nem tão demorado a ponto de perder a oportunidade legal que se abre apenas uma vez a cada seis anos.

O sistema brasileiro, por sua vez, é relativamente acessível, especialmente por conta do prazo estipulado para o alcance do número mínimo de apoiadores (dois anos). Além disso, o fato do percentual mínimo de eleitores não se referir a filiados, mas a apoiadores, facilita bastante o processo de legalização. Recentemente, por exemplo, a Unidade Popular (UP), partido de esquerda que conquistou o registro eleitoral junto ao TSE em 2019, concluiu sua campanha de coleta de assinaturas de apoiamento que era realizada nos trens das principais regiões metropolitanas do país.[36] No entanto, não são raros os casos de partidos que não conseguem cumprir os requisitos dentro do prazo exigido, como aconteceu com a Rede Sustentabilidade, partido de Marina Silva, em 2014.

No Chile, por sua vez, temos o sistema mais acessível entre os três analisados. Apesar do prazo relativamente exíguo para cumprimento das exigências legais – 200 dias corridos – os demais requisitos facilitam a obtenção do registro. A alternativa de formar o partido em apenas três regiões, desde que contíguas, e o percentual de filiados mínimos, correspondendo a uma quantidade muito inferir àquela exigida no México, coloca o sistema partidário chileno como o mais acessível entre os três[37]. Como veremos, porém, essas mudanças só foram consolidadas após uma reforma política e eleitoral que resultou do processo de pressão pela institucionalização do movimento estudantil de 2011.

---

[36] Folha de S. Paulo. "Militantes usam trens da CPTM para recolher assinaturas para novo partido". Edição de 31 de agosto de 2018.

[37] A reforma do sistema partidário incentivou o surgimento de novos partidos. Mas como vimos no capítulo anterior, a mudança decisiva foi a reforma *eleitoral* que pôs fim ao sistema de votação binominal. Até então, era quase impossível eleger um deputado fora das duas grandes coalizões dominantes, sendo os casos de Gabriel Boric e Giorgio Jackson exceções. Essa constatação não invalida a conclusão que aponta o sistema partidário chileno como o mais acessível entre os três analisados, mas complementa a análise do fenômeno.

Essa caracterização nos permite concluir, por exemplo, que foi por conta das dificuldades impostas pela legislação que o movimento #YoSoy132 não se institucionalizou? Não somente. Mas nas entrevistas que realizamos ficou patente junto a vários ativistas mexicanos que a inacessibilidade do sistema partidário do país é um fator que desestimula o debate sobre a formação de novos instrumentos partidários. O contrário se pode dizer do sistema partidário chileno. Apesar da legalização dos partidos oriundos do movimento estudantil ter sido estimulada pela referida reforma eleitoral que facilitou o acesso de novas legendas a cargos legislativos, como vimos no capítulo anterior, há siglas que até pouco tempo não haviam conseguido cumprir os requisitos mínimo exigidos. O partido Convergencia Social, por exemplo, liderado pelo presidente eleito do Chile, Gabriel Boric, teve seu registro negado em 2019, demonstrando que uma maior acessibilidade não significa necessariamente que o sistema partidário não disponha de meios para conter o ingresso de grupos com menor representatividade. No caso do Brasil, que também tem um sistema partidário relativamente acessível, a existência de 33 partidos legais não expressa uma diversidade de linhas ideológicas distintas. Especialmente no campo da centro-direita há diferentes legendas com baixa identidade política e ideológica entre as quais se manifesta o fenômeno popularmente chamado "partidos de aluguel", legendas sem qualquer compromisso programático que acabam sendo usadas apenas para assegurar vantagens pessoais para seus dirigentes em conluio com partidos maiores e mais poderosos.

Portanto, ainda que não encerre todas as explicações sobre o processo de institucionalização de movimentos sociais, a acessibilidade dos sistemas partidários parece ser uma condição relevante para explicar o fenômeno, especialmente quando observamos que o processo de formação de novos partidos oriundos dos movimentos sociais da nova esquerda foi mais bem sucedido exatamente onde o sistema partidário se mostrou mais acessível, enquanto ocorreu o inverso onde é menos acessível. No caso do Brasil o nível intermediário de acessibilidade reflete a posição do MTST de interagir com o sistema partidário através do ingresso de suas lideranças no PSOL, sem recorrer à formação de uma nova legenda.

O papel da coesão interna

A última condição analisada refere-se à coesão interna dos movimentos sociais. De nada adianta um movimento social acreditar na relevância das instituições democráticas, encontrar um sistema partidário aberto, rejeitar conscientemente os limites do paradigma social-democrata e constituir uma importante autonomia frente às demais forças políticas, caso não haja coesão suficiente para sustentar a decisão de se institucionalizar. Em outras palavras, se a decisão de interagir com o sistema político custar a unidade do movimento, há uma grande chance de o processo de institucionalização não progredir.

Os três casos analisados neste trabalho são bastante diferentes entre si. O MTST, movimento mais coeso entre os casos aqui expostos, dispõe de uma estrutura organizativa que busca, como qualquer organização política, alcançar o máximo de unidade entre seus membros. Seu formato "piramidal" é composto por assembleias de base, coordenações por ocupação, coordenações estaduais e coordenação nacional. A estrutura organizativa se assemelha a um partido político, com diferentes instâncias de decisão hierarquicamente sobrepostas. Herdada das organizações da Via Campesina, de onde o MTST se origina, essa forma de organização confere alto grau de coesão interna, como veremos nos depoimentos dos ativistas entrevistados.

Já o movimento estudantil universitário chileno dispõe de diferentes estruturas organizativas, onde se destacam as federações estudantis (uma por universidade) e a CONFECH. O movimento é menos coeso que o MTST, já que cada universidade tem sua própria dinâmica e as federações, assim como os DCEs no Brasil, podem ser dirigidas por diferentes grupos políticos, muitos deles rivais entre si.[38] Há, no entanto, um reconhecimento da legitimidade desses organismos de direção, independente do coletivo político que lidera cada um deles. Esse reconhecimento, porém, não deve ser confundido com coesão política: além da dinâmica de ocupação de espaço nas federações, pautada pela disputa entre grupos políticos organizados, as características do levante estudantil de 2011, que extrapolou em muito a capacidade de convocatória demonstrada pelas lideranças nas ondas de protesto anteriores (mochilazo e "revolta dos pinguins"), traz consigo uma amplitude que dificulta a construção de compreensões comuns da realidade.[39] Por isso, podemos considerar que, por sua escala e suas características específicas em 2011, o movimento estudantil chileno tem um nível de coesão menor que aquele verificado entre os ativistas sem-teto do MTST e maior que aquele percebido entre os jovens que impulsionaram o movimento #YoSoy132.

Neste caso, o nível de coesão é ainda mais baixo. Primeiro porque o movimento estudantil no México, diferente de Bra-

---

[38] Donoso, S. op. cit.

[39] Pinto, C. R. J. "Movimentos sociais em 2011: estamos frente a uma nova forma de fazer política?" em Bringel, B. M. & Gohn, M. G. *Movimentos Sociais na Era Global*. Petrópolis: Editora Vozes, 2012.

sil e Chile, não tem a tradição de organizar-se em entidades representativas como nossos DCEs ou as federações estudantis chilenas. Não existe, por exemplo, uma união ou confederação nacional de estudantes. Isso faz com que os debates em torno dos procedimentos, práticas e ritos, tenham assumido um peso grande (para alguns desproporcional) nas assembleias do movimento, uma vez que não havia uma dinâmica de funcionamento e uma cultura política compartilhada entre todos. Um ativista menciona que as assembleias chegavam a durar dois ou três dias, tamanha a dificuldade de estabelecer procedimentos decisórios mais dinâmicos. Segundo ele, isso ocorria porque "o movimento estudantil mexicano é muito poderoso, mas muito circunstancial e explosivo; não tem estruturas nacionais de representação, não há federações que controlem os estudantes" (Entrevista 14 – realizada em 10/12/2019). A ausência de entidades representativas, portanto, gerava uma dificuldade adicional em termos de coesão para o movimento #YoSoy132.

Nas entrevistas realizadas com ativistas dos três países, buscamos verificar a impressão de cada um sobre o nível de coesão interna de seus movimentos. Para isso, fizemos a seguinte pergunta: "Considerando as condições de COESÃO INTERNA, numa escala de 1 a 10, sendo 1 = NADA COESO e 10 = MUITO COESO, como você classificaria seu movimento?". O movimento cujos ativistas afirmaram haver maior coesão interna foi o MTST. Vários ativistas indicaram o número 10, expressando uma percepção de "coesão absoluta". Na média, as respostas ficaram em 9, muito acima dos valores verificados nos demais movimentos. Um dos ativistas que apontou nível de coesão máxima do movimento sem-teto afirma que essa característica é a que mais lhe impressiona. "Eu não sei de onde nasce tanta coesão. A capacidade de autodefesa interna é muito grande. É interessante porque, como o embrião do movimento é em São Paulo, é incrível que isso ocorra no Brasil inteiro" (Entrevista 6). É curiosa a forma como o ativista associa a coesão à "autodefesa". Para ele, a necessidade do movimento de defender-se das ameaças externas – despejos judiciais, violência policial, disputas territoriais com outros grupos, preconceito – é um fator decisivo na constituição dessa elevada coesão interna. Faz sentido. Afinal, o movimento é composto por setores sociais vulneráveis diante de um Estado forte, sempre disposto a exercer sua coerção violenta sobre uma sociedade civil fraca:[40] trabalhadores pobres, em sua maioria negros e negras, muitos deles desempregados. Na mesma direção, outra ativista destaca que a coesão do MTST é fundada a partir de relações de confiança.

> Como a militância no movimento social é muito radical e lida com a sobrevivência real, a gente é muito unido ou a gente não consegue viver, não sobrevive. Então, acho que a estrutura da nossa luta nos faz ter que ser muito unidos. E como a gente lida com o "coração do capitalismo" ou a gente tem relações de muita confiança ou não dá. Não dá pra você não confiar muito no companheiro que vai fazer ocupação com você. Tem que ser relações de muita confiança e muita proximidade (Entrevista 2 – realizada em 5/12/2019).

Para ela, o que favorece a alta coesão do movimento são os riscos que ele corre ao enfrentar, com radicalidade, o "coração do capitalismo", isto é, a propriedade privada. Como a tática do movimento consiste na ocupação de áreas públicas ou privadas que não cumprem a função social da propriedade, tal como exi-

[40] Konder, L. *A democracia e os comunistas no Brasil.* Rio de Janeiro: Edições Graal, 1980.

ge o Estatuto das Cidades, a coesão seria um fator indispensável para assegurar proteção aos ativistas do MTST. Portanto, para os militantes que responderam ao questionário, a coesão tem a ver com a dinâmica de ação do movimento, mais que com a unidade consciente em torno de propostas ou linhas políticas. A coesão é assegurada muito mais pela ação prática que pela identidade ideológica.

Mas há diferenças no interior do movimento em relação a essa percepção majoritária. Entre os ativistas que atribuíram valores mais baixos de coesão (em torno de 7) há uma clara distinção entre a base do movimento e seus dirigentes. Para estes, a coesão política predomina entre os quadros de direção, que travam debates permanentes e mais complexos sobre a situação política do país e as tarefas mais estratégicas do movimento, enquanto na militância em geral predomina uma coesão de outro tipo, baseada na solidariedade, formando uma "média" mais baixa que aquela encontrada nos espaços de coordenação.[41] Segundo um deles:

> São duas escalas diferentes [de coesão]: uma é a coesão política e outra é a coesão organizativa. Em termos de coesão organizativa, ou seja, do movimento ter muita unidade e uma estrutura organizativa que dificulta "grupismos", divisionismos e tudo mais, o

[41] Importante lembrar que as entrevistas realizadas para esse trabalho foram feitas com membros da Coordenação Nacional do MTST, uma vez que foi naquele espaço em que se travaram as discussões mais importantes sobre o processo de institucionalização do movimento. A percepção de coesão relatada por esses ativistas, portanto, inclui múltiplas dimensões (do trabalho de base, da relação entre coordenações estaduais e nacional, e claro, no interior da coordenação nacional).

> nível de coesão do MTST é altíssimo. Em termos de coesão política, e não me refiro a grandes divergências, mas em níveis de politização diferentes entre direção e base, aí o movimento é muito heterogêneo, tem uma coesão menor (Entrevista 1 – realizada em 26/11/2019).

O que chama a atenção na fala desse ativista não é tanto a divisão entre duas formas de coesão, mas sim o fato dele atribuir uma qualidade superior à coesão "política" em relação à coesão "organizativa". Isso mostra como o movimento dá valor à unidade de posições, mesmo que elas estejam mais restritas aos espaços de direção. O mesmo ativista reconhece isso ao afirmar que o MTST atua "como um partido".

> Não é à toa que o MTST nasce e tem muito da sua estrutura organizativa "herdada" do MST, porque são movimentos que são reivindicativos, de massas, mas são também direção política que pensa estratégia. O MST tem a sua direção política que atua como um partido, embora tenha relações com outros partidos e até filiações em outros partidos. O MTST é igual. Nós temos uma direção política que atua como um grupo político, um partido, uma organização política (Idem, 2019).

A coesão aparece, portanto, como um elemento importante na dinâmica do MTST, uma vez que se relaciona tanto com aspectos propriamente políticos – unidade em torno de posições, táticas e estratégia – como com aspectos práticos relacionados às formas de luta e mobilização do movimento.

No caso do movimento estudantil chileno, apesar da maioria das respostas apontar para uma maior coesão (acima de 6) encontramos uma enorme variedade de posições sobre o tema.

Enquanto alguns ativistas atribuem um elevado grau de coesão (acima de 7), outros apontam um nível de coesão muito baixo (abaixo de 3). Como no caso do MTST, acreditamos que haja entre os ativistas estudantis chilenos percepções distintas em torno do próprio conceito de coesão. Para alguns, a coesão se refere à totalidade do movimento, enquanto para outros diz respeito à coesão média entre os dirigentes das federações e os ativistas organizados politicamente.

Entre os ativistas que apontaram uma baixa coesão do movimento, notamos uma nítida divisão entre os estudantes que atuavam nos coletivos estudantis (grupos políticos que existiam antes da revolta estudantil de 2011) e aqueles que tinham uma atuação mais autônoma, ainda que fossem dirigentes de entidades estudantis. Uma importante liderança de Antofagasta afirma que, do seu ponto de vista, a decisão de criar partidos não demandava um elevado nível de coesão porque essa decisão era tomada por uma minoria.

> Há dois momentos. Uma está na definição de constituir partidos, que ocorre de forma coesa, mas nas "elites" do movimento estudantil, ocorre em Santiago com 300 pessoas em uma sala; não ocorre para todos os demais estudantes mobilizados que estavam em outros lugares do Chile. Então para nós, que não participamos daquela pequena reunião que aconteceu em algum lugar, não foi uma decisão que se refletiu coletivamente naquele vínculo ou naquele passo institucional (Entrevista 8 – realizada em 20/11/2019).

Essa perspectiva de divisão nos parece interessante porque afirma que a decisão de criar partidos políticos só foi possível, apesar da baixa coesão do movimento, porque havia uma "elite" que vinha acumulando debates sobre o tema. Como toda direção política, era um setor minoritário que tinha elevada coesão entre si, mas que não expressava necessariamente as visões da totalidade do movimento estudantil. Como consequência, a mesma ativista afirma que

> Houve uma absoluta falta de coesão na decisão, por exemplo, na minha região. A minha adesão a um partido foi uma decisão com outros cinco amigos, não foi uma decisão geracional da época das mobilizações. Então, não é que tivéssemos uma estrutura, que de forma coesa, decidisse alguma coisa. E isso porque aquela estrutura do movimento estudantil já havia sido dissolvida para a decisão de serem partidos (Idem, 2019).

Essa afirmação coloca em xeque a ideia de que, para gerar processos de institucionalização é necessário, ou ao menos desejável, um maior grau de coesão no interior do movimento. O que merece destaque nessa percepção, a nosso ver, é o papel dos *colectivos*, organizações políticas estudantis que funcionavam como pequenos partidos dentro do movimento e que tinham elevado nível de coesão interna. São desses *colectivos* que nascem os principais partidos oriundos do movimento estudantil chileno: Revolución Democrática, Comunes e Convergencia Social. No caso de RD, sua origem remonta a um coletivo formado no interior da Universidade Católica chamado Nueva Acción Universitaria (NAU), liderado pelo atual deputado Giorgio Jackson e pelo sociólogo Miguel Crispi, então estudantes de engenharia e sociologia.[42] Nascido em oposição às lideranças estudantis ligadas à Democracia Cristã, que dirigiam a Federação de Estudantes da Universidade Católica (FEUC), a Nueva Acción Uni-

---

[42] Revolución Democrática. Nuestra História. Santiago, 2019.

versitaria venceu as eleições para a entidade em 2009 e dirigiu por seis anos consecutivos a federação daquela universidade. No caso de Comunes, o núcleo estudantil que formaria o partido[43] tem origem numa organização estudantil chamada Izquierda Autónoma, coletivo que partilhava da mesma tradição política de militantes que, mais tarde, criariam o partido Convergencia Social. Uma das ativistas entrevistada atribui a essas organizações estudantis a coesão interna que permitiu a transição de lideranças estudantis do movimento social ao mundo partidário.

> A verdade é que nosso processo foi um pouco mais complexo. Éramos um grupo chamado Izquierda Autónoma que vem de uma tradição que vem de La Surda. (...) Durante 2011 crescemos muito, tínhamos cerca de 10 federações estudantis e, portanto, quando pensamos em nos projetar na política, pensamos "bom, não vamos nos projetar sozinhos, somos um grupo de estudantes; mas que convirjamos com aqueles que compartilham nossa tradição". E assim voltamos a procurar os "esquerdistas". E aí nasceu o Movimento Autonomista, que é de onde veio o Gabriel [Boric] e a Izquierda Autónoma continua funcionando, mas agora com mais setores que não eram só estudantes (Entrevista 12 – realizada em 22/11/2019).

Questionada sobre as tensões geradas pelos debates em torno da necessidade de os militantes estudantis criarem seu próprio partido, a mesma ativista afirma que, no caso de Izquierda Autónoma elas não existiram, já que "nunca houve um argumento de que não precisávamos fazer isso" (Idem, 2019). Ou seja, como

---

[43] Como vimos no capítulo anterior, Comunes é resultado de uma fusão entre um grupo oriundo do movimento estudantil e lideranças políticas que dirigiam o partido Poder Ciudadano.

esses militantes vinham da experiência de atuação em organizações políticas socialistas, mesmo que no âmbito estudantil, a institucionalização era quase que uma aspiração natural, o que assegurou as condições de coesão necessárias para que pudessem dar esse passo com o mínimo de tensões. Para essa mesma ativista, o nível de unidade desse grupo era muito elevado:

> Tínhamos [na Izquierda Autónoma] um nível muito alto de coesão. (...) Dedicamo-nos a fortalecer uma espécie de pertença e convicção interna também. Acredito que quando há unidade política, é mais fácil tomar essa decisão e avançar para algum nível de flexibilidade (Idem, 2019).

Como vemos, a percepção dos ativistas sobre o nível de coesão do movimento estudantil chileno em 2011 é bastante diversa. Entre aqueles que participavam dos *colectivos* predomina a impressão de maior coesão, embora esta não se refira ao movimento como um todo. Entre os demais a percepção geral é de que a coesão não era tão forte. Seja como for, na média, há uma ideia de maior coesão, ao contrário do que ocorre entre os ativistas mexicanos.

Entre os participantes do movimento #YoSoy132 a percepção mais forte é de que havia um baixo nível de coesão no interior do movimento. No caso mexicano a maioria das respostas se localizou entre 4 e 6, indicando uma percepção de baixa coesão. Não chega a surpreender, uma vez que a tradição do movimento estudantil mexicano é, como vimos, bastante diferente daquela encontrada no Chile ou Brasil. Além disso, vários ativistas mencionaram diferentes níveis de coesão em cada momento, indicando que #YoSoy132 aparentava uma maior unidade nos primeiros meses de protesto.

> Nos momentos iniciais havia muita coesão devido aos elementos identitários, e isso deve ser analisado como uma das coisas mais importantes. O elemento jovem-estudante e os símbolos, principalmente a hashtag que agregava participantes com muita facilidade sem exigir nada deles, foi o que inicialmente uniu muito o movimento. Mas a maior parte dos jovens participantes estava despolitizada e desmobilizada, então a criação de subjetividades criou um sentimento de orgulho e identidade. Porque no México não há jovens partidários ou federações como na América do Sul. Mais tarde, sob as lutas internas, mistificações ideológicas, erros e divergências de opinião, o movimento foi menos capaz de se articular (Entrevista 16 – realizada em 30/11/2019).

Outro aspecto frequentemente mencionado é a diferença existente entre os estudantes de escolas públicas, mais acostumados com os ritos da política, e os das escolas privadas. Em muitos depoimentos essa divisão aparece como a expressão de dois mundos completamente diferentes, como afirma este ativista:

> Era muito amplo ideologicamente, com um certo sentimento de pertencimento comum, geracional, mas quando chegou a ser traduzido para uma espécie de questão política mais geral, tudo desmoronou. Era uma tensão permanente de saber quem era aliado de quem, e quem falava sem consultar, e quem dava entrevista à mídia sem ter combinado previamente o que ia dizer palavra por palavra... Havia níveis de desconfiança nesse estilo. (...) Brigas que duravam 4 ou 5 horas por falta de confiança, mesmo com certas caricaturas entre quem era da escola particular e os da escola pública: os da escola particular nos viam como um bando de radicais e guerrilheiros, e nós víamos eles como otários que nada sabiam da vida (Entrevista 15 – realizada em 2/12/2019).

Além da desconfiança que dividia o movimento e das diferenças entre estudantes das instituições públicas e privadas, apesar da amplitude que #YoSoy132 assumiu, havia ainda todo o contexto no qual o movimento se desenvolveu, onde as tensões do processo eleitoral incidiam pesadamente sobre os ativistas.

> Embora incorporassem outros problemas e questões, o ponto de tensão fundamental era a luta contra a volta do PRI ao governo. Esse é o ponto de maior unidade interna. Mas é também o ponto em que, diante da campanha de López Obrador e da luta contra a fraude, ele introduziu diferenças. Ao longo do movimento, a luta contra o retorno do PRI deu-lhe coesão. Mas depois da fraude e das dificuldades que havia, não conseguiu manter a coesão e unidade do movimento (Entrevista 13 – realizada em 13/11/2019).

Fortemente marcado pela conjuntura imediata, o movimento #YoSoy132 demonstrou um caráter mais de reação (no caso específico, à manipulação eleitoral e midiática) do que de defesa de um projeto. Ainda que, como pudemos notar tanto pela plataforma divulgada pelo movimento, quanto pela declaração acima, os ativistas tivessem buscado incorporar uma agenda mais ampla, predominou o caráter de impugnação ao candidato do PRI (Entrevista 14). Uma vez eleito Peña Nieto, #YoSoy132 voltou suas baterias para a posse do novo presidente, em dezembro. Mas já era tarde. Enfraquecido, o movimento foi reprimido e desarticulou-se.

Os dados levantados sobre a percepção dos ativistas acerca do nível de coesão em cada movimento nos dão um panorama interessante, mas incompleto. Para dar um passo além, cruzamos esses dados com as respostas dadas à pergunta "A decisão de interagir/não interagir com o sistema político-partidário gerou tensões no interior do movimento?" Verificamos que quanto maior a coesão, menor a percepção de que existiram problemas no processo de institucionalização. Isso fica particularmente evidente no caso chileno, onde todos os ativistas que afirmaram que o movimento tinha um baixo grau de coesão, também afirmaram que o processo de institucionalização gerou maiores tensões. Por sua vez, todos os ativistas que afirmaram que o movimento tinha maior coesão, afirmaram também que o processo de institucionalização havia se dado sem maiores tensões, ainda que a bibliografia sobre o período demonstre que as tensões estiveram efetivamente presentes em diferentes momentos.[44] No caso do México, o resultado é semelhante. Embora todos tenham apontado um baixo nível de coesão do movimento, é entre os que apontam as notas mais baixas que a percepção de que a decisão do movimento de não se institucionalizar gerou tensões é predominante, enquanto entre os que apontam as notas mais altas, a percepção é inversa.

Entre os ativistas sem-teto que reivindicam maior coesão interna, a maioria deles admite tensões de baixa intensidade no processo de institucionalização, quase sempre relacionadas ao temor de perda de autonomia por parte do movimento. No entanto, confrontados com a pergunta se essas tensões geraram algum tipo de dissidência no movimento, todos os ativistas responderam de forma negativa, o que significa que mesmo com algum nível de tensão, a coesão interna do MTST evitou qualquer divisão relevante.

Com isso, podemos concluir que a coesão interna é uma condição importante nos processos de institucionalização de movimentos sociais. Embora não chegue a evitar tensões, é fundamental para manter a integridade daqueles movimentos – ou

---

[44] Bidegain, G. P., op. cit.; Donoso, S., op. cit.; Büllow, M; Bidegain, G. P., op. cit.

setores do movimento, como no caso chileno – que decidem enfrentar o processo de institucionalização e colabora decisivamente para sustentar a decisão de ingressar no sistema partidário.

O arquétipo da nova esquerda na América Latina: o caso chileno

Como vimos, o surgimento de novos partidos oriundos do movimento estudantil no Chile após 2011 não chega a ser um caso inédito de institucionalização de movimentos sociais na região. Exemplos como os do MAS-IPSP[45], na Bolívia, durante os anos 2000, e mesmo do PT, nos anos 1980, mostram que o fenômeno não é novo. O que chama a atenção é que os movimentos da nova esquerda surgidos a partir de 2011, no contexto de crise neoliberal, têm como característica uma dura crítica ao sistema de partidos, o que em tese dificultaria processos de institucionalização. No entanto, como buscamos demonstrar, diante de determinadas condições particulares, esses movimentos podem criar partidos próprios, numa dinâmica de competição com as velhas forças hegemônicas na esquerda. E o caso do Chile aparece como uma espécie de modelo, muito semelhante àquele encontrado na Espanha no processo de transição que levou os jovens do 15M a engrossarem as fileiras do Podemos. No caso chileno, porém, a energia das ruas não foi canalizada para um único partido, mas para uma frente de partidos surgidos da rebelião juvenil de 2011 e que representam diferentes matizes de pensamento e tradições políticas.

---

[45] Movimiento al Socialismo – Instrumento Político para la Soberanía de los Pueblos, partido criado pelo movimento indígena e cocaleiro para viabilizar a eleição de Evo Morales como presidente da Bolívia.

O movimento estudantil chileno em tudo se vê como um caso de nova esquerda. As lideranças entrevistadas – dirigentes estudantis da época e hoje lideranças partidárias de legendas criadas nos últimos anos – afirmam, quase que em uníssono, que o movimento estudantil de 2011 pode ser considerado um caso de nova esquerda. Suas referências internacionais, em geral, apontam para processos recentes de mobilização de massas e não para as antigas referências revolucionárias que serviram de inspiração para as gerações anteriores. A utilização de novos mecanismos de mobilização e visibilização dos protestos através da internet, a midiatização do conflito, a horizontalidade, o surgimento de novas lideranças e a instituição de novas formas de intervenção,[46] todas essas características fazem do caso chileno um modelo de movimento social da nova esquerda latino-americana.

Além disso, de acordo com a análise das condições analisadas neste trabalho, no Chile se produziu uma combinação de fatores que favoreceu uma dinâmica de competição entre movimentos e partidos que estimulou a criação de novas legendas partidárias. Isso foi possível, primeiro, pela elevada autonomia desses movimentos em relação ao sistema político. Se é verdade que partidos tradicionais da esquerda chilena, como o PS e PCCh, tinham militantes nas federações estudantis – este último com a

[46] Além das tradicionais marchas, ocupações de escolas e universidades, e assembleias, o movimento inovou criando outras formas de protesto. Uma delas foi a realização de uma maratona intitulada "1800 horas pela educação", quando, durante semanas, estudantes se revezaram correndo sem parar ao redor do Palácio de La Moneda, no centro de Santiago. As 1800 horas eram uma referência à estimativa de quanto custaria estatizar completamente o ensino superior chileno (1,8 bilhão de dólares). O protesto inovador chegou a repercutir na imprensa brasileira.

principal liderança do movimento de 2011 entre seus quadros[47] – por outro lado também devemos admitir que a amplitude do movimento e o peso dos coletivos independentes impediram qualquer tipo de tutela por parte da esquerda tradicional.

Além da autonomia, notamos como característica geral uma posição bastante crítica aos partidos da Concertación que governaram o país por duas décadas. A geração de jovens que liderou os protestos de 2011 nasceu e viveu no Chile da transição e expressava, no seu rechaço ao neoliberalismo, uma crítica implacável aos limites da simples "gestão" do modelo herdado de Pinochet. Os governos progressistas chilenos, embora tenham colaborado com a redução das desigualdades e a consolidação de uma democracia liberal estável, pouco fizeram para enfrentar os problemas estruturais do modelo econômico neoliberal, o que produziu, em relação às forças tradicionais da esquerda – cada vez mais associadas às disfunções do modelo – uma crescente frustração dos jovens que viviam na pele seus impactos. A existência de uma longa experiência de governos progressistas, portanto, apresenta-se como um fator decisivo no caso do movimento estudantil chileno. Como afirma um ativista entrevistado, enquanto os protestos de 2006 eram focados na educação, com o propósito de reparar injustiças presentes no sistema educacional chileno, os protestos de 2011 foram antissistêmicos, criticando o Chile da transição e todo o modelo neoliberal (Entrevista 11). Outro ativista, destaca que essa mudança na natureza dos protestos – de uma perspectiva mais corporativa para uma mais ampla – expressa uma radicalidade que tinha como pano de fundo o desconforto com todo o sistema político.

---

[47] Camila Vallejo, atualmente deputada pelo Partido Comunista do Chile.

> As demandas e o conteúdo eram radicais em relação ao consenso político no sistema partidário: a desmercantilização da educação era uma demanda radical, uma demanda que aponta para a raiz dos problemas da educação, e que por sua vez era uma demanda alheia ao consenso dos governantes (Entrevista 9 – realizada em 20/11/2019).

É no curso desse enfrentamento que alguns atores amadureceram a ideia de dar um passo além. Explicando a decisão de institucionalizar-se, o mesmo ativista afirma que "no curso da crise de legitimidade do neoliberalismo, nesse momento dizemos que chegou a hora não só de construir um movimento social, mas também de acelerar a construção dos instrumentos políticos adequados" (Idem, 2019). Essa crise de legitimidade abre a perspectiva de um novo espaço de luta, que transcende o movimento social. Numa dicotomia algo precária entre "movimento social" e "movimento político" os ativistas reconhecem que é preciso disputar, também por dentro das instituições do Estado, um caráter pós-neoliberal para o ciclo que se abria. Ao mesmo tempo, concluem que os partidos de centro-esquerda que haviam legitimado até então o consenso neoliberal já não tinham condições de liderar esse processo, razão pela qual iniciam o debate sobre construir seus próprios instrumentos partidários. Nesse sentido, a existência de uma longa experiência progressista à frente do aparato de governo com a manutenção das bases neoliberais do Estado alimentou o ceticismo com a possibilidade de uma renovação "por dentro" dos velhos partidos.[48] Assim, aqueles setores

---

48 O Partido Comunista, apesar de manter uma retórica de enfrentamento, também fazia parte da Nova Maioria, coalizão que sucedeu a Concertación. Por essa razão, embora esteja à esquerda em relação ao Partido Socialista, os comunistas tampouco lograram canalizar

do movimento estudantil que passaram a alimentar a necessidade de intervir diretamente na política partidária o faziam desde a perspectiva da criação de novas legendas partidárias.

Mas como explicar que um movimento crítico aos partidos de centro-esquerda e ao sistema político e econômico como um todo, encontrasse lógica na decisão de inserir-se nesse mesmo sistema? É aí que entra o papel dos elevados índices de confiança na democracia presentes na sociedade chilena. Todos os dados analisados neste trabalho demonstram que no Chile predominavam, quando dos protestos de 2011, um forte reconhecimento da democracia enquanto sistema político. A cultura política, marcada por quase três décadas de autoritarismo, reconhecia que a democracia é preferível em relação a outras formas de governo. Além disso, a opinião de que instituições como o parlamento são necessárias à democracia está bem acima da média regional. A elevada confiança no sistema democrático, portanto, mostra-se uma característica importante para explicar o processo de transição de parte do movimento estudantil ao mundo político.

Mas esse fenômeno só pôde ocorrer graças às características do sistema político chileno que, reformado em 2015, pôs fim ao sistema binominal e garantiu maior representatividade. Isso estimulou a criação de partidos que encontraram diante de si um sistema mais acessível. Como demonstramos neste capítulo, em comparação com outros sistemas partidários, o sistema chileno é bastante aberto. Com a aprovação da nova Ley Orgánica de los Partidos Políticos foram criados vários partidos. Das 15 legendas constituídas legalmente hoje no Chile, oito surgiram após a promulgação das alterações legais. É verdade que Revolución Democrática, por exemplo, surgiu antes disso. Mas ela

---

as demandas organizativas da nova geração de lutadores sociais que surgia naquele momento.

se beneficiou tanto das alterações legais quanto da liderança da Giorgio Jackson, que se elegeu como candidato independente em 2013 num acordo com o Partido Socialista. Seja como for, as regras de acesso ao sistema partidário chileno tornaram-se ao longo do tempo muito mais brandas que de outros países, o que favorece de forma objetiva processos de institucionalização.

Por fim, e não menos relevante, notamos que o movimento estudantil, apesar de sua pluralidade, produzia importantes nichos de coesão interna, fundamentais ao processo de institucionalização que se seguiria. Embora partilhassem de perspectivas comuns, a liderança do movimento era diversa, com setores mais radicais e outros mais moderados; com dirigentes vinculados aos partidos tradicionais e outros mais autônomos ou sem vivência partidária. Um importante líder dos protestos descreve essa pluralidade e afirma:

> A predominância do movimento, inicialmente, foi realizada pelo PC. E o PC aqui era um partido que, naquela época, estava começando a aliança para formar a Nueva Mayoría, e, portanto, como eles tinham um partido bem disciplinado e queriam chegar a um acordo (eles eram mais políticos nesse sentido que os demais), foram percebidos como mais "amarelos", mais moderados. Eu, por outro lado, era considerado ainda mais moderado, vinha da engenharia, era visto como um jovem moderado e técnico, e claro, menos político porque, efetivamente, não tinha histórico de militância. (...) E apesar de existirem espaços com o ultra, eles nunca tiveram o controle total, mas se tornaram muito influentes (Entrevista 10 – realizada em 18/11/2019).

Como atesta esse depoimento, conviviam muitas perspectivas diferentes no interior do movimento. Mas analisando especificamente os três novos partidos formados por ativistas e lideranças estudantis chilenas após 2011, veremos que todos eles têm como embrião os *colectivos* estudantis nas universidades. Esse fenômeno, aliás, também ocorre no Brasil, com dezenas de coletivos estudantis atuando nas instituições de ensino e disputando as eleições para suas entidades representativas. Mas, em geral, esses movimentos estão associados a organizações políticas de fora da universidade, quase sempre vinculadas a partidos políticos legais.[49] Esses *colectivos* dão coesão e diminuem as tensões internas, colaborando decisivamente no processo de institucionalização. Chama a atenção, por exemplo, que a ativista que atribuiu menor coesão interna ao movimento estudantil seja justamente alguém que não fazia parte de um coletivo e que descreve a criação do próprio partido como obra de "uma minoria num salão em Santiago" (Entrevista 8).

Analisando o caso chileno, portanto, percebemos o encontro de todas as condições favoráveis ao processo de institucionalização de movimentos sociais da nova esquerda: i) percepção crítica dos limites do progressismo no poder; ii) elevado nível de coesão interna; iii) sistema político acessível à criação de novos partidos legais; iv) cultura política com altos índices de confiança na democracia e suas instituições. Além disso, o movimento estudantil chileno demonstra elevada autonomia em relação ao sistema político, assegurada pela combinação entre um Esta-

[49] No movimento estudantil brasileiro, além das juventudes partidárias propriamente, temos a União da Juventude Socialista (UJS), vinculada ao PCdoB além de dezenas de coletivos vinculados ao PT e ao PSOL, por exemplo. Eu mesmo, quando militei no movimento estudantil universitário, era membro de um coletivo nacional intitulado Contraponto, dirigido por militantes jovens da Força Socialista, tendência interna do PT e depois do PSOL.

do pouco presente e a ausência de nitidez das ofertas políticas, e consequentemente, das clivagens ideológicas. Esse aspecto, no entanto, está presente também nos movimentos que não se institucionalizaram (#YoSoy132) ou que se institucionalizaram pela via da integração a um partido existente (MTST).

É suficiente, portanto, que os movimentos sociais de nova esquerda tenham a seu favor essas condições para que processos de criação de novos partidos sejam bem-sucedidos? De forma alguma. No Chile, essas condições só "funcionaram" porque havia uma crise de grandes proporções, tanto do modelo político quanto do modelo econômico. Uma ativista destaca que o contexto político era de absoluto comprometimento do mundo político com o *establishment*, de modo que as posições do movimento estudantil pareciam muito radicais, ainda que não fossem mais que a reinvindicação difusa de um Estado de Bem-Estar Social:

> O Chile é tão neoliberal, que quando nós falávamos de educação gratuita, era como se falássemos de Cuba, quando na verdade estávamos falando da Alemanha, da social-democracia. O "centro" [político] nesse momento estava super à direita, então nós falávamos de gratuidade e de educação pública e nos associavam à Venezuela (Entrevista 7 – realizada em 18/11/2019).

Não havia alternativa, portanto, dentro do campo dos partidos tradicionais. Como vimos em outras partes do mundo a criação de novos partidos veio acompanhada de uma profunda crise da social-democracia, que já não conseguia encarnar as aspirações de progresso e mudança, tamanho era seu comprometimento com a administração do sistema. Questionados em relação aos argumentos que justificavam a decisão por formar novos partidos as respostas são as mesas: ampliar a ação política para além do mundo universitário; buscar novos interlocutores para suas posições; desilusão ou desconfiança com os partidos tradicionais de esquerda; necessidade de intervir sobre os rumos da política e do Estado. Um ativista afirma, ainda, que a intenção era criar uma frente que nas eleições parlamentares seguintes se postulasse como expressão política do movimento de 2011. Tudo para apresentar uma alternativa aos antigos partidos de esquerda e afrontar o modelo da transição do qual esses mesmos partidos eram fiadores.

> Naquela época, nossa tese, nosso grito de guerra era "produzir a crise de transição". Porque socialmente o neoliberalismo foi deslegitimado, mas ainda era uma crise de movimentos mais ou menos espontâneos, mas sem expressão política, sem expressão na própria disputa de poder. E, no fundo, fazer partido e disputar presença no Congresso tinha a ver com levar essa mobilização social e essa crítica às últimas consequências (Entrevista 9 – 20/11/2019).

A demanda por superar os antigos partidos era tão forte que aqueles setores que não conseguiram criar seus partidos buscaram alternativas intermediárias. Isso porque, como afirma o mesmo ativista, a intenção não era só criar um partido, mas reunir as condições para "propor uma alternativa à esquerda tradicional" (Entrevista 9). No caso desse ativista, que fazia parte de um coletivo que não conseguiu institucionalizar-se imediatamente após 2011, a saída foi a formação de uma fundação de estudos.

O processo de institucionalização de setores importantes do movimento estudantil chileno só foi possível, portanto, pela decisão consciente de "levar às últimas consequências" a crítica ao neoliberalismo e ao modelo político. Nesse caminho, as condições analisadas conformam um modelo explicativo que ajuda a compreender o surgimento de novos partidos de forma tão rápida e avassaladora, impactando o jogo político e assegurando um espaço relevante à nova esquerda no sistema partidário chileno.

Unidade na diversidade: a aliança entre MTST e PSOL

O caso da aliança eleitoral entre PSOL e MTST é bastante peculiar. Através da candidatura de Guilherme Boulos à Presidência da República, o movimento ocupou um lugar ainda mais importante no debate das esquerdas. O caminho escolhido para ingressar na disputa político-eleitoral foi o de uma aliança com um partido já existente. A discussão sobre como interagir com o sistema partidário se iniciou depois de 2013 e ganhou força máxima após o impeachment de Dilma Rousseff.[50] Mas a opção de criar um "partido dos sem-teto" nunca esteve colocada. Para os líderes do movimento, o fim do ciclo petista à frente do Governo Federal abria um cenário de "reorganização da esquerda" no Brasil, que exigia a confluência de diferentes grupos políticos em torno de uma plataforma de enfrentamento aberto ao neoliberalismo (Entrevista 1). Entre os parceiros identificados pelo MTST para essa missão estavam partidos (PSOL e PCB) e movimentos (Mídia Ninja, APIB, Intersindical, dentre outros). Em uma entrevista concedida em 2017, Guilherme Boulos, membro da coordenação nacional do MTST, sintetizou essa posição:

> A esquerda não pode ficar restrita a um projeto eleitoral. Temos um ciclo se encerrando, o ciclo de uma estratégia que foi capitaneada hegemonicamente pelo PT, inclusive nos seus governos, de

50 Até então, como atestam dos documentos do MTST, predominava uma negação do sistema partidário.

> que era possível ter avanços sem enfrentar a estrutura arcaica de privilégios. Nos governos Lula se teve avanço porque havia um crescimento médio de 4%. Com manejo orçamentário se fazia política social sem tirar nada do andar de cima. Quando a crise vem, isso não é mais possível. A esquerda tem de pensar rumos, um novo projeto, uma nova perspectiva.[51]

O MTST passa então a ver no fim do ciclo petista à frente do Governo Federal a oportunidade de impulsionar a formação de um novo polo de esquerda no Brasil. A partir disso se intensificam contatos entre dirigentes do PSOL, dos sem-teto, intelectuais, líderes de outros movimentos sociais e até lideranças petistas insatisfeitas com as dificuldades de renovação do PT[52].

No PSOL, o debate sobre a reorganização da esquerda também ganha impulso depois do impeachment. O partido, criado por parlamentares dissidentes do PT e lideranças sindicais e estudantis em 2005, mantinha até então uma influência limitada na esquerda partidária. Mesmo antes do golpe contra Dilma o partido já vinha buscando uma aproximação com a nova esquerda europeia, enviando delegações aos congressos do Bloco de Esquerda (Portugal) e Front de Gauche (França), além de estreitar seus laços com a esquerda grega e acompanhar as eleições que levaram o Syriza à vitória, em 2015. Diante dos protestos de junho de 2013, o PSOL sustentou uma posição de reconhecimento da importância do fenômeno social que as manifestações representavam, numa posição diferente da maioria dos partidos de esquerda que estavam no governo de Dilma Rousseff e que assumiram uma posição de desconfiança em relação aos protestos.

---

51 Valor. Ciclo do PT se encerrou, diz Boulos. Edição de 15/12/2017.

52 Um desses encontros chegou a se tornar público, conforme noticiou a Folha de São Paulo.

As manifestações de 2013, aliás, são um marco importante no processo de mudanças no interior do MTST. Com maior independência em relação aos governos petistas que outros movimentos de moradia, o MTST ganhou a partir de então uma projeção inédita. Impulsionando protestos contra os impactos das obras para a Copa do Mundo de futebol (2014), o MTST se credencia como um importante ator no processo de lutas sociais no Brasil e inicia uma estratégia de nacionalização para ampliar sua atuação em outros estados. Os protestos em Brasília, na abertura da Copa das Confederações da FIFA, em junho de 2013, foram a primeira grande ação do movimento fora de São Paulo, apesar de estar presente no Distrito Federal desde 2010, quando realizou sua primeira ocupação em Brazlândia. Um ativista destaca que

> Os principais impactos [do MTST na esquerda brasileira] começaram a ser notados com o crescimento do movimento. Até 2012 pra 2013, quando o movimento ainda não tinha avançado na sua nacionalização nem tinha crescido no potencial de mobilização, tinha pouca expressão mesmo na esquerda. De 2013 pra frente, quando começou a crescer, começou a ser um ator importante num novo polo de mobilização social que não estava ligado às origens do petismo. Então, você não tinha um movimento social que conseguisse ser de massas, nacional e expressivo no país que não tivesse a mesma trajetória histórica de formação do bloco petista. Então o MTST passa a ser o primeiro movimento social com essa característica. E isso possibilita que ele consiga, a partir desse lugar, articular uma série de novos atores nesse novo polo dinâmico da esquerda (Entrevista 3 – realizada em 7/11/2019).

Portanto, apesar de existir desde 1997, são as jornadas de junho de 2013 que fazem com que o MTST ocupe o posto de principal movimento social urbano da nova esquerda brasileira. A profunda crise do desenvolvimento capitalista nos grandes centros urbanos oferecia um manancial interminável de potenciais lutadores da reforma urbana que eram organizados pelos jovens dirigentes do MTST, muitos deles oriundos de outros extratos sociais. O movimento, portanto, já estava consolidado quando ocorreu o impeachment de Dilma Rousseff e amadurece a necessidade de interagir mais fortemente com o sistema partidário. Liderando manifestações contra o golpe parlamentar em todo país, o MTST amplia sua influência na esquerda. É nesse momento, segundo vários ativistas, que o movimento conclui que precisa dar um passo além. Uma dirigente comenta esse fenômeno:

> O movimento tem características de um movimento político. É um movimento que reivindica, não só da boca pra fora, um projeto político mais amplo, e não dá conta sozinho. Então o movimento teve isso como amadurecimento, de que era importante construir uma ferramenta e que nesse momento ela se dá a partir da construção de um partido, uma ferramenta mais ampla (...). Porque não vai existir reforma urbana por fora de um projeto político mais amplo (Entrevista 4 – realizada em 12/11/2019).

Mas porque o MTST não buscou criar seu próprio partido e preferiu uma aliança com um partido já existente? Um fator, como vemos, é a percepção de que o movimento deveria ser parte de algo mais amplo, a ideia de que "não dá conta sozinho". Outro fator é que, especialmente desde o impeachment, havia uma crescente confluência de posições entre MTST e PSOL. O partido também vinha formulando uma ideia de reorganização da esquerda muito similar àquela em discussão entre os sem-teto. Uma resolução aprovada por seu Diretório Nacional logo após a destituição de Dilma afirma:

> (...) Assim, tornou-se inevitável que se faça um paralelo entre a resistência aos ataques aos direitos sociais e trabalhistas e o debate sobre a reorganização da esquerda no "pós-PT". Por isso, para o PSOL e para todos os que estão dispostos a reconquistar um protagonismo de esquerda em nosso país, se apresentam tarefas de dimensões políticas e organizativas.[53]

E entre as tarefas, o partido ressaltava a necessidade de fazer do PSOL um espaço de acolhimento dos movimentos sociais da nova esquerda, levando em conta as mudanças que tornaram mais difíceis a estruturação de novos partidos:

> A legislação eleitoral criou enormes dificuldades para estruturação de novos partidos de esquerda e está formatada para impedir o surgimento de alternativas eleitorais do nosso campo. (...) Assim, nosso partido, em primeiro lugar, deve ser um porto generoso para todos os segmentos dispostos a reconstruir no dia a dia das lutas e nas eleições, um projeto de esquerda, radicalmente democrático e com independência de classe. Garantir, pelo menos, a filiação democrática de todos e todas que se enquadrarem neste perfil deve ser um compromisso desde já assumido pelo partido.
>
> O acúmulo conquistado na sua primeira década de existência e a postura correta diante do golpe institucional credenciou nosso partido como um novo polo de aglutinação da esquerda brasileira. Devemos nos propor a ser um porto seguro e democrático a todos os que querem reconstruir a esquerda no país por meio de um projeto que faça um ajuste de contas com os erros, reconheça

---

[53] PSOL. Nossa tarefa é resistir ao golpe contra nossos direitos e reorganizar a esquerda no Brasil (Resolução Política da Executiva Nacional do PSOL Ampliada). São Paulo, 10 de dezembro de 2016.

avanços e aponte mudanças de práticas e de programa para a nova conjuntura que atravessaremos no país.[54]

Como se vê, as posições do PSOL em 2017 iam cada vez mais ao encontro daquelas em discussão no MTST e encontraram guarida em outros movimentos sociais, como APIB e Mídia Ninja, além do PCB. Em dezembro do ano seguinte, em seu VI Congresso Nacional o partido reafirma essas posições de forma ainda mais enfática. Na época, as conversas para uma possível aliança eleitoral entre PSOL e MTST já estavam adiantadas. Em março de 2018, Boulos se filia ao PSOL e, poucas semanas depois, é escolhido como candidato da aliança para a eleição presidencial de 2018.

Como demonstra a resolução do PSOL, no mesmo período foram aprovadas regras que tornaram mais difícil a legalização de novos partidos de esquerda. Embora no essencial os principais aspectos analisados no capítulo anterior tenham se mantido inalterados, tais como alcance mínimo regional e número mínimo de apoiamento equivalente a 0,5% dos eleitores que participaram da eleição para Deputado Federal, o Supremo Tribunal Federal disciplinou duas lacunas legais, definindo um prazo mínimo de cinco anos de existência legal para que uma nova legenda se funda a outra, e desconsiderando apoio de eleitores já filiados a um partido para criação de uma nova sigla.[55] Embora pontuais, as mudanças tiveram como propósito inibir o surgimento de novas legendas, diminuindo a acessibilidade do sistema partidário brasileiro. Não é possível determinar em que medida as novas regras tenham cumprido seu propósito, desestimulando a criação de um partido dos sem-teto. A verdade é

---

54 Ibid.

55 Superior Tribunal Federal (STF). Julgamento da ADI 3.311. Acórdão publicado em 04/02/2016.

que parece ter falado mais alto a ideia de unidade política das forças sociais e partidárias dispostas a impulsionar o processo de reorganização da esquerda.

Assim, duas das condições analisadas neste trabalho estavam colocadas enquanto eram desenvolvidos os debates sobre a relação do MTST com o sistema político. A primeira diz respeito à crítica endereçada pelo movimento aos limites do projeto progressista liderado pelo PT. Em muitos documentos são esses limites que justificam a necessidade de o movimento impulsionar um projeto de nova esquerda no Brasil. A segunda tem a ver com a acessibilidade do sistema partidário brasileiro, um pouco mais restrita na época, mas ainda assim muito maior que em países como México. Sobre essa segunda condição, não foram identificadas nas entrevistas realizadas quaisquer referências à hipótese de criação de um partido do MTST ou a eventuais dificuldades impostas pelas mudanças na legislação. Apesar da acessibilidade do sistema partidário brasileiro, falou mais alto desde o início uma ideia de unidade com outras forças políticas.

Duas outras condições – coesão interna e confiança no sistema democrático – refletem a dualidade do processo de *institucionalização parcial* vivido pelo MTST num primeiro momento. Como vimos, o Brasil apresenta alguns dos piores níveis de confiança na democracia e nas instituições democráticas em toda a América Latina. E o MTST alimentava, desde muito tempo, uma crítica contundente ao sistema político brasileiro. Essa crítica se expressava, até recentemente, na orientação de proibir seus membros de serem candidatos a cargos eletivos, diferentemente, por exemplo, do MST, que tem sua "bancada da reforma agrária" no Congresso Nacional[56]. Essa posição crítica aproximou

---

[56] Entre os atuais deputados federais que têm origem na militância do MST, podemos citar Dionilso Marcon (RS), Walmir Assunção

o movimento de processos socais como aquelas vividos, por exemplo, na Espanha em 2011, incorporando bandeiras que tinham como centro o fim dos privilégios e a luta "dos 99% contra o 1%" mais rico. Em relação ao sistema político, se por um lado as reservas do MTST retardaram sua aproximação com o mundo partidário, por outro, serviram como um "diferencial" em relação a outros movimentos. Uma ativista ressalta que essa posição ajudava o movimento a se conectar com a desconfiança presente nas periferias contra os políticos:

> O MTST sempre teve um discurso muito radical contra a participação nas eleições. Era a nossa forma de nos credenciarmos na periferia: se diferenciar dos politiqueiros que iam lá e sacaneavam o povo. Acho que do golpe pra cá isso mudou bastante na compreensão das pessoas, dando mais importância a esse espaço da política (Entrevista 4 – realizada em 12/11/2019).

A desconfiança do movimento com o sistema político, afinal, era justificável. Em geral, a relação do Estado e suas instituições com movimentos sociais desta natureza costuma se dar a partir do conflito, da repressão e da defesa intransigente do direito "sagrado" à propriedade privada. Um movimento como MTST, formado por trabalhadores pobres das periferias, desempregados, em sua maioria negros e negras, não era bem-vindo nos palácios do poder. O histórico de violência contra os sem-teto "conectava" a desconfiança do movimento com o sistema político e o baixo apreço à democracia verificado na sociedade em geral, desestimulando uma maior aproximação com o mundo

---

(BA) e João Daniel (SE). Todos são filiados ao PT.

dos partidos, que só viria a ocorrer 15 anos depois da criação do movimento.[57]

Por fim, destacamos o alto nível de coesão do MTST e como essa condição foi decisiva para viabilizar um processo relativamente unitário de integração ao sistema partidário, ainda que na forma de uma aliança eleitoral. Como vimos no início deste capítulo, o MTST apresenta os maiores níveis de coesão entre os movimentos analisados neste trabalho. Sua estrutura mais verticalizada que os demais e a cultura de autodefesa foram fundamentais para forjar essa coesão. Como afirma a mesma ativista, sobre os debates no interior do movimento sobre o processo de formação da aliança eleitoral com o PSOL:

> Foi mais fácil do que a gente imaginava, porque o processo pós-golpe no Brasil alterou muito a ideia das pessoas sobre a política. Não que as pessoas passaram a gostar de política ou a confiar mais nos políticos, mas as pessoas entenderam melhor qual a importância de algumas coisas (Idem, 2019).

Embora ela sustente que a facilidade com que o movimento chegou à conclusão de que era necessária uma interação orgânica com o mundo partidário se deva à uma maior compreensão do papel da política no pós-golpe, também admite que havia uma rejeição dos militantes do MTST aos políticos. Segundo ela,

---

[57] Além da candidatura de Guilherme Boulos pelo PSOL, o movimento mantém dirigentes filiados ao partido em outros estados. Em Pernambuco, caso mais paradigmático, o presidente do PSOL e a co-deputada que liderou um mandato coletivo do partido na Assembleia Legislativa na legislatura 2019-2022 são militantes do MTST. Isso não impede, porém, que o movimento tenha militantes filiados a outros partidos, como no PT.

as pessoas não passaram "a gostar de política ou a confiar nos políticos", mas entenderam que a ação partidária tinha seu papel. Isso só foi possível, sem maiores dificuldades, porque havia uma elevada coesão interna no movimento e, também, porque sua direção mantinha um processo de crescente aproximação com a esquerda partidária como um todo, e não apenas com o PSOL, especialmente a partir do papel do MTST e da figura de Guilherme Boulos na organização das manifestações contra o impeachment de Dilma Rousseff.

A filiação de Boulos ao PSOL e a formação de uma aliança não só eleitoral, mas também política, se deu pela leitura comum que partido e movimento vinham desenvolvendo sobre o processo de reorganização da esquerda brasileira e das dificuldades do petismo como corrente hegemônica em dar respostas satisfatórias às demandas por renovação. Os acontecimentos seguintes – prisão de Lula, eleição de Bolsonaro, construção de uma frente política de oposição – retardaram o processo de reorganização, mas não eliminaram as divergências de projeto que justificam a existência de um partido que busque representar a nova esquerda radical. Os próximos capítulos dessa história ainda estão por ser escritos.

O que podemos observar no empreendimento inovador de formação de uma aliança entre um movimento social e um partido político, que resultou na posterior adesão de milhares de militantes sem-teto ao PSOL, é que a incidência das condições analisadas neste trabalho produziu uma espécie de *institucionalização parcial* do MTST. Por um lado, a coesão interna e a crítica aos limites da experiência progressista no poder estimularam um ousado processo de interação com o sistema partidário, levando à filiação dos principais dirigentes do movimento ao PSOL. Muitos ativistas viam o MTST como parte de um processo mundial de surgimento de uma nova esquerda, percepção que foi reforçada por fenômenos como o da candidatura de Ada Colau à prefeitura de Barcelona.[58] Por outro lado, a baixa confiança no sistema político e a existência de um sistema partidário que, embora acessível, exigia condições de ingresso que desestimulavam a criação de um "partido dos sem-teto", fizeram com que o MTST chegasse à conclusão de que o melhor caminho era aliar-se a um partido político já constituído e que fosse capaz de expressar as bandeiras do movimento, numa versão adaptada do processo de *cooperação* analisado no segundo capítulo deste trabalho. Esse papel foi cumprido pelo PSOL, a exemplo do que ocorreu com o Syriza na Grécia, acolhendo parte expressiva dos ativistas da nova esquerda nos últimos anos – além dos sem-teto, militantes LGBT, feministas, movimento negro, indígena, entre outros.

Contra o Estado: o movimento #YoSoy132 e a negação da institucionalidade

As referências internacionais, a dinâmica horizontal, o uso sistemático das mídias sociais e a crítica implacável aos impactos do neoliberalismo fazem de #YoSoy132 um caso evidente de movimento social da nova esquerda, como admitem todos os entrevistados para este livro. Mas, diferente dos outros casos

---

[58] Ada Colau é uma ativista catalã que liderou o movimento Plataforma de Afectados pela Hipoteca no auge da crise econômica e social que atingiu a Espanha a partir de 2010. Em 2014, criou uma frente política chamada "Barcelo en Comú" ("Barcelona em Comum") composta por Podemos, Izquierda Unida y Alternativa e outros. Venceu as eleições municipais e tornou-se prefeita de Barcelona no mesmo ano.

analisados, o movimento irrompeu na cena política mexicana da noite para o dia. Não foi planejado por um movimento social organizado, como os sem-teto no Brasil ou os estudantes chilenos com suas federações e *colectivos*. A Ibero, universidade onde ocorreram os protestos contra Peña Nieto, não tinha tradição relevante no movimento estudantil mexicano, concentrado nas universidades públicas. Apesar disso, o movimento não era despolitizado. Com todas essas características, por que então #YoSoy132 não gerou um processo de institucionalização?

Observando as características do movimento e o contexto mexicano, notamos uma combinação de baixa coesão interna, elevada desconfiança com o sistema democrático e suas instituições, baixa acessibilidade do sistema partidário e inexistência de uma experiência progressista de governo que estimulasse a criação de uma esquerda partidária alternativa e crítica à social-democracia. Com isso o México aparece como exemplo de um impressionante movimento social que não encontrou as condições necessárias para institucionalizar-se. Em nenhum momento, durante os seis meses em que o movimento #YoSoy132 esteve ativo, o debate sobre a criação de um novo partido teve relevância em seu interior. Um ativista mencionou que em algum momento a proposta chegou a surgir, mas sem qualquer adesão.

> A ideia de interagir com as instituições estatais surgiu a princípio como uma proposta mal planejada para formar um partido. Nessas doze mesas que foram feitas quando foi a primeira grande assembleia, foi proposto, mas não teve ressonância e se dissipou. E assim aquela fórmula de "somos apartidários, mas não apolíticos" serviu para se resguardar da aproximação de todos os partidos e de certa forma também se distanciar da participação no sistema partidário (Entrevista 14 – realizada em 10/12/2019).

Essa não é a única diferença em relação ao MTST ou ao movimento estudantil chileno. Um aspecto circunstancial que deve ser considerado é o fato de que #YoSoy132 surge no meio do processo eleitoral mexicano. Essa característica particular, embora não possa explicar sozinha o rechaço do movimento à institucionalidade, deve ser levada em conta. Apesar de haver ativistas de partidos participando de #YoSoy132, o movimento se "blindou" de qualquer alinhamento formal com as forças políticas existentes, reforçando um discurso crítico aos partidos e minando as condições para uma maior interação com o sistema político, muito embora, como vimos, houvesse uma relação de proximidade com a campanha de López Obrador, principal beneficiado pelos ataques de #YoSoy132 a Peña Nieto. Ainda assim, diferentes ativistas mencionaram a existência de algumas candidaturas oriundas do movimento nas eleições seguintes, em sua maioria por listas independentes ou através de MORENA. Nenhum deles, porém, se elegeu.

Outro aspecto destacado por diferentes ativistas diz respeito à pouca cultura de organização política existente no movimento estudantil mexicano, o que fazia com que a dinâmica predominantemente assembleísta de #YoSoy132 acabasse por produzir fenômenos como plenárias de vários dias de duração. O problema central para um dos ativistas entrevistados era o voluntarismo:

> Foi um movimento muito impulsionado pela impaciência de agir. Pensamos "temos que fazer, temos que fazer, temos que fazer". Muita energia foi consumida nisso e nunca houve um momento para sentar, pensar e dizer quem somos, para onde vamos, como fazemos. Foi um ativismo desenfreado e frenético de seis meses (Entrevista 15 – realizada em 2/12/2019).

Essa falta de cultura organizativa e de espaços para reflexões de maior fôlego gerava tensões no interior do movimento. Um ativista, hoje filiado ao partido de López Obrador, destaca que o movimento, ao privilegiar a horizontalidade, minava o surgimento de novas lideranças e desestimulava um eventual processo de institucionalização:

> Mencionei a horizontalidade. A contrapartida negativa é como dizer que essa é a tese, a antítese é o que os próprios participantes chamaram de "protagonismo". Por se tratar de um movimento altamente midiático, a lógica midiática prende os participantes individuais no "24h news circle", depois os enquadra, midiatiza e diz "é ele que vai dizer que está fazendo o movimento". Isso, do ponto de vista de esquerda mais clássico, é bom, porque é uma tática que obedece a uma estratégia, mas como o movimento não tinha uma estratégia comum, era apenas uma "insurgência", o movimento derrubou quem se destacava na mídia. Por exemplo, eu era porta-voz e muitas vezes tive que resolver conflitos decorrentes da proeminência midiática no movimento (Entrevista 16 – realizada em 30/11/2019).

Para outro ativista, porém, o controle sobre as lideranças acontecia porque o movimento se negava a enfrentar o debate sobre sua relação com o sistema político e a contradição de negar a importância da institucionalidade enquanto agia em função das eleições. Para esse mesmo ativista, isso se devia a dois fatores principais. O primeiro, um apoio tácito a López Obrador, a quem era delegada a função de fazer o embate eleitoral; o segundo, a ausência de um partido que pudesse incorporar as demandas do movimento. Ele explica que o processo de institucionalização não ocorreu

> (...) em parte porque havia um acordo tácito para votar em Obrador, mas também por medo. Muito se falou no movimento "não queremos se politize", entendendo "politizar" como funcionando como um partido político institucional, e também porque nenhum partido político apresentou estruturas que pudessem ser tomadas, digamos que todos se unam o PRD para ganhar uma candidatura, etc (Entrevista 15 – realizada em 02/12/2019).

As tensões no interior do movimento, como vemos, dizem respeito essencialmente às circunstâncias nas quais ele surgiu, em meio a um processo eleitoral conturbado e tendo como eixo a oposição a um candidato específico e o que ele representava. Acontece que havia outro candidato que, se não encarnava o "programa" do movimento, tampouco era visto como um adversário. Para tornar tudo mais complicado, esse mesmo candidato resolve, logo após o processo eleitoral, iniciar a construção do seu próprio partido político, o que parece ter contribuído para esvaziar definitivamente qualquer perspectiva de institucionalização de #YoSoy132.

A liderança de López Obrador e a criação de MORENA é um tema controverso que dividiu opiniões entre os ativistas entrevistados. Enquanto alguns acreditam que a criação do novo partido foi importante para inibir a continuidade de #YoSoy132, outros avaliam que o movimento tinha problemas endógenos insuperáveis. Seja como for, nos parece presumível que, sem a experiência de um governo progressista e com a ruptura de Obrador com o desgastado e corrompido PRD, seu novo partido prolongasse a sobrevida de um projeto de centro-esquerda como alternativa ao neoliberalismo, "bloqueando" o surgimento de instrumentos partidários representativos da nova esquerda. Uma ativista afirma que um setor do movimento estudantil intitulado "Tempos Modernos" foi mais longe, disputando nas primeiras assembleias a ideia de incorporação aos partidos de centro-esquerda, PRD e o PT mexicano (Entrevista 17), proposta que foi amplamente rechaçada. Essa tensão, no entanto, estimulou a definição de movimento "apartidário, mas não apolítico". Essa mesma ativista acredita que, com a negativa do movimento em se converter na ala juvenil dos partidos de centro-esquerda, predominou uma posição mais "autonomista" influenciada pela tradição zapatista. Além disso, ela também acredita que a convocação para a construção de MORENA, logo depois das eleições, teve influência para bloquear qualquer processo de institucionalização através da criação de um partido do movimento. Segundo ela "el discurso de Obrador, de quien se esperaba un llamado a la calle, a la toma de protesta, se volvió a la construcción de MORENA". Ao que parece, a ausência de uma experiência de governo que servisse de paradigma para a crítica da nova esquerda mexicana aos limites do progressismo não só enfraqueceu a demanda por um polo alternativo a esta, como ainda deu sobrevida e fortaleceu um processo de "renovação do progressismo" através da criação de MORENA.

Outra condição que parece ter forte incidência para explicar a dificuldade das forças da nova esquerda de criar partidos no México é a baixa confiança nas instituições democráticas. Esse aspecto se relaciona diretamente com a acessibilidade do sistema político, que acaba gerando um quadro partidário pouco representativo e concentrado em algumas poucas legendas. Como vimos, apenas 37% dos mexicanos e mexicanas afirmaram que a democracia é preferível em relação ao um regime autoritário, mesmo percentual dos que afirmam não ver diferença entre os dois sistemas. De acordo com a mesma pesquisa, o México teve uma queda de 12 pontos percentuais de apoio à democracia no período que antecede imediatamente o surgimento de #YoSoy132, entre 1995 e 2013.[59] As acusações de fraude em diversas eleições, as denúncias de corrupção e o crescente envolvimento de políticos com o narcotráfico e grupos paramilitares, seguramente reforçam a percepção negativa da sociedade mexicana em relação à democracia e ao sistema político[60]. Um ativista faz uma conexão entre os temas ao afirmar que desconfiança e rejeição andavam de mãos dadas:

> Acredito que essa rejeição se deveu a uma desconfiança da juventude com o sistema político e em particular com o sistema partidário. É como se, pelo histórico de fraudes no México, porque se identifica que os políticos vão de um partido para outro sem problemas, muitos personagens de partidos políticos... por exemplo, Andrés Manuel [López Obrador] vem do mesmo PRI. Então, esse tipo de argumento gerou uma desconfiança de todos os tipos de abordagens para as partes. E também não havia um novo partido que se distanciasse e se diferenciasse claramente do regime (Entrevista 15 – realizada em 02/12/2019).

---

[59] Latinobarômetro, op. cit.

[60] O envolvimento de políticos com o crime organizado ficou evidente, por exemplo, nas investigações do chamado "Massacre de Iguala". A matança ocorreu em 2014, quando um grupo de 43 estudantes da Escola Normal Rural Raúl Isidro Burgos, em Ayotzinapa, na cidade de Iguala, se dirigia para uma manifestação. Eles foram presos pela polícia do estado de Guerrero e entregues a narcotraficantes, que os assassinaram. As autoridades mexicanas concluíram que o prefeito de Iguala, José Luis Abarca Velázquez, e sua esposa, María de los Ángeles Pineda Villa, foram os mentores da chacina. Ambos eram filiados ao PRD.

Outro ativista destaca que, além da desconfiança, havia a ideia de que o sistema político exercia, por sua própria natureza elitista e excludente, uma forte capacidade corruptora. Ele afirma que uma das ideias que exercia mais força sobre os ativistas

> Era a crença, devido a essa desconfiança muito profunda do sistema político mexicano, da influência corruptora do sistema político. Então, nós interagimos com o sistema político, já que eles eram velhos "lobos do mar" eles iriam nos enganar, eles iriam nos usar, eles iriam nos comprar ou nos corromper de alguma forma para minar o objetivo democratizador do movimento (Entrevista 16 – realizada em 30/11/2019).

Podemos notar que a desconfiança com o sistema político e a democracia liberal, embora semelhantes àquela verificada em outros movimentos de nova esquerda, suplantava a disposição de interagir com o sistema político de forma orgânica. Soma-se a isso uma forte tradição autonomista oriunda do zapatismo, que ainda hoje exerce influência sobre setores do movimento estudantil, e a baixa acessibilidade do sistema partidário mexicano, e concluiremos que se torna quase impossível viabilizar o processo de institucionalização de um movimento social. Não por acaso diversos ativistas entrevistados para este trabalho mencionaram a dificuldade de legalizar partidos no México, ainda que não houvesse qualquer pergunta sobre o tema no questionário utilizado.

Como vimos, para registrar um partido nacional é necessário ter um nível de implantação nacional muito elevado. Não por acaso o México possuiu apenas oito partidos nacionais, fazendo com que importantes tradições políticas – comunistas, socialistas, dentre outros – não contem com sua própria representação institucional. Além disso, a existência de uma "janela" que permite a legalização de partidos apenas uma vez a cada seis anos também é destacada como uma dificuldade adicional pelos ativistas entrevistados, como este, que afirma:

> O sistema político mexicano é muito "cabrón", muito complicado, porque a única vez que permite fundar um novo partido é no ano imediatamente após a eleição presidencial, você só pode formar um novo partido nacional a cada seis anos, no primeiro ano de um novo governo (Entrevista 15 – realizada em 02/12/2019).

Outro ativista afirma que, com as regras para o registro de partidos nacionais, o movimento #YoSoy132 nunca poderia ter criado seu próprio partido, mas que seria possível criar algumas legendas regionais, como prevê o sistema partidário mexicano. Mas mesmo essa possibilidade foi considerada pelos ativistas.

> O estágio de reflexão política nunca atingiu um estado de amadurecimento para considerar um partido político. Foi insuficiente. (...) Vários partidos locais poderiam ter sido criados, não dez, mas pelo menos três, mas um partido nacional nunca poderia ter acontecido, porque é muito difícil. Mas poderia ter havido iniciativas (Entrevista 16 – realizada em 30/11/2019).

Segundo os ativistas entrevistados, as poucas incursões eleitorais de jovens oriundos de #YoSoy132 se deram no MORENA ou em listas independentes, mudança introduzida na Constituição mexicana em 2014 e que assegurou a possibilidade de uma espécie de "candidatura avulsa". Uma pequena parte de remanescentes de #YoSoy132 está organizado hoje num movimento chamado "WikiPolítica" e passou a defender a ideia de construir um novo partido, mas não conquistou apoio necessário (Entrevista 16). O movimento é encabeçado por Pedro Kumamoto, eleito deputado estadual em Jalisco com uma candidatura independente em 2014. Nas eleições de 2018, WikiPolítica lançou dezesseis candidaturas em todo o país.[61]

Chama a atenção também que, diante das evidentes dificuldades impostas pelo sistema partidário mexicano para o registro de novas agremiações, os jovens de #YoSoy132 não tenham buscado uma articulação mais ampla envolvendo outros movimentos sociais, a exemplo do que fez o MTST no Brasil. Poucos meses antes do surgimento de #YoSoy132 havia sido criada uma organização política que buscava reunir os movimentos sociais mexicanos na perspectiva de construir um partido "de baixo para cima" chamada Organización Política del Pueblo y de los Trabajadores (OPT). O movimento, que era impulsionado pelo Sindicato dos Eletricitários e congregava diversos movimentos e entidades de classe, iniciou o processo de legalização em janeiro de 2013, como exige a lei mexicana, mas tampouco alcançou os requisitos legais para registrar-se. Segundo um ativista:

> Claro que para o movimento 132 não há interesse em fazer um partido e muito menos naquela época – entre julho e dezembro de 2012 – porque é o momento de lutar contra a imposição [de Peña Nieto]. Mas exatamente nesse mesmo período, López Obrador institui o MORENA. (...) Em 2013, depois de 132 já desmantelado, a OPT realizou as assembleias exigidas por lei, mas não cumpriu os requisitos (Entrevista 13 – realizada em 13/11/2019).

---

61 O Estado de São Paulo (Estadão). Movimento jovem altera política tradicional no México. Edição de 14/03/2018.

A rejeição ao sistema partidário mexicano, enfim, falou mais alto. O movimento #YoSoy132 esteve diante da oportunidade de criar um partido nacional, partidos regionais, ou ainda, impulsionar um partido de esquerda dos movimentos sociais como propunha a OPT. Sua opção foi centrar a luta contra a posse de Peña Nieto, uma batalha duríssima, para não dizer perdida de antemão. Apesar da potência do movimento, as dificuldades impostas pelo sistema partidário mexicano, a pouca confiança nas instituições democráticas, a baixa coesão interna e as expectativas construídas em relação a López Obrador concorreram para impedir que se reunissem as condições para um processo potencial de institucionalização que, na verdade, jamais esteve na ordem do dia para a imensa maioria dos ativistas.

CONCLUSÕES

Como afirmamos, nosso propósito neste trabalho era verificar a incidência de determinadas condições sobre os movimentos sociais analisados e determinar em que medida elas poderiam colaborar no desenvolvimento de um modelo explicativo adequado para interpretar os processos de institucionalização de movimentos sociais identificados com as posições da nova esquerda. Das cinco condições apontadas inicialmente – autonomia, confiança no sistema democrático, experiência progressista no poder, acessibilidade do sistema político e coesão interna – quatro delas se mostraram relevantes para explicar por que cada movimento social analisado neste trabalho seguiu um caminho próprio depois de ter protagonizado importantes mobilizações.

A única que se mostrou insuficiente para explicar processos de institucionalização foi a condição de autonomia, que na verdade, se apresenta como uma característica dos movimentos sociais da nova esquerda em geral, mas não como um fator explicativo para os processos de institucionalização, uma vez que tanto movimentos que criaram seus partidos, como o movimento estudantil chileno, quanto movimentos que não seguiram esse caminho, como o movimento #YoSoy132, atuavam em cenários de grande autonomia em relação aos seus respectivos sistemas políticos.

As demais condições, por sua vez, mostraram relevância na explicação dos processos de institucionalização. No caso do Chile, identificamos uma combinação de coesão média, confiança no sistema político alta (acima da média regional), longa experiência com o progressismo no poder e grande acessibilidade do sistema partidário – e, a partir de 2015, também do sistema eleitoral. A coesão dos ativistas, que não era tão alta se comparada com aquela percebida em movimentos como o MTST, foi compensada pelos demais estímulos oferecidos por uma forte rejeição aos antigos partidos da centro-esquerda e uma alta acessibilidade do sistema político, que permite um engajamento dos ativistas na construção de suas próprias ferramentas partidárias. O elemento ideológico – ou cultural – fica por conta dos elevados índices de reconhecimento das instituições democráticas, o que atenua a sensação de "contradição em termos" que representa o fato de um movimento social antissistema criar ferramentas partidárias para atuar no interior do sistema. Por tudo o que ouvimos dos ativistas entrevistados, bem como pelos dados analisados, podemos considerar relevantes a atuação das condições na explicação do processo de institucionalização de parte do movimento estudantil chileno.

No caso do MTST, a combinação de uma coesão alta, acompanhada de uma baixa confiança nas instituições democráticas; a existência de uma experiência progressista relevante (embora mais breve que a chilena), contra a qual o movimento se enfrentou várias vezes, e um nível de acessibilidade do sistema partidário mediano, permitiu que o movimento desenvolvesse uma estratégia de institucionalização particular, onde os sem-teto não substituíram sua identidade de movimento social por uma identidade partidária – como fizeram os ativista chilenos – nem abriram mão de sua autonomia em relação ao sistema político. A institucionalização, portanto, foi diferente: incentivada pela crítica aos limites da experiência progressista dos governos petistas e pelo alto nível de coesão do MTST, que permitia um experimento dessa natureza sem grande risco de dissidências; mas desestimulada pelo elevado índice de desconfiança com as instituições democráticas e por um sistema partidário que, embora acessível, dava os primeiros sinais de fechamento. Assim predominou a opção por interagir com um partido já existente.

Por fim, o caso mexicano se configura como um movimento de baixa coesão interna, pouca confiança nas instituições democráticas, baixíssima acessibilidade do sistema partidário e inexistência de uma experiência progressista de governo que pudesse expressar os limites da gestão social-democrata do neoliberalismo. A incidência dessas condições, nesse caso, agiu decisivamente para desestimular um processo de institucionalização do movimento #YoSoy132, mas sob nenhum ponto de vista enfraquece as características de movimento social de nova esquerda. Pelo contrário: como vimos no segundo capítulo deste trabalho, esses movimentos sociais têm entre seus traços a crítica implacável aos limites da democracia liberal e seu sistema de partidos. O processo de não institucionalização de #YoSoy132, portanto, é o caminho que seguiram a maioria desses movimentos no mundo todo. A dispersão, mais que a institucionalização, são a regra quando se trata das "revoltas de indignação".

Para realizar as comparações entre os movimentos usamos dois modelos. No primeiro, dicotômico, os valores são determinados por "ausência/presença" ou "alto/baixo" em função da hipótese a testar. Em geral, esse modelo é usado para comparação entre dois objetos. Por isso, nos casos analisados neste trabalho ele é aplicável apenas na análise de duas condições: confiança nas instituições democráticas (DEM) e experiência com o progressismo no poder (PRO). Como vimos, para análise da condição DEM usamos como referência a média regional de confiança na democracia presente nas pesquisas de opinião realizadas de

2011 e 2013, atribuindo valor de ausência (=0) aos países abaixo da média regional (Brasil e México) e valor de presença (=1) ao país acima dessa média (Chile). Já na análise da condição PRO, optamos por utilizar apenas uma dicotomização simples de ausência (=0) e presença (=1), já que não foi possível formular uma mensuração que pudesse apreender as diferentes características da experiência progressista no Chile e no Brasil.

Para as outras duas condições utilizamos uma parametrização diferente, que permite estabelecer valores intermediários, criando a possibilidade de definir hierarquias do tipo alto/médio// baixo (2/1/0). Esse modelo é utilizado nas condições de coesão interna (COE) e acessibilidade do sistema político (SIST). Em ambos os casos, atribuímos pesos distintos para cada um dos três países. O resultado pode ser apresentado da seguinte forma:

Tabela 4 – Incidência das Condições

País	COE	SIST	DEM	PRO	**Trajetórias de Institucionalização**
Chile	1	2	1	1	Institucionalização completa
Brasil	2	1	0	1	Institucionalização parcial
México	0	0	0	0	Ausência de Institucionalização

Fonte: Elaboração própria.

Assim, Chile e Brasil constituem casos de institucionalização de movimentos sociais, onde estudantes e sem teto decidem interagir com o sistema partidário e disputar eleições, enquanto o México constitui um caso de não institucionalização. Embora os valores de Chile (5) e Brasil (4) sejam bastante aproximados, duas condições decisivas ao processo de formação de novos partidos incidiram com menos força no caso brasileiro: a confiança nas instituições democráticas e a acessibilidade do sistema partidário. Apesar do movimento demonstrar elevada coesão interna e uma crítica consistente aos limites do progressismo, a institucionalização depende da forte incidência de condições externas. É a ausência de uma maior confiança nas instituições democráticas ou, alternativamente, uma menor acessibilidade do sistema partidário que faz com que os resultados sejam diferentes entre Chile e Brasil. Se uma dessas características estivesse presente no caso brasileiro em condições necessárias (DEM > 1) ou suficientes (SIST = 2) poderíamos supor um processo de institucionalização ainda mais avançado. No México, por sua vez, a combinação ou alteração de uma ou duas condições não teria impacto significativo para o processo de institucionalização, uma vez que estavam ausentes todas as condições consideradas necessárias para tanto.

***

Em seu *A Razão Populista*, Ernesto Laclau[1] explica as mudanças do quadro político na Europa nas últimas décadas rejeitando tanto a oposição "esquerda x direita" quanto a oposição "novo x velho". Em sua visão, a luta de classes se tornara apenas um jogo ao qual o sistema em decadência recorreria para neutralizar uma articulação de forças hegemônicas, enquanto a oposição entre "velho" e "novo" seria uma estratégia para reabilitar, no caso espanhol, o desgastado PSOE através da rejuvenescida liderança de Pedro Sánchez.[2] Para Laclau, a nova construção discursiva de

---

[1] Laclau, E. *A razão populista*. São Paulo: Três Estrelas, 2013.

[2] Lamentavelmente, Laclau não pode viver o suficiente para ver seus pupilos formarem uma coalizão com o mesmo Sánchez, inclusive com Pablo Iglesias compondo a vice-presidência e um ministério. Schavelzon, S. "A Formação do Podemos: América do Sul, populis-

partidos como o Podemos deveria se dar em termos de "os de baixo" ou "o povo" contra "as elites" ou "os de cima".[3]

As referências da nova esquerda espanhola rompem com o economicismo que estão na base da visão de mundo de muitos partidos comunistas e socialistas revolucionários e, também, com o "movimentismo" que marca originalmente o movimento 15M, aproximando-se do populismo de Laclau.[4] Mas essa aproximação não se torna uma adesão às teses do pensador argentino, já que os debates no interior do partido teriam desdobramentos sobre a forma de organização, seu sistema de alianças e levaria, inclusive, a rupturas.[5] O próprio Pablo Iglesias, principal expoente do Podemos, manifestaria sua identificação maior com *Hegemonia e Estratégia Socialista*, de 1985, do que com as obras tardias de Laclau, quando o autor abandona definitivamente suas referências teóricas marxistas.

O processo que levou à formação do Podemos interessa porque nele encontramos alguns dos dilemas que hoje estão presentes nas discussões sobre o papel da nova esquerda latino-americana. Lá, como aqui, lideranças de movimentos sociais compreenderam que a energia liberada nas manifestações precisava de um polo aglutinador que desse sentido à disputa por outra forma de organização do Estado. Na tentativa de criar um sentido comum à transição para dentro do sistema político, as referências predominantes não foram aquelas então hegemônicas nas esquerdas

---

mo pós-colonial e hegemonia flexível". Novos Estudos. CEBRAP, 2015, n.103, pp.33-57.

3 Laclau, E., op. cit.

4 Schavelzon, S., op. cit.

5 Como é o caso de Iñigo Errejón, que deixou o Podemos para criar seu próprio partido inspirado nas ideias de Laclau em torno do populismo.

social-democrata e comunista, mas os governos populares de Bolívia, Equador e Venezuela, além do populismo de esquerda.

Se por um lado suas referências teóricas predominantes não são marxistas – com forte influência do populismo, do pós-colonialismo e da teoria decolonial – por outro, o sentido de polaridade "esquerda x direita" está mais presente do que nunca na nova esquerda, contrariando o apelo de Laclau por seu abandono. No caso da América Latina, uma região tão marcada pela desigualdade social, onde a violência das elites econômicas se manifesta de diferentes formas, não é possível falar em "fim da luta de classes". Como vimos nas entrevistas realizadas para este trabalho, a esmagadora maioria dos ativistas considera seus movimentos como parte do campo das esquerdas. Questionados sobre se enquadravam esses movimentos como casos de nova esquerda (em oposição a uma "velha esquerda") a maioria também respondeu positivamente, demonstrando que a superação da dicotomia "nova x velho" não está na ordem do dia para esses ativistas.

Um dos principais desafios de nossa pesquisa consistia, precisamente, em definir em termos teóricos as características que diferenciavam essa nova esquerda daquela que foi hegemônica nos últimos 30 anos na América Latina. No plano da mobilização social, esse novo ciclo de esquerda se caracteriza pelo recurso à luta social e à ação direta; pela desobediência civil e política quase sempre pacífica; pela defesa da democracia radical a partir das maiorias sociais; pela denúncia da exclusão social, da desigualdade e das elites econômicas; e pela utilização de ferramentas tecnológicas e comunicacionais novas.[6] No plano institucional, a nova esquerda social se caracteriza por uma forte autonomia em relação ao sistema político e aos partidos tradicionais, o que leva uns poucos intelectuais a enxergarem esses

---

[6] Gianolla, C., op. cit.

movimentos como "identitários", neoliberais e até como parte da "guerra híbrida" levada à cabo pelo imperialismo.[7]

Mas é possível dirimir alguns equívocos conceituais que ganharam força nos últimos anos. O primeiro, é aquele que afirma que os movimentos sociais pós-2011 se caracterizam pela dispersão, fragmentação, pulverização e pelo caráter individualista da mobilização. O segundo, é aquele que afirma que esses movimentos sociais seriam essencialmente identitários e não trariam consigo qualquer demanda material concreta. O terceiro afirma que esses movimentos sequer podem ser considerados de "esquerda" por não assumirem uma identidade abertamente anticapitalista. O quarto é aquele que afirma que, na verdade, esses movimentos fazem parte de uma estratégia de "desestabilização democrática" promovida por potências estrangeiras.[8]

A percepção de "fragmentação" nasce do estranhamento causado pela ruptura com certas formas tradicionais de intervenção política. Como as manifestações não são lideradas por entidades de classe, com seus dirigentes discursando ao microfone num palanque ou carro de som para uma atenta audiência, surge a ideia de que esses movimentos não têm um sentido claro ou simplesmente expressam um mal-estar difuso que não

---

[7] O autor chegou a ouvir, de um intelectual ligado a um tradicional partido de centro-esquerda a emblemática formulação de que "se um movimento se volta contra um governo popular [progressista] então necessariamente é um movimento de direita" porque "quem derruba governos progressistas na América Latina são os EUA e o imperialismo". A afirmação, obviamente, associa erroneamente dois fenômenos distintos: levantes de contestação à ordem e movimentos de orientação conservadora contra governos progressistas.

[8] Korybko, A. *Guerras Híbridas: das Revoluções Coloridas aos Golpes*. São Paulo: Expressão Popular, 2018.

é canalizado para uma causa concreta. Não foi o que vimos nos casos analisados neste estudo, muito menos o que temos visto desde então com o fortalecimento do movimento feminista, negro, indígena, camponês e popular em toda a América Latina. A novidade é que esses movimentos sociais consolidaram uma condição de crescente autonomia em relação às forças políticas hegemônicas na esquerda, o que reforça a ideia de "ausência de direção". O movimento Black Lives Matter nos Estados Unidos e o levante popular no Chile em 2019 são bons exemplos desse caráter disruptivo.

Outro equívoco refere-se ao "identitarismo". O que vimos nos casos analisados neste trabalho, e em outros com os quais tivemos contato ao longo de nosso estudo, é uma forte vinculação com demandas que têm como objetivo a superação das políticas neoliberais em todas as dimensões da vida social.[9] A luta dos sem-teto no Brasil, dos estudantes no Chile e México, dos indígenas no extremo-sul da América Latina ou na Amazônia, das mulheres, dos camponeses, negros e negras, ou seja, as lutas que têm desafiado o sistema político e os limites da democracia liberal demandam muito mais que reconhecimento: buscam alterar a natureza do Estado e do sistema econômico que, no Sul Global, ainda mantem milhões de pessoas apartadas de condições mínimas de acesso à dignidade. É claro que a reivindicação pelo reconhecimento das identidades ganhou força nos últimos anos e tem cumprido um papel importante na transformação das demandas sociais e no fortalecimento da luta por direitos civis. Mas no caso da Amé-

---

[9] É o caso do movimento feminista e indígena. Ao contrário do que certos setores de esquerda afirmam, predomina uma forte hegemonia anticapitalista em ambos. Com o arrefecimento de certas tendências liberais, o próprio marxismo voltou a exercer influência relevante entre esses movimentos.

rica Latina, as grandes mobilizações do ciclo de protestos iniciado em 2011 têm como marca principal a luta por direitos sociais e econômicos, com fortes características anticapitalistas. É verdade – e isso é o que alimenta o terceiro "mito" – que isso não faz dos movimentos sociais da nova esquerda movimentos de caráter classista, mas os coloca em franca oposição às elites políticas e econômicas. A nova esquerda latino-americana é antineoliberal e, na maioria dos casos, anticapitalista.

Finalmente, também é um erro resumir supor que o crescimento da conflituosidade social possa ser explicado com base nas "estratégias do imperialismo" com o objetivo de desestabilizar a democracia na América Latina. Evidentemente, não menosprezo o papel da influência externa em crises políticas e institucionais como as vividas no Brasil, Paraguai, Bolívia, Peru ou Venezuela. Aliás, na maioria dos casos há provas abundantes de associação das elites nacionais com instituições políticas e econômicas estrangeiras, que utilizaram de diferentes instrumentos – entre eles a "luta contra a corrupção" – para instalar verdadeiros Estados de Exceção. Mas resumir a indignação social a uma simples etapa da "guerra híbrida" contra a democracia é uma explicação reducionista e pobre, que só serve às forças políticas que querem tutelar o descontentamento e canalizá-lo eternamente para as urnas. Como vimos nos casos analisados neste trabalho, tanto Brasil, quanto Chile e México tinham razões de sobra para verem surgir movimentos sociais e protestos como os que eclodiram entre 2011 e 2013. A postura "negacionista" só serve para desqualificar processos sociais complexos que têm suas origens na crise do modelo econômico e político do progressismo.

Dedicamos um capítulo inteiro para explorar a natureza das mudanças que marcam a nova etapa do capitalismo e do sistema político liberal que corresponde, nos países democráticos, à sua forma de governo predominante. O ciclo anterior permitiu um casamento perfeito entre social-democracia e liberalismo econômico, graças ao contexto de expansão econômica internacional. Mas as mudanças provocadas pela crise e a imposição de novos padrões de acumulação em nível internacional impactou fortemente essa realidade.

No ciclo recente, a centro-esquerda latino-americana consolidou uma vocação desenvolvimentista. As transformações do modelo econômico alteraram os recursos de poder dos partidos, suas pautas de governo, seus discursos e compromissos. Há uma mudança de papéis em que se fortalecem as identidades de "partido de governo" e se enfraquecem certas conexões com o desconforto promovido pela crise econômica, afastando esses partidos da indignação popular e gerando tensões, cisões, fraturas partidárias e novas oposições.[10] A crise democrática tem relação direta com as mudanças na economia:

> Tais circunstâncias políticas estão associadas às consequências sociais e econômicas do neoliberalismo e da globalização, que recompõem antigos déficits latino-americanos: pobreza, desemprego e altas taxas de desigualdade, formas antigas e recentes de marginalidade, fronteiras de inclusão – exclusão, heterogeneidade e fragmentação, em suma, as múltiplas manifestações do dualismo de nossas sociedades, que se recriam nesta nova rodada de modernização capitalista, como contrapartida de certos impulsos de crescimento econômico.[11]

[10] Lanzaro, J. "Gobiernos de Izquierda en América Latina: entre el populismo y la social democracia" em Lanzaro, J.; Hillebrand, E. *La izquierda em América Latina y Europa: nuevos procesos, nuevos dilemas*. Montevideo: Friedrich Ebert Stiftung, 2007.

[11] Ibid., p. 16.

O ciclo de protestos iniciado em 2011 na América Latina guarda relação direta com esse contexto de crescente mal-estar ante os limites do modelo de desenvolvimento revelados a partir da crise econômica internacional. A grande autonomia dos movimentos sociais surgidos nesse contexto responde, a um só tempo, tanto a fenômenos estruturais – como a limitada presença do Estado no enfrentamento aos problemas estruturais que mantém elevada a desigualdade em nossa região – quanto conjunturais – a diluição das identidades políticas entre "esquerda" e "direita" por parte dos projetos progressistas e seu compromisso com a estabilidade fiscal e as exigências da economia de mercado.

A crise sistêmica provocou uma *ruptura* com os padrões dominantes de representação, onde as forças do centro do espectro político – à direita e à esquerda – passaram a ser associadas com a manutenção de um sistema cada vez mais questionado devido a sua incapacidade de incorporar demandas por democracia e medidas de proteção aos mais vulneráveis diante da crise do neoliberalismo. Com isso, a hegemonia da social-democracia e sua perspectiva reformista do capitalismo, antes hegemônica, também entraram em crise, abrindo espaço para propostas mais radicais,[12] com o surgimento de novos partidos de esquerda, rupturas profundas nos velhos partidos, surgimento de movimentos de cidadania e de grupos sociais excluídos.[13]

A nova esquerda nasce dos movimentos sociais. Tem na sua composição social elementos predominantemente originários

---

[12] O mesmo acontece, como vimos, com a centro-direita (ou a direita liberal) cuja crise abre espaço para projetos nacionalistas de extrema-direita. As eleições no Brasil e o desempenho eleitoral dos tradicionais partidos desse campo é particularmente ilustrativo.

[13] Santos, B. S. *Esquerdas do mundo, uni-vos!* São Paulo: Boitempo Editorial, 2018.

das classes populares – entre eles, muitos militantes socialistas – e endereça sua crítica ao "sistema". Esse sistema é a combinação das elites econômicas com os tecnocratas – eleitos ou não – que mantém, através de uma democracia limitada, as maiorias sociais longe dos processos decisórios. Incapazes de incorporá-las, a democracia liberal e seu modelo de representação entra em colapso, dando origem a movimentos massivos como aqueles vistos a partir de 2011 em todo o mundo. Não há, no entanto, um modelo alternativo pronto e acabado. A nova esquerda é uma antítese do que existe, mas ainda não expressa sua superação dialética. Na América Latina, que viveu tardiamente um ciclo de governos de centro-esquerda através da chamada "onda rosa", as contradições são ainda mais complexas. Primeiro, porque esse ciclo desembocou em dois blocos de governos bastante distintos entre si: de um lado, aquele orientado por uma perspectiva "refundadora" do sistema político e econômico; de outro, um bloco formado por uma esquerda reformista de tipo social-democrata, representado principalmente por Brasil, Argentina e Uruguai. Ambos viveram a seu modo os impactos da crise sistêmica que descrevemos neste trabalho e o aumento do conflito social e político em torno de seus efeitos, redundando em troca de posições no poder através de eleições (Argentina, Equador, Uruguai), golpes parlamentares (Brasil, Paraguai, Honduras) e escalada da violência política (Bolívia, Venezuela, Chile). A nova esquerda na América Latina é produto direto dessa etapa de conflitos sociais.

Evidentemente, acredito que o modelo apresentado neste trabalho pode e deve ser melhorado, lançando um olhar para outros casos, regiões ou ampliando o alcance temporal. Mas temos aqui, tanto do ponto de visto teórico quanto empírico, uma contribuição ao debate sobre o papel dos movimentos sociais no século XXI e os desafios interpretativos colocados pela particular interação entre esses movimentos e o sistema político. No que diz respeito especificamente às contribuições metodológicas, a criação de um índice de acessibilidade dos sistemas partidários é um modesto aporte aos estudos sobre relação entre partidos e movimentos sociais. Outros limites, no entanto, são de minha inteira responsabilidade.

Vivemos um período histórico cheio de possibilidades. A nova dinâmica da globalização neoliberal, mais violenta contra os povos e mais agressiva contra o meio ambiente, coloca na ordem do dia a célebre oposição entre civilização e barbárie. A nova esquerda ainda não apresenta todas as saídas. Mas já afirma a negação do passado e rejeita as hipóteses de uma "reforma" do sistema. Parece pouco, mas diante da pobreza de horizontes que marcou o final do clico anterior, pode ser uma semente para pensar um novo futuro possível: socialista e democrático.

EPÍLOGO
Lula e Boric

Anos atrás estive em Santiago participando de uma conferência internacional organizada pelos militantes de Revolución Democrática. Além de mim também estavam outros dirigentes de partidos socialistas que analisavam os impactos da crise do neoliberalismo sobre os povos do mundo para uma audiência atenta.[1] Durante minha exposição reafirmei muitas das teses expostas nesse trabalho – que então estava em elaboração – e mencionei os esforços do progressismo para manter sua hegemonia e superar sua crise. Entre os exemplos, mencionei a vitória de Alberto Fernández nas eleições presidenciais da Argentina, ocorrida poucos meses antes, e como a ausência de compromissos ousados com a reversão das políticas neoliberais poderia redundar numa enorme frustração.

Quando terminaram as exposições dos demais convidados, foi franqueada a palavra à plateia, para dúvidas, críticas e comentários. Sentada numa das primeiras filas, uma elegante senhora pediu a palavra. Falando num espanhol com forte sotaque francês, ela questionou minhas críticas ao progressismo e afirmou que ele, sim, pode se reinventar. Era Chantal Mouffe, uma das principais teóricas do populismo de esquerda e parceira intelectual e amorosa de Ernesto Laclau, falecido em 2014. Ela apresentou suas objeções uma das hipóteses que apresentei, a saber, a

[1] No mesmo painel estavam comigo Joana Mortágua, deputada do Bloco de Esquerda (Portugal) e David Duhalde, dirigente do Democratic Socialists of America (DSA), dos Estados Unidos.

de que o progressismo demonstrava enorme dificuldade em dar respostas eficientes à crescente crise de legitimidade dos sistemas políticos na América Latina por sua natureza essencialmente "sistêmica" – isto é, por sua integração a esses mesmos sistemas.

Naquele momento pareceu-me um tanto absurdo que, mesmo reconhecendo a disposição das forças progressismo na América Latina de manter seu projeto circunscrito aos limites impostos pela integração de seus países à dinâmica da economia neoliberal, Chantal Mouffe ainda acreditasse que essas forças teriam disposição para realizar os enfrentamentos necessários à construção do que ela e Laclau chamaram de "reformismo radical" – em oposição ao reformismo estéril da social-democracia europeia. Embora acredite que o progressismo tenha perdido grande parte de sua capacidade de suplantar o neoliberalismo – não porque seus atores não o queiram, mas porque sua estratégia está comprometida pelas mudanças que descrevi neste trabalho – admito que é cedo para afirmar que a crise das forças do progressismo latino-americano tenha caráter terminal, como afirmei naquela conferência.

Dois fenômenos ilustram perfeitamente as possibilidades colocadas para as esquerdas na América Latina: o ressurgimento político de Lula no Brasil e a vitória de Gabriel Boric no Chile. O ex-presidente brasileiro é, sem sombra de dúvida, a maior liderança da centro-esquerda latino-americana. Ao lado do uruguaio José "Pepe" Mujica, Lula é um dos últimos remanescentes da geração de lideranças políticas e sociais surgidas da luta pela democracia e que chegaram ao poder liderando importantes processos de enfrentamento social contra os regimes autoritários do continente. O respeito de que disfrutam em nível internacional demonstra isso.

Gabriel Boric, por sua vez, representa a nova geração de lideranças de esquerda que surgiram do processo de ascensão das lutas sociais na última década em toda a América Latina. Crítico dos limites do progressismo chileno, Boric apostou na construção de novos instrumentos políticos e numa agenda renovada, inspirada abertamente no "populismo de esquerda" de Mouffe e Laclau, que combina a luta contra as desigualdades sociais e econômicas com a defesa do meio ambiente, dos povos indígenas, do feminismo, dos direitos humanos e da democratização do Estado e da sociedade. A vitória de Boric nas eleições presidenciais representa, portanto, um caminho alternativo à aposta num possível "renascimento" do progressismo.

Em suas agendas, Lula e Boric expressam as tensões existentes entre o progressismo e a nova esquerda. O ex-presidente brasileiro tem seu discurso centrado no combate à pobreza extrema e à fome, no acesso aos bens de consumo, na valorização das empresas estatais, no desenvolvimento econômico e na volta a um passado de "glórias" para o Brasil na política externa. Há poucas referências a mudanças estruturais, como a alteração das regras fiscais, da matriz energética ou da estrutura tributária. Também costuma estar ausentes referências à garantia dos direitos sexuais e reprodutivos, à crise climática, às necessárias mudanças na política de segurança pública ou ao fim da guerra às drogas.

Em seu discurso de encerramento de campanha, no Parque Almagro em Santiago, Boric reafirmou seus compromissos: redução da jornada de trabalho para 40 horas semanais, combate à crise climática, defesa do feminismo e autonomia das mulheres, reforma do sistema de previdência herdado do regime de Pinochet, defesa do caráter plurinacional do Estado e respeito aos povos indígenas, denúncia do sistema de Justiça e seu caráter elitista que criminaliza a pobreza, reforma do sistema de segurança pública, combate à corrupção no setor público e também no setor privado, uso consciente e responsável da riquezas naturais, respeito à diversidade sexual.

As agendas de Lula e Boric são distintas, evidentemente, porque seus países guardam diferenças entre si. Enquanto o

Chile foi palco de uma explosão social nos últimos anos que levou um jovem militante socialista à presidência, o Brasil tem sido cenário de uma ofensiva reacionária que permitiu a vitória de Bolsonaro, criminalizou a esquerda, prendeu Lula e implementou uma das agendas mais violentas contra o povo em toda a história do país. Mas as diferenças entre Lula e Boric também expressam prioridades, visões de mundo, diferenças geracionais e, claro, perspectivas para o futuro.

Embora seja uma liderança moderada, a condenação sem provas de Lula, máxima expressão do processo de *lawfare*[2] desencadeado no Brasil contra lideranças de centro-esquerda pela Operação Lava Jato, colocou-o numa posição antissistêmica. Tanto Lula quanto o PT haviam completado com sucesso seu processo de integração ao sistema político ao longo de quase quatro décadas. Na prática, a experiência de 13 anos no poder havia convertido o partido numa grande força social-democrata, com compromissos sólidos em relação ao sistema liberal-democrático e à economia de mercado. O processo de perseguição jurídico-político contra o partido e sua principal liderança, no entanto, "deslocaram" Lula e o PT para uma posição de maior enfrentamento com o sistema político. Esse fenômeno, longe de ser uma decisão consciente, é produto da criminalização das esquerdas e da necessidade de reação do projeto petista. Em outras palavras, a polarização entre esquerda e extrema-direita e a falência do "centro político" – representada pela debacle do PSDB – com a entrada em cena de Bolsonaro, promoveram um involuntário ajuste de rota. Buscando manter sua hegemonia nas esquerdas, o PT tenta evitar o mesmo fim do Partido Socialista chileno, "ultrapassado" pela nova esquerda.

[2] Uso das leis e aparatos do sistema de Justiça como uma arma para alcançar uma finalidade política.

Era essa a aposta de Chantal Mouffe quanto advertiu sobre meu "catastrofismo" em relação aos limites do progressismo. As elites políticas e econômicas na América Latina são tão reacionárias que qualquer pequeno deslocamento à esquerda pode representar um realinhamento geral de forças. Vejamos os casos de Peru e Bolívia. A vitória de Pedro Castillo, embora esteja longe de representar um projeto de nova esquerda, é resultado do derretimento do sistema político peruano, impactado pelo mesmo cerco jurídico visto no Brasil com a Lava Jato. A diferença é que, aqui, o resultado foi o ascenso da extrema-direita com Jair Bolsonaro, enquanto lá, foi a vitória de um pequeno partido de esquerda radical chamado Perú Libre.[3] Na Bolívia, os últimos dias de Evo Morales na presidência não eram nem sombra do que haviam sido os primeiros anos do MAS no poder. Mesmo assim, as classes dominantes não hesitaram em aproveitar a oportunidade dada pela confusa contagem dos votos na eleição presidencial para questionarem os resultados promoverem um golpe policial-militar que culminou com o exílio de Morales. Esse processo reacendeu o conflito social e deu novo fôlego ao MAS, que elegeu Luís Arce nas eleições seguintes.

Como vemos, o acirramento do conflito social pode dar sobrevida a projetos de centro-esquerda. Isso aconteceu recentemente na Europa, com a vitória dos partidos social-democratas na Alemanha, Suécia, Finlândia e Noruega. Na península ibérica, os governos de coalizão radicalizaram suas plataformas porque os tradicionais partidos de centro-esquerda dependiam da nova esquerda – Unidas Podemos na Espanha; Bloco de Esquerda e Partido Comunista em Portugal – para alcançar maioria e

---

[3] A vitória foi tão inesperada e, consequentemente, tão frágil, que o partido enfrentou logo nos primeiros dias de governo uma profunda crise, que redundou numa divisão.

porque os efeitos da crise social haviam dado origem a novas forças de extrema-direita, aprofundando a polarização política e social. Ainda assim, o fim do governo da "Geringonça" em Portugal – com os partidos da esquerda radical retirando seu apoio ao Partido Socialista – e as tensões entre Unidas Podemos e PSOE na Espanha diante da posição dos social-democratas frente à guerra na Ucrânia, mostram a dificuldade de viabilizar uma aliança duradoura entre partidos que representam projetos tão distintos. No caso espanhol, o progressismo de Pedro Sánchez, tão celebrado pela centro-esquerda brasileira, sequer aceitou medidas que exigiriam impor perdas às elites econômicas ou desafiar as relações de poder existentes.[4]

Mas as tensões geradas pelo aprofundamento das políticas neoliberais também podem impulsionar novas forças políticas de esquerda, como vimos no Chile, Peru e, mais recentemente, Colômbia. A pandemia do novo coronavírus, uma tragédia sem precedentes neste século, colocou na ordem do dia a adoção de políticas antineoliberais, como a proposta de uma renda básica universal e um melhor financiamentos das políticas de saúde e assistência social. Por isso é importante definir quais desafios estão colocados tanto para a nova esquerda quanto para esse progressismo renovado num contexto de aprofundamento da crise neoliberal.

Uma das minhas divergências com a perspectiva de Laclau e Mouffe diz respeito à crença na possibilidade de "restauração" da democracia liberal. Enquanto eles sustentam a hipótese de uma transição hegemônica que não ponha em questão as instituições do regime democrático-liberal, rejeitando qualquer ruptura, acredito que uma agenda reformista radical deve levar, inevita-

---

[4] Gilmartin, E; Greene, T. "O futuro do Podemos depois de Iglesias". *Jacobin*.

velmente, a algum nível de refundação das instituições sobre bases socialistas e democráticas. Esse, me parece, é o grande dilema.

Se a nova esquerda acreditar que é possível simplesmente "reformar" o sistema político e econômico, alimentará as mesmas ilusões que levaram o progressismo às portas da liquidação. A subestimação da boa e velha luta de classes custou muito caro a parte esquerda latino-americana. Ainda assim, os velhos partidos do progressismo, embora conjunturalmente atravessados pela radicalização política que marca os últimos anos, não parecem demonstrar disposição para sustentar uma agenda de maiores enfrentamentos. Não acredito, portanto, que a disputa "por dentro" dessas máquinas – como aconteceu no Partido Trabalhista inglês, com Jeremy Corbyn, ou no Partido Democrata, com Bernie Sanders – possa convergir para um projeto de renovação das esquerdas. Mas nada garante, por outro lado, que a nova esquerda – como aquela representada por Boric – será capaz de apresentar uma alternativa concreta ao neoliberalismo.

O caso do Podemos é bastante ilustrativo. Reduzido à metade dos deputados eleitos pela primeira vez em 2015, depois de uma estreia estrondosa nas eleições ao Parlamento Europeu do ano anterior, hoje o partido compõe o governo espanhol com o PSOE. A decisão representa a vitória das posições mais moderadas representadas no passado por Iñigo Errejón e defendidas no Congresso do Podemos em 2015. No ano seguinte, o partido buscou a formação de um governo de coalizão com o PSOE, o que não foi possível por conta das dificuldades no diálogo com os socialistas, que não *aceitavam as* condições exigidas pelo Podemos. O resultado foi a formação de um governo liderado pelo conservador Mariano Rajoy numa aliança com o Ciudadanos. Acusado de "instransigência", o Podemos aprofundou sua relação com os comunistas da Izquierda Unida e dobrou a aposta na formação de um polo alternativo que pudesse superar a hegemonia social-democrata Durante alguns anos essa política foi testada, dando origem a Unidas Podemos, atual nome da agremiação. Depois, no entanto, as crescentes dificuldades eleitorais e o surgimento de uma força de extrema-direita com audiência de massas – o Vox – reforçaram os apelos da base social e eleitoral de Unidas Podemos pela unidade com a social-democracia. O resultado foi a formação de um governo de coalizão com o PSOE e A Indicação de Pablo Iglesias PARA ocupar o cargo de vice-primeiro-ministro no governo de Pedro Sánchez.

A composição com os social-democratas foi justificada pela mudança da situação política. Num trecho de *Construir Pueblo – Hegemonía y radicalización de la democracia*, Errejón lança os argumentos que, para ele, justificariam essa tática:

> Já não há efervescência revolucionária. Agora, depois do momento cálido, as melhores e mais audazes ideias devem se converter em políticas públicas, institucionalidade e vida cotidiana. Não é o momento sobre o que se escrevem canções ou se fazem mais camisetas, mas sim o mais decisivo: os revolucionários se provam quando são capazes de gerar ordem. Uma nova ordem, nova mas ordem, que dá certezas e que inclua também a maior parte de quem está contra ela.[5]

Esse mesmo trecho, curiosamente, foi postado por Gabriel Boric no começo deste ano nas redes sociais, reafirmando sua identidade com as teses do populismo de esquerda. O problema aqui, obviamente, não é a proposta de construção de uma nova ordem, mas a crença – compartilhada por Mouffe e Errejón – de que se

---

[5] Mouffe, C; Errejón, I. *Construir Pueblo – Hegemonía y radicalización de la democracia*. Barcelona: Icaria Editorial, 2015.

pode fazer isso a partir de instituições estruturalmente forjadas para manter a dinâmica da acumulação capitalista. As dificuldades enfrentadas por Unidas Podemos para "puxar à esquerda" o governo de coalizão, demonstram os limites dessa opção.

A decisão de Unidas Podemos de promover uma unidade com o PSOE, no entanto, se fundamenta mais no avanço das posições de extrema-direita no parlamento e na sociedade espanhola, além da necessidade de reverter as medidas de ajuste fiscal impostas durante a crise econômica, do que na leitura de que a refluxo das lutas sociais imporia, inevitavelmente, uma saída "por dentro da ordem". Essas motivações também estão na base da unidade entre o PSOL e a candidatura de Lula nas eleições de 2022 no Brasil. Afinal, interditar a possibilidade de mais quatro anos de governo Bolsonaro é o apelo principal dos setores que representam a nova esquerda e com os quais o partido tem buscado dialogar para constituir uma nova hegemonia política.

É difícil acreditar que numa região como a América Latina, marcada pelo genocídio das populações indígenas, pelo escravismo colonial e pela desigualdade estrutural, um "reformismo radical" possa ser promovido sem algum nível de ruptura. É mais provável que esse reformismo, como pensado inicialmente pelo Programa Democrático-Popular do PT dos anos 1980 ou como demonstrado nos primeiros anos da Revolução Bolivariana, represente apenas uma etapa na acumulação de forças para um projeto socialista e democrático que se constitui a partir de rupturas graduais.

No caso do Chile, com a realização do processo constituinte, podemos ter a primeira combinação entre vitória eleitoral da nova esquerda e criação de uma nova ordem política, econômica e social consolidada na "condensação material" da nova relação de forças.[6] Essa é uma oportunidade única. Na Grécia, por exemplo,

---

[6] Poulantzas, N. *O Estado, o poder, o socialismo*. 2. ed. Rio de Janeiro: Graal, 1985.

em que pese suas opções táticas equivocadas, o Syriza não teve a chance de alterar as regras do jogo. Ao contrário, teve de confrontar-se com a Troika ao mesmo tempo em que respondia aos apelos populares pela manutenção do país na Zona do Euro. O resultado todos conhecemos e pode ser visto no filme de Costa-Gavras lançado em 2019 no Brasil com o título de *Jogo do Poder*. Ele descreve a capitulação de Alexis Tsipras a partir das memórias do ex-ministro da economia do Syriza, Yanis Varoufakis.

O que não sabemos, como afirmou Nancy Fraser, é se o resultado desse processo de refundação das instituições preservará alguma nova forma de capitalismo, ainda a ser inventada, ou se a solução possível será uma sociedade pós-capitalista (ou socialista).[7] Algo, no entanto, me parece certo: a crise do neoliberalismo – e sua forma política, a democracia liberal – abre enormes possibilidades. Nossa imaginação não deveria limitá-las à mera ressurreição de projetos já testados, ou ainda, à mera gestão das instituições do Estado. O "mal-estar" do nosso tempo não será enfrentado com saídas cosméticas ou temporárias. A violência da nova etapa da acumulação capitalista pós-crise de 2008 contra as maiorias e o meio ambiente exige das forças de esquerda saídas ousadas, capazes de criar uma ampla unidade popular – criar um povo, como defende o populismo de esquerda – reconhecendo o papel das classes que vivem do trabalho num novo arranjo social.

Mais que ser uma espécie de "consciência crítica do progressismo" a nova esquerda está diante do desafio de apresentar uma saída global para a crise do neoliberalismo. Para isso, obviamente, deve manter seu caráter antissistêmico, mesmo nos casos em que chegue a ser governo.

---

7 Fraser, N. *O velho está morrendo e o novo não pode nascer*. São Paulo: Autonomia Literária, 2020.

ANEXO 1
Lista de entrevistas realizadas

Nome	Local	Função	Data
Guilherme Castro Boulos	São Paulo, Brasil	Coordenação Nacional do MTST	Nov/2019
Natália Szermeta	São Paulo, Brasil	Coordenação Nacional do MTST	Nov/2019
Cláudia Ávila	Porto Alegre	Coordenação Nacional do MTST	Dez/2019
Josué Augusto do Amaral Rocha	São Paulo, Brasil	Coordenação Nacional do MTST	Nov/2019
Severino Souto Alves	Recife, Brasil	Coordenação Nacional do MTST	Out/2019
Guilherme Simões Pereira	São Paulo, Brasil	Coordenação Nacional do MTST	Nov/2019
Izadora Brito	Aracaju, Brasil.	Coordenação Nacional do MTST	Dez/2019
Carolina Peréz Datari	Santiago, Chile	Dirigente daRevolución Democrática	Nov/2019
Catalina Ilona Io Peréz Salinas	Santiago, Chile	Presid. de Revolución Democrática	Nov/2019
Carla Moscoso Rojas	Santiago, Chile	Militante de Revolución Democratica	Dez 2019

Francisco "Pancho" Figueroa Cerda	Santiago, Chile	Militante de Comunes	Nov/2019
Giorgio Jackson Drago	Santiago, Chile	Deputado de Revolución Democrática	Nov/2019
Valentina Fernanda Saavedra Melendéz	Santiago, Chile	Militante de Comunes	Nov/2019
Rodrigo Echecopar	Santiago, Chile	Militante de Revolución Democrática	Dez/2019
Gabriela Zanabria Corona	Cidade do México, México	Militante de #YoSoy132	Dez/2019
Rodrigo Cerda Cornejo	Jalisco, México	Porta-voz de #YoSoy132 e militante de MORENA	Nov/2019
Edgar Sanchéz Ramírez	Cidade do México, México	Dirigente do PRT	Nov/2019
Luiz Guillermo Rangél Rojas	Cidade do México, México	Militante do PRT e #YoSoy132	Dez/2019
Luís Emilio Tellez Contreras	Cidade do México, México	Militante da Coord. Socialista Revolucionária	Dez/2019
Nahúm Peréz Monroy	Münster, Alemanha	Militante de #YoSoy132	Dez/2019

SOBRE O AUTOR

Juliano Medeiros nasceu na cidade de Sapucaia do Sul (RS), em 1983. Filho mais jovem de Dionísio Medeiros e Maria de Lourdes dos Santos Oliveira, um operário e uma dona de casa, cresceu em Taquari (RS), onde começou sua militância política no movimento estudantil e no Partido dos Trabalhadores (PT). Dirigente nacional do PSOL desde 2007, cursou História na Universidade Federal do Rio Grande do Sul (UFRGS) e na Universidade de Brasília (UnB) onde se graduou. É mestre em História por esta instituição. Em 2020 concluiu o doutorado em Ciência Política pelo IPOL/UnB com a tese "A nova esquerda latino-americana: movimentos sociais, institucionalização e crise do progressismo". É Presidente Nacional do Partido Socialismo e Liberdade (PSOL) desde janeiro de 2018.

Este livro foi composto em Adobe Garamond Pro e Avenir.